reinhardt

Hartwig Eckert

Sprechen Sie noch oder werden Sie schon verstanden?

Persönlichkeitsentwicklung durch Kommunikation

3., aktualisierte Auflage

Mit 18 Abbildungen und zahlreichen praktischen Übungen
Mit 31 Hörbeispielen auf Audio-CD

Ernst Reinhardt Verlag München Basel

Prof. Dr. *Hartwig Eckert* lehrte am Englischen Seminar der Univ. Flensburg und ist als Kommunikationstrainer bei Triple A (Hamburg) mit dem Schwerpunkt „Persönlichkeitsentwicklung" tätig.

Bibliografische Information der Deutschen Nationalbibliothek

Die Deutsche Nationalbibliothek verzeichnet diese Publikation in der Deutschen Nationalbibliografie; detaillierte bibliografische Daten sind im Internet über <http://dnb.d-nb.de> abrufbar.
ISBN 978-3-497-02332-5

© 2012 by Ernst Reinhardt, GmbH & Co KG, Verlag, München

Dieses Werk, einschließlich aller seiner Teile, ist urheberrechtlich geschützt. Jede Verwertung außerhalb der engen Grenzen des Urheberrechtsgesetzes ist ohne schriftliche Zustimmung der Ernst Reinhardt GmbH & Co KG, München, unzulässig und strafbar. Das gilt insbesondere für Vervielfältigungen, Übersetzungen in andere Sprachen, Mikroverfilmungen und für die Einspeicherung und Verarbeitung in elektronischen Systemen.

Printed in Germany
Reihenkonzeption Umschlag: Oliver Linke, Hohenschäftlarn
Covermotiv: © PantherMedia.net / Yuri Arcurs
Satz: Arnold & Domnick, Leipzig
Ernst Reinhardt Verlag, Kemnatenstr. 46, D-80639 München
Net: www.reinhardt-verlag.de E-Mail: info@reinhardt-verlag.de

Inhalt

Danksagung 7

Einführung 9
Der sprechende Mensch: Grundthesen 9
Die Effizienz der mündlichen Kommunikation ... und wie sie bekämpft wird ... 11
(A) Welchen Nutzen dürfen Sie für sich von diesem Buch erwarten?
(B) Wovor wird Sie dieses Buch bewahren?. 12

1	Maximierung des Informationsgewinns 19
1.1	Informationsgewinn durch Hören auf die Stimme. 19
1.1.1	Die Botschaft der Wörter und die der Stimme: Verbale und vokale Botschaften. 19
1.1.2	Innerer Nachvollzug 21
1.1.3	Das Aushandeln der Spielregeln während des Spiels. 25
1.1.4	Die vokale Entschärfung verbaler Sprengsätze 27
1.1.5	Die verdeckten Botschaften der Stimme oder: Der vokale Palimpsest ... 33
1.2	Maximierung des Informationsgewinns durch Deutung der Wörter 45
1.2.1	Zensieren oder Beschreiben? 45
1.2.2	Kreativ hören – Wer mehr Möglichkeiten hört, hört mehr vom Leben. ... 50

2	Sprache und Denken. 52
2.1	Semantik: Die Lehre von der Bedeutung. 52
2.2	Sprachliche Taschenspielertricks: „umweltfreundlich" = „umweltfeindlich" 56
2.3	Gehirnschoner – Erster Teil: Die Schonung der Gehirne anderer. 60
2.4	Die Botschaft der Verpackung: „Ist es Ihnen scheißegal oder ist Ihnen beides recht?". 64
2.5	Die Semantik der Recheneinheiten 69
2.5.1	Recheneinheiten und Wissenschaftlichkeit 70
2.5.2	Recheneinheiten als Denkhilfe und als Manipulation 72

2.6	Die Suche nach dem Sprachschatz	75
2.7	*Ihre* Sprache und *Ihr* Denken	76
2.8	Kommentare und Lösungsvorschläge zu den Übungen in Kapitel 2	78
3	**Sprache und Persönlichkeitsentwicklung**	**89**
3.1	Sprechmuster als Physiognomie des Geistes	89
3.2	Gehirnschoner – Zweiter Teil: Die Schonung des eigenen Gehirns	94
3.2.1	Fossilierung des Geistes	94
3.2.2	Sprachliches Beharrungsvermögen in dynamischen Zeiten oder: Der Versuch, die Zeit stillstehen zu lassen und sich vor Entwicklung zu schützen	96
3.2.3	Phatische Kommunikation	120
3.3	Wie man aus komplexen Themen lineare macht – Work-Life-Balance	124
3.4	Stimme und Persönlichkeitsentwicklung	128
4	**Formen der mündlichen Kommunikation: Gespräche und Verhandlungen**	**138**
4.1	Statische und dynamische Formen der Kommunikation	138
4.2	Das kommunikative Paradoxon: Wie Gespräche Ressentiments wecken, die keiner beabsichtigt, wenn man nicht lernt, sich selbst mit den Ohren der anderen zu hören.	165
4.3	Indirekte Kommunikation	178
4.3.1	Der Sender-Empfänger-Mythos	178
4.3.2	Laterale Botschaften oder „Der Dialog zu dritt"	179
4.3.3	Machtspiele	181
4.4	Argumentieren macht klüger	200
Schlusswort		**214**
Literatur		**216**
Sachregister		**218**
Verzeichnis der Übungen		**221**
Inhaltsübersicht Audio-CD		**222**

Danksagung

Ich danke allen, die an diesem Buch maßgeblich beteiligt waren:

- meinen Kollegen und Kolleginnen von Triple A GmbH Hamburg, die mich aus dem Elfenbeinturm heraus- und in die Wirtschaftskommunikation hineinführten und die mir im Team Erfahrungsaustausch und interne Fortbildung ermöglichen,
- den Trainees meiner Seminare und Workshops, die mich durch Einbringen ihrer Erfahrungen der Geschäftskommunikation „an der Front" auf segensreiche Weise davor bewahren, Vorlesungen zu halten,
- Ernst Apeltauer, Elin Fredsted und Geoff Parker an der Universität Flensburg, mit denen ich gemeinsam den Studiengang „Kultur- und Sprachmittler" für Wirtschaftskommunikation gründen und aufbauen konnte, sowie meinen Studierenden für ihr hilfreiches Feedback,
- und meinen langjährigen Weggefährten in der DGSS (Deutsche Gesellschaft für Sprecherziehung und Sprechwissenschaft).

Dank auch all den Sprechenden, die mich durch ihre originellen Redewendungen auf dem dornigen Pfad der empirischen Datenerhebung erquickten. Diese Sprecher und Sprecherinnen werden nicht namentlich zitiert, aber – wie „dem unbekannten Soldaten" – so soll auch hier „dem unbekannten Sprecher" ein bescheidenes Denkmal in Form von Zitaten gesetzt sein:

„Ich bin mit einem Banker verheiratet und spüre die Veränderungen in der Wirtschaft hautnah."

„Das ist schon kein Wink mehr, das ist schon ein Zaunpfahl."

Zwei 89-jährige Frauen im Gespräch. Die eine ist im Seniorenclub und fragt die andere, ob das nicht auch etwas für sie sei. „Nein", antwortet diese, „jetzt nicht mehr. Is' was anderes, wenn man von klein auf dabei war."

„Ich hab gefroren wie'n Rohrspatz."

„Na, vielleicht kommt ja das Kind jetzt doch noch ins Rollen."

„Dieser Satz wurde auf einem Vortrag gehalten."

„Da legen Sie genau den Punkt in die Wunde."

„Wir haben Zwillinge untersucht, die eineiige Zwillinge sind, und Zwillinge, die zweieiige Zwillinge sind, und Zwillinge, die gar nicht Zwillinge sind."

„Ich war mal mit meiner Mutter in dem Restaurant, also bevor sie gestorben war."

„Schau mal: Da drüben fällt der Bauer vom Pferd, ähm ich mein: da fährt der Bauer vom Feld."

„Wir lachten so, dass die Tränen kamen, sinngemäß."

„Kahn hat 100 %ige Tore gehalten."

„Da stand ich natürlich zwischen Baum und Birke."

„Ich zieh mir jetzt die Schuhe an, und dann machen wir uns auf die Socken."

„Haben Sie aufblasbare Batterien?"

Arzt über Hüftgelenkoperationen: „Viele alte Frauen scheuen die Operation. Und man kann ja auch mit Spritzen die Schmerzen in den Griff kriegen. Und wenn die lieber mit Stock oder in einem späteren Stadium mit anderer Gehhilfe auskommen, ist das ja auch zu respektieren. Und die letzten sagen wir mal sechs Monate kommt ja auch noch ein Rollstuhl in Frage, zur Überbrückung."

Über die kommunikativen Fähigkeiten eines Mannes: „Er red viel zu laut, vom Hören ganz zu schweigen."

Gehört auf einem Kongress von Sprechwissenschaftlern:
„Die Flipchart-Marker sind alle auf dem letzten Loch am Pfeifen."

„Drück mir die Daumen." – „Nee, ich drück meine Daumen."

„Ich kam zu diesem Job wie äh das Kind in den Brunnen."

„Der Förderverein krankt im Moment an Mitgliedern und Förderern. Es sind nur dreizehn."

Sprechtherapeut: „Stört Sie Ihr Lispeln?" – „Mich selber? Nein, überhaupt nicht. Im Grunde eigentlich nur bei Wörtern mit ‚s'."

Medelby, Juli 2012 Hartwig Eckert

Einführung

Der sprechende Mensch: Grundthesen

Immer wenn es wichtig wird, beschließen die Menschen, sich zu treffen, um von Angesicht zu Angesicht zu kommunizieren. Sie tun das, weil diese Art der Kommunikation die meisten und informationsreichsten Kanäle besitzt. Im gesamten Tierreich ist nur das menschliche Gehirn für das Speichern von Wörtern und ihren grammatischen, inhaltlichen, logischen und stilistischen Verbindungsregeln ausgestattet. Wir haben überdies einen Stimmapparat, der dem von Menschenaffen weit überlegen ist. Die Evolution hat sich mit diesem Alleinstellungsmerkmal des Menschen redlich Mühe gegeben. Sie hat uns für mündliche Kommunikation optimal ausgerüstet. Es ist in unserem eigenen Interesse, davon bestmöglichen Gebrauch zu machen, denn:

- Wir werden von anderen in allererster Linie nach unserem sprachlichen Verhalten beurteilt.
- Nichts prägt unsere Persönlichkeit so stark wie unser Verhalten in dem Bereich, zu dem uns die Evolution in einzigartiger Weise ausgerüstet hat: die mündliche Kommunikation.

In keinem Gebiet des menschlichen Verhaltens klaffen Selbstbild und Fremdbild so weit auseinander wie bei dem stimmlichen Ausdruck und den individuellen Sprechmustern. Dieses Buch trägt dazu bei, die tatsächlich erreichte Sprechwirkung mit der beabsichtigten zur Deckung zu bringen. Die beste Bezeichnung für die Gattung „Mensch" wäre daher **homo loquens et audiens**, d. h. der sprechende und zuhörende Mensch. Unsere wissenschaftliche Bezeichnung ist **homo sapiens**: „der weise Mensch". Jedes einzelne menschliche Individuum muss sich die Gattungsbezeichnung „sapiens" verdienen, indem es seine Kompetenz in mündlicher Kommunikation entwickelt und dadurch zu einem Menschen wird, der ständig sein Denken in der Sprache, seine Sprechmuster, seinen stimmlichen Ausdruck und seine Zuhörfähigkeiten vervollkommnet.

Selbstverständlich gibt es angeborene Dispositionen, denn niemand wird behaupten, man könne aus jedem von uns einen Einstein oder Cicero machen oder jeder von uns hätte von Natur aus dasselbe Temperament. Dennoch bieten sich vor dem Hintergrund unseres genetischen Erbes riesige Spielräume, die wir zur Persönlichkeitsentwicklung nutzen können. Psychologen sprechen von Teilidentitäten, die ein Individuum z. B. als Mutter, Sportlerin, Fachfrau, Freundin etc. einnimmt. Diese Identitäten sind nicht einfach immer so vorhanden, wie z. B. die Form meiner Nase oder der Abstand meiner Augen. Vielmehr werden Identitäten ständig ausgehandelt.

Diese Dynamik sollte auch gefördert werden, denn Stagnation würde bedeuten, dass wir von anderen ständig überholt werden. Deshalb wird in diesem Buch den Sprechmustern der Fossilierung und Stagnation immer die Sprache der Dynamik und Persönlichkeitsentwicklung gegenübergestellt:

> Persönlichkeitsverändernde Sprechweisen kann man lernen. Das Training des Sprechstils ist immer Persönlichkeitsentwicklung.

Man kann einerseits sagen: „Die Stimme ist Ausdruck der Persönlichkeit." Daraus ergibt sich z. B.: „Sie spricht mit extremen Tonhöhenschwankungen, *weil* sie extrovertiert ist." Die komplementäre These dazu ist: „Der stimmliche Ausdruck prägt die Persönlichkeit."

Eine Sprecherin hat folgendes Muster gewohnheitsmäßig angenommen: Mit leiser hoher Stimme sagt sie: *„Ähm, ich war eigentlich vor Ihnen dran, hihi."* Die Botschaft ist: *„Das muss jetzt keine Konsequenzen haben, ich wollt's halt nur mal sagen."* Ihr Verhalten lädt dazu ein, ihre Bitte zu ignorieren: *„Ja vielleicht schon, aber ich hab's eilig."* Ändert sie ihr kommunikatives Verhalten und sagt mit fester Stimme ohne die Weichmacher „Ähm", „eigentlich" und „hihi", aber auch ohne Aggressivität in der Stimme: *„Ich war vor Ihnen dran"*, dann ist die Botschaft: *„Ich stelle Tatsachen fest, und als Konsequenz daraus stellen Sie sich hinter mich."*

Die Persönlichkeit dieser Sprecherin ändert sich nun durch zwei Komponenten: 1. Die feste, neu erworbene Stimmeigenschaft und das neue Sprechmuster verändern die eigene Einstellung. 2. Durch die veränderte Reaktion der Kommunikationspartner wird auch das Selbstbild der Sprecherin verändert. Vergleichen wir diese zwei Thesen:

> (a) „Unser Verhalten ist Ausdruck unserer Persönlichkeit."
> (b) „Verhaltensänderung bewirkt Persönlichkeitsentwicklung."

Als Ausgangspunkt für effektive Trainings erweist sich These b) als effektiver und nachhaltiger, denn Verhalten ist veränderbar. Man kann freilich auch versuchen, das Verhalten durch Einsicht zu optimieren: *„Iss nur, was gesund ist, und auch das nur in Maßen. Rauchen kann tödlich sein. Unterscheide immer zwischen dringend und wichtig."* Gegen solche Bewusstmachung ist nichts einzuwenden, aber wenn das ausreichte, gäbe es keine Dicken, keine Raucher und keine unordentlichen Schreibtische.

Der Ausgangspunkt in diesem Buch ist die Bewusstmachung sprachlichen Verhaltens und der damit verbundenen Persönlichkeit. An dieser Stelle müssen die

Leserinnen und Leser entscheiden, ob und in welche Richtung sie sich entwickeln wollen. In dem dritten Schritt treten Sie mit dem Buch in eine interaktive Beziehung, indem Sie durch Übungen eine Verhaltensänderung erproben und die damit verbundene Persönlichkeitsentwicklung an sich selber beobachten.

•••• Die Effizienz der mündlichen Kommunikation ... und wie sie bekämpft wird ••••••••••••••••

Sich in den Worten der Sprache anderen mitteilen nennt man die **verbale Botschaft**. Der Ausdrucksreichtum der verbalen Botschaft wird in der mündlichen Kommunikation noch beträchtlich erhöht durch die **nonverbalen Botschaften**. Dazu gehören die Botschaften der Stimme (also alles, was wir durch verschiedene Stimmeigenschaften an Information vermitteln) sowie die der Mimik und Körpersprache. Um die äußerst differenzierten Signale empfangen zu können, sind wir mit empfindlichen Sinnesorganen ausgerüstet und mit einem Gehirn, das all diese Nuancierungen verarbeiten kann, um aus den Sinneseindrücken Botschaften zu entnehmen.

Wenn wir von Natur aus mit so perfekten Voraussetzungen zur Kommunikation ausgestattet worden sind, worin besteht dann für Sie der Gewinn dieses Buches? Müssten seine Vermarktungschancen nicht analog sein zu einem Gutschein, den man einem Vogel schenkt für zehn Flugstunden?

- Der Unterschied liegt darin, dass z.B. Gänse im Formationsflug nie auf den Gedanken kommen, die Erschöpfteste an der Spitze fliegen zu lassen, womöglich mit der Begründung, sie sei nun einmal dran. Rednerlisten in Sitzungen hingegen werden oft nach Eingang der Wortmeldung erstellt. Diese chronologische Abfolge wird aus Gründen der Fairness vorgenommen. Sie hat aber den Nachteil, dass sie die logische Argumentationsstruktur, die Abfolge von Frage und Antwort, von Experten- und Laienbeitrag, kurz: jede natürliche Kommunikationsstruktur auf den Kopf stellt. Aufgrund dieser unnatürlichen Vorgaben müssen wir uns neue Techniken und Strategien aneignen.
- In menschlichen Gesprächen kennen wir Teilnehmer, die gerne das Redemonopol für sich in Anspruch nehmen. Dadurch verlernen sie erstens selber das Zuhören und somit die Informationsgewinnung und gewöhnen zweitens durch Verletzung vorteilhafter kommunikativer Regeln den anderen diese Tugenden ab.
- Wir erinnern uns alle an das endlose Meer von solchen Schulstunden, Sitzungen, Gottesdiensten und Vorträgen, die man nur durch konsequentes Weghören überlebte, weil sich die Redenden nicht Gedanken über den Zuhörnutzen gemacht hatten.
- Wir haben oft gegen unsere eigenen Interessen argumentiert, weil man uns beigebracht hatte, in einer Argumentation käme es nur darauf an, die Oberhand zu behalten, indem man die besseren Argumente „ins Feld führt" – und in einer Diskussion bzw. einem Streitgespräch müsse man „gewinnen": Viele Gesprächspartner sind sehr gut darin geworden, Rededuelle zu gewinnen und dabei Freunde, Ehepartner, Wähler, Kinder und Kunden zu verlieren.

- Viele Sprecher versuchen, uns Gehirnschoner (analog zu Bildschirmschonern) zu verpassen mit Behauptungen wie *„Es gibt keine Alternative (zu Europa / zur Senkung bzw. Erhöhung der Mwst. / zur Bildungsreform etc.)"* oder *„Das muss man einfach so sehen (nämlich wie ich)"*, indem sie also Formulierungen gebrauchen, die nichts weiter bedeuten als: *„Hört bitte auf zu denken, denn sonst fallen euch selbstverständlich Alternativen und andere Sichtweisen ein"* (s. Kap. 2).

Mit anderen Worten: In der menschlichen Kommunikation gibt es eine breite Lobby für Abstumpfungseffekte. Wir haben aufgrund der Institutionalisierung mündlicher Kommunikation durch Kommunikationslaien viele natürliche Fähigkeiten verloren. In diesem Buch sollen Sie die Fähigkeit erlangen bzw. wiedererlangen, das Beste aus den natürlichen Anlagen zu machen: So wie der Vogel in Sturm und Flaute die Luft immer zu seinem Partner macht statt abzustürzen, so sollen Sie in vollem Vertrauen auf Ihre menschlichen kommunikativen Anlagen in der Interaktion mit anderen sich in Ihrem ureigensten Element fühlen.

> Es gibt keine flugfähigen Vögel mit Höhenangst, und ebenso wenig sollte es Menschen mit Sprechangst geben.

Deshalb werden hier latente sowie nur intuitiv benutzte kommunikative Fähigkeiten bewusst gemacht und durch Hör-, Formulierungs- und Argumentationsübungen geschult, damit sie gezielt und zum Nutzen beider Kommunikationspartner eingesetzt werden können.

(A) Welchen Nutzen dürfen Sie für sich von diesem Buch erwarten?
(B) Wovor wird Sie dieses Buch bewahren?

1. Beobachtung, Erfassung und Analyse von Daten:

(A) *Der Nutzen:* Dieses Buch stützt sich auf empirisch erhobene Daten und wissenschaftliche Versuche. Es beschreibt die Phänomene der mündlichen Kommunikation in ihren sprecherischen Mitteln und in deren Wirkungen. Aufgrund der gewonnenen Erkenntnisse bietet es Übungen an.

Sie werden in diesem Buch geschult, das Maximum an Information aus Stimmeigenschaften, Stimmmodulationen und den Übereinstimmungen sowie Diskrepanzen zwischen den Botschaften der Stimme und denen der Worte zu gewinnen. Sie werden auch dazu angeregt zu entscheiden, unter welchen Bedingungen Sie der verbalen Botschaft (der Botschaft der Worte), und unter welchen Voraussetzungen Sie der vokalen Botschaft (jener der Stimme) den Vorzug geben.

(B) *Sie werden bewahrt vor* „mündlicher Kommunikation ohne mündliche Kommunikation" … denn das scheint schwer vermittelbar, ähnlich wie eine Farbenlehre in Schwarz-Weiß. Bücher über mündliche Kommunikation ohne authentische Beispiele tatsächlicher Gespräche und Reden werden dem Medium des Gesprochenen und Gehörten nur bedingt gerecht. Sie werden wörtliche Mitschriften von mündlichen Äußerungen lesen können und authentische Gespräche hören können. Nichts gegen Bücher über Schwimmen, aber man sollte es auch einmal im Wasser ausprobieren.

2. Die Regeln der schriftlichen Kommunikation sind nicht die der mündlichen:

(A) *Der Nutzen:* Das Mündliche ist dem Schriftlichen an Informationsreichtum überlegen. Der große Vorteil der mündlichen Kommunikation liegt in den unendlich vielen Möglichkeiten genau dieses Mediums: der **gesprochenen** Sprache.

Dazu ein Beispiel: Die Organisatorin einer Konferenz sagte kurz vor dem Beginn des Vortrags eines Redners zum Publikum: *„Ich habe hier gelbe Bögen vorbereitet, die ich jetzt leise herumgehen lasse."* Als schriftlicher Text wäre das falsch. Aber hier sind alle Vorteile des Mediums der gesprochenen Sprache genutzt. Der Appell an das Leise-Sein ist durch Reduzieren der Lautstärke bei just diesem Wort eine sinnlich wahrnehmbare und somit effektive Beschwörung. Die Sprecherin nimmt auch durch das schwache *„leise"* die Verantwortung mit vokal entschuldigender Geste auf sich. Statt zu sagen *„die ich jetzt herumgehen lasse, was man eigentlich während eines Vortrags nicht tun sollte, wobei ich Sie bitte, dies so leise wie möglich zu tun"*, benutzte die Sprecherin die nur nach Kriterien des Schriftlichen ungrammatische Form und gibt durch die Verkürzung zu verstehen, dass sie dem Redner nicht Zeit stehlen will. Sie spielt durch die Ausdrucksform ferner die Wichtigkeit ihrer Intervention herab. Entscheidend für die Bewertung des Mündlichen sind nicht die Regeln der Schriftlichkeit, sondern der Erfolg, also die **Sprechwirkung**.

(B) *Wovor Sie bewahrt werden:* Ein Sportkommentator (nachdem der Schiedsrichter ein Foul gepfiffen hat): *„Da stützt sich Borodin natürlich bei Jansen auf."* Rhetoriker der alten Schule: *„Falsch, denn das ist überhaupt nicht natürlich!"*

Jeder Fußballfan interpretiert den Satz des Kommentators wie folgt: *„Der Schiedsrichter hat natürlich gepfiffen, weil sich Borodin bei Jansen aufgestützt hat."* Und außerdem weiß jeder Fan, dass der Kommentator weder die Zeit für solche Äußerungen noch für die strategische Planung seiner Äußerung hat. Er sagt daher nicht: *„Sollten Sie sich gefragt haben, meine Damen und Herren zu Hause an den Bildschirmen, warum der Schiedsrichter soeben gepfiffen hat, so kann ich das dahingehend aufklären, dass er natürlich gepfiffen hat, ja gar nicht anders konnte, weil sich Borodin bei Jansen aufgestützt hat. Und wenn ich eins vielleicht* noch nachholen darf: Während meiner Erläuterungen ist der wichtige Ausgleichstreffer gefallen."

Der oben zitierte Reportagesatz stellt eine äußerst ökonomische Ausdrucksweise und erfolgreiche Kommunikation zwischen Kommentator und Fan dar. Es handelt sich hier bei der Wortstellung von „natürlich" um das häufige Phänomen, das ich als das **frei schwebende Adverb** in der mündlichen Kommunikation bezeichne. Niemand hat Schwierigkeiten mit dem freundlichen Angebot: „*Den Katalog dürfen Sie gerne mitnehmen.*" Man könnte jetzt argumentieren, der Satz sei falsch, weil sich „*gerne*" nicht auf die freudige Bereitschaft des Kunden bezieht, sondern auf die Bereitwilligkeit der Verkäuferin, dem Kunden den Katalog zur Verfügung zu stellen. Aber kein Kunde wird auf das freundliche Angebot der Verkäuferin erwidern: „*Ob ich den gerne mitnehme oder ungerne, überlassen Sie mal bitte mir*", sondern er wird sagen: „*Dankeschön.*" Angesichts erfolgreicher mündlicher Kommunikationen werden in diesem Buch nicht „Schwierigkeiten grammatischer Zuordnung" erfunden, wo sie sich kommunikativ nicht ergeben.

3. Wissenschaft und Praxis:

(A) *Der Nutzen:* Unser Anliegen ist, die wissenschaftlichen Erkenntnisse mit dem zu verbinden, was sich durch die Arbeit „an der Front" mit Trainer-Kollegen und Teilnehmern in Workshops sowie Seminaren aus Wirtschaft und Wissenschaft als nützlich und umsetzbar erwiesen hat. Es sollen dabei auf sprachwissenschaftlicher Grundlage folgende Gebiete der Face-to-face-Kommunikation behandelt werden: Rhetorik, Hörfähigkeiten, Gesprächs- und Verhandlungstechnik und die mit jedem Kommunikationstraining verbundene Persönlichkeitsentwicklung.

(B) *Wovor Sie bewahrt werden:* Vor pseudowissenschaftlichen Behauptungen wie: „*38 % der gesprochenen Botschaft werden über die Stimme vermittelt, 55 % durch Körpersprache und nur 7 % über die Wörter selber.*" Kein Mensch wird glauben, dass der Text in einer Mathematikvorlesung denselben 7%igen verbalen Anteil am Informationsgehalt hat wie ein bei Mondschein vor ihrer Wohnungstür von ihm in ihr Ohr gehauchtes „*Hmmm?*". Solche Prozentzahlen sollen nur den Anschein von Wissenschaftlichkeit erwecken (mehr dazu in Kap. 2.5.1). Es ist zwar wichtig, „aus der Praxis für die Praxis" zu berichten, aber ganz ohne Wissenschaft bleiben Aussagen subjektiv und neue Erkenntnisse rar.

> Trainer, die *alle* Sprecher und *alle* Situationen nach *einer* Formel behandeln, werden aufgrund ihres mangelnden Theorieverständnisses der Praxis des komplexen Berufslebens nicht gerecht.

4. Differenzierung, Flexibilität, Anpassungsfähigkeit und Dynamik:

(A) Der Vorteil, Dinge unter verschiedenen Gesichtspunkten zu sehen oder, wissenschaftlich ausgedrückt, *der Vorteil des **polysystemischen** Ansatzes:* Die unter 3 (B) zitierte 38%-Lösung suggeriert, Kommunikation ließe sich für alle Situationen, Ziele und Gesprächspartner auf ein und derselben Ebene, also mit nur *einem* System beschreiben: Einerlei wer was wo und wozu sagt, der Anteil der Stimme an der Information – so wird behauptet – betrüge immer 38%. Eine solche Analyse nennt man **monosystemisch**. Der einzige Vorteil des monosystemischen Ansatzes liegt darin, eine simple Liste von „dos and don'ts" zu erstellen, also von allgemeingültigen Leitsätzen, wie z. B.: *„Es ist nicht ratsam, zur Flipchart gewandt und mit dem Rücken zum Auditorium zu sprechen."* Aber bereits Lehrsätze wie *„Man muss immer deutlich artikulierend in ganzen Sätzen sprechen"* sind einer Schule der mündlichen Kommunikation nicht würdig, denn wir werden Beispiele anführen, wo exzellente Rhetoriker Nuscheln als geschickte vokale Botschaft einsetzen.

*Ein Beispiel für die **monosystemische** Vorgehensweise*
Ein Gymnasiallehrer hat sich im Leistungskurs in eine Schülerin verliebt. Als sie nach dem bestandenen Abitur nicht mehr in einem Abhängigkeitsverhältnis zu ihm steht, darf er ihr beim Abiball in einer Tanzpause endlich seine Liebe gestehen, und danach fragt er sie: *„Liebst du mich auch?"* Sie haucht mit leiser Stimme: *„Jahh."* Darauf sagt er: *„Antworte bitte im ganzen Satz."*

*Ein Beispiel für die **polysystemische** Vorgehensweise*
Ein Redner sagte nach seinem Vortrag auf die erste Frage aus dem Auditorium: *„Ähm vielleicht dadurch, dass ich das Ding runtergestellt habe ... also wozu soll sie sich verhalten?"* Um diese Äußerung zu analysieren, ermittelt man zuerst das Subsystem, in dem sie getan wurde: Dem Sprecher war am Ende seines Vortrags eine verwirrende Frage zur Beziehung von Theologie zu irgendetwas anderem, unklar Definiertem gestellt worden. Jeder im Publikum überlegte, wie man taktvoll mit einer so dummen Frage umgehen könnte. Der Redner hatte während der Frage den nicht mehr benötigten Beamer vom Pult heruntergestellt. Die Äußerung des Redners könnte jetzt folgendermaßen gedeutet werden: *„Ähm"* als höfliche und indirekte Variante zu: *„Ich kann mit Ihrer Frage überhaupt nichts anfangen."* Die Wortwahl *„das Ding"* könnte der Versuch sein, die formale Kongresssituation herunterzuspielen. Der Ausdruck *„vielleicht dadurch, dass ich das Ding runtergestellt habe"* ist das Angebot, die Schuld des Unverständnisses auf sich zu nehmen. In der Formulierung *„also wozu soll sie sich verhalten?"* spiegelt der Redner die mangelnde Präzision der Frage wider. Das könnte der geschickte Versuch sein, dem Fragenden anzudeuten, wie wenig man mit seiner unklaren Formulierung

anfangen kann, ohne es ihm direkt zu sagen. Obwohl also die Äußerung auf einem Kongress gemacht wurde, wird sie im polysystemischen Ansatz als zu einem Subsystem zugehörig analysiert, und es werden ihre Ziele und Erfolge an den unter genau diesen Umständen eingesetzten Mitteln gemessen.

(B) *... und die Nachteile des monosystemischen Ansatzes:* In einem monosystemischen Ansatz würde man die oben zitierte Äußerung wie folgt monieren: 1. „Ähm" weglassen. 2. Die Wortwahl *„das Ding"* ist rhetorisch schlecht. 3. Die Gegenfrage ist unpräzise formuliert. Da der Vortragende aber durch brillante Formulierungen während der Präsentation seine Fähigkeit in der klassischen Rhetorik bereits bewiesen hatte, brachte ihm das Auditorium lächelnd Sympathie entgegen für die „menschliche" Seite seiner Kommunikation im Umgang mit ungeschickten Fragern.

5. Die Macht der Sprache:

(A) *Der Nutzen: Die Botschaft von „Ich habe eine Rotweinallergie!" verstehen:* Der Satz

1) *„Ich habe eine Rotweinallergie"* ist bei vielen Sprechern auf das durch 2) zu beschreibende Phänomen zurückzuführen:
2) *„Wenn ich drei Glas Rotwein trinke, bekomme ich Kopfschmerzen."*

Der Übergang von (2) zu (1) – bei gleichem Sachverhalt – verändert die Welt: Er schafft ein Heer von Kranken, und das Gesundheitswesen reagiert auf die Semantik und behandelt die vielen selbst ernannten bzw. selbst diagnostizierten Allergiker. Ich behaupte nicht, es gäbe keine Allergiker, sondern vielmehr, die *Zahl* der Allergiker ist stark von der sprachlichen Bedeutung abhängig. Dieses Sprachspiel definiert Kranke und ist nicht zu verwechseln mit dem logischen Problem des Verwechselns von Ursache und Wirkung, obwohl auch dies die Folge des Sprachspiels sein kann, die Diagnose zu stellen, statt lediglich das Symptom zu beschreiben: *„Herr Doktor, ich habe eine Lederallergie: Jedes Mal, wenn ich mit Schuhen im Bett aufwache, habe ich Kopfschmerzen."* Sie werden in diesem Buch viele Beispiele für die Zusammenhänge von Sprache und Denken finden.

(B) *Sich schützen vor den Botschaften der Gurus: „Die zehn Gebote der Rhetorik".* Man kann mit Sprache viel suggerieren. Wie viele Arten von Menschen kennen Sie? Vermutlich werden Sie mit einer Gegenfrage antworten und wissen wollen, wie ich das meine, ob klassifiziert nach Größe, Alter, Charakter, Geschlecht, Nationalität etc. Es gibt so viele Arten von Menschen, wie ich für meine Klassifizierung zu einem bestimmten Zweck als nützlich erachte.

Gerade bei Rhetorik- und Kommunikationsbüchern wird durch die Wahl des bestimmten Artikels behauptet, die vom Autor vorgenommene Klassifizierung sei die einzige und sie sei erschöpfend, analog zu „Die zehn Gebote". So liest man: *„The three stages of listening."* – *„Die drei Methoden des erfolgreichen Verkaufsgesprächs."* – *„Die zehn Regeln überzeugenden Sprechens."* Rhetorik-Autoren sind vermutlich stolz auf diesen Sprachtrick. In dem vorliegenden Buch jedoch werden Sie als Leser ernst genommen. Sie sollen sprachliche Tricks schneller durchschauen lernen und vor ihnen geschützt werden, anstatt während der Lektüre auf sie hereinzufallen.

> „Es gibt zwei Arten von Menschen:
> Solche, die alles in zwei Kategorien einteilen, und solche, die das nicht tun."
> (John Barth)

6. Zuhören:

(A) *Der Nutzen: Zuhören lernt man durch angeleitetes Zuhören.* Wir leben in einer Informationsgesellschaft. Das gesprochene Wort hat trotz elektronischer Kommunikationsmöglichkeiten immer noch größeres Gewicht. Wer besser zuhören kann, gewinnt einen Informationsvorsprung. Neue Ideen in Konzernen setzen sich in der Regel nicht von der Spitze der Pyramide langsam nach unten durch. Deshalb muss jeder jedem zuhören, also auch die Chief Executive Officers (CEOs) den Mitarbeitern. Es kommt dabei auf die Wechselseitigkeit an: Unser Zuhörverhalten beeinflusst das Sprechverhalten des Redners bzw. Gesprächspartners und umgekehrt.

In diesem Buch werden Sie Hörverstehensstrategien lernen und parallel dazu Hörübungen durchführen. Dies wird auf der **verbalen** Ebene stattfinden (d. h. auf der des Textes, der Wörter selber) und auf der **vokalen** (d. h. auf der Ebene der stimmlichen Botschaft). Wir werden dabei polysystemisch vorgehen, also nicht immer nur *eine* Hörstrategie für *alle* Situationen anwenden. Ferner werden wir sprecherspezifisch hören und das Maximum an Informationsgewinn zu erzielen versuchen, indem Sie heraushören lernen, welche stimmlichen Merkmale der jeweilige Sprecher mit welchen Inhalten verbindet. Ich nenne diese Muster die *vokale Grammatik des individuellen Sprechers*. Durch Wechsel in der Artikulation, z. B. von „schnell mit wenig Artikulationsbewegung" zu „langsam mit deutlicher Artikulation" kann ein Sprecher seine Rede strukturieren, z. B. in den offiziellen thematischen Teil und in Nebenaspekte des Hauptthemas; oder er will uns dadurch vielleicht stimmlich – aber nicht explizitverbal – manipulieren, indem er eine Alternative (nämlich die sorgfältig artikulierte) vokal als die zu bevorzugende signalisiert: *„Wir können heute Ahmt innie Kinos hier ummie Ecke gehen oder aber morgen zur Matinee ins Burrg-The-a-ter."*

Das Heraushören der vokalen Grammatik macht den Gesprächspartner zu einem offenen Buch: Im Idealfall hört der geschulte Verkäufer an der vokalen Grammatik des Kunden heraus, für welches Angebot der sich entschieden hat, ehe es ihm selber bewusst wurde.

(B) „**Lesen** *Sie den folgenden Text und üben Sie dabei* **Zuhören.**"?? Zuhören als Informationsgewinn übt man am besten nicht nur durch Lesen, sondern durch Zuhören: Zu diesem Zweck ist diesem Buch eine CD beigefügt. Wenn Zuhören als Erfolgsinstrument in Wirtschaft und Lehre erkannt worden ist, warum gibt es dann so viele Menschen, die lieber selber reden als zuhören? Der Grund liegt darin, dass Appelle und Richtlinien alleine nicht genügen. Viele Menschen mit Dominanzstreben definieren sich trotz aller Hörforschung immer noch durch ihren möglichst großen Redeanteil. Daraus ergeben sich drei Konsequenzen:

> (1) Zuhören muss Teil des Rhetoriktrainings sein.
> (2) Rhetorik muss immer als Persönlichkeitsentwicklung gelehrt werden.
> (3) Der Nutzen von Zuhören muss demonstriert werden.

Fazit: Das bisher Gesagte kann auf zwei Grundprinzipien reduziert werden, die so profund wie banal sind. Sie sind profund, weil sie Grundpfeiler der mündlichen Kommunikation darstellen, und banal, weil man sich ihnen nicht entziehen kann:

1. Der Zuhörer, der das Maximum an Information aus Gesprächen, Verhandlungen und Reden zu ziehen gelernt hat, ist der beste Gesprächspartner, weil er damit den Nutzen aller maximieren kann, und das zum Nulltarif. Wenn nämlich bei besseren Zuhörfähigkeiten mehr Information gewonnen wird, erhöht sich nicht der zeitliche und finanzielle Aufwand.
2. Das Ziel des Sprechers muss sein, mit angemessenen verbalen und vokalen Mitteln genau die Informationen zu vermitteln, die seinen kommunikativen Absichten von Wissensvermittlung, Beratung und Beziehungspflege entsprechen.

These 2 definiert eine rhetorische Bringschuld, These 1 eine rhetorische Holschuld. Kommunikation wird optimiert, wenn wir Information immer als Bring- *und* Holschuld verstehen. Dadurch wird der Informationsgewinn für beide Gesprächspartner maximiert.

1 Maximierung des Informationsgewinns

1.1 Informationsgewinn durch Hören auf die Stimme

1.1.1 Die Botschaft der Wörter und die der Stimme: Verbale und vokale Botschaften

Gottfried Hausmann lehrte in den 60er-Jahren an der Ankara-Universität auf einem UNESCO-Lehrstuhl für Pädagogik. Die vorlesungsfreie Zeit nutzte er für weite Reisen im Lande. Bei einer solchen Reise war er Gast bei an der türkisch-syrischen Grenze lebenden Arabern. Eines Abends kam eine Kamelkarawane von Süden über die Grenze: eine Schmugglerkarawane. Unter den abgeladenen Waren befand sich ein Tonbandgerät – so groß und schwer, wie diese Geräte damals eben waren. Sein Gastgeber hörte das auf dem Gerät befindliche Tonband ab. Es sei eine Nachricht von seinem Partner jenseits der Grenze. Auf die Frage, warum man keine Briefe wechsele oder sich mündlich durch Boten Nachrichten zukommen lasse, kam die Antwort: *„So kann ich hören, ob er das auch meint, was er sagt."*

Zuhören lernt man am besten durch angeleitetes Zuhören. Das Medium des Zuhörens ist die Akustik. In der mündlichen Kommunikation ist das die **gesprochene** Sprache. Die Verschriftlichung des Sprechens, die sogenannten Transkriptionen, sind eine Hilfe, weil man die geschriebenen Wörter in beliebigem Tempo lesen und analysieren kann. Man ist also nicht dem tatsächlichen Sprechtempo des Sprechers ausgesetzt. Aber Transkriptionen sind immer nur ein Hilfsmittel. Rezepte, Speisekarten und kulinarische Beschreibungen führen sicher zu einer Verfeinerung des Empfindens, aber niemand wird nur lesen, ohne je kosten zu wollen.

Ein Rat zum Umgang mit den folgenden Hörübungen: **Erst hören, dann lesen.** Wenn Sie immer gleich weiterlesen in der Meinung, so kämen Sie schneller an die Information – denn der Autor wird ja schon die Erklärung für seine eigenen Hörbeispiele haben, und warum sollten Sie sich da erst selber den Kopf zerbrechen –, dann berauben Sie sich einer echten Hör-Erfahrung, vieler Aha-Erlebnisse und einer Freude am Miterleben des Gesprochenen.

Hören Sie sich jetzt bitte die erste Hörprobe eines natürlichen Gesprächs auf Ihrer Audio-CD an und notieren Sie sich alle Eindrücke, die Sie von der Sprecherin und dem Gesprochenen gewonnen haben.

Sie haben nach dem Anhören vielleicht versucht, die verbale Botschaft mit Ihren eigenen Worten wiederzugeben. Vermutlich haben Sie die Sprecherin irgendwo auf einer Skala von „sympathisch bis unsympathisch" eingeordnet und sich Gedanken darüber gemacht, wie sie aussieht, für wie alt Sie sie halten, ob sie sich in dieser Sprechsituation wohlfühlt und vieles andere mehr. Rufen Sie sich jetzt noch einmal die Anweisung zur Hörübung ins Gedächtnis: „… notieren Sie sich alle Eindrücke, die Sie von der Sprecherin und dem Gesprochenen gewonnen haben." Die Formulierung „Eindrücke, die Sie gewonnen haben" ist aus zwei Gründen wichtig: Erstens, weil es auf Informations*gewinnung* ankommt, und zweitens, weil *Ihre* Aussagen über *Ihre* Eindrücke nicht falsch sein können. In Seminaren mache ich dazu stets eine kleine Übung:

Trainer: *Welches ist Ihre Lieblingsfarbe?*
Teilnehmerin: *Blau.*
Trainer (den Kopf zur Seite neigend): *Ähmmm, nnnein, aber ich gebe Ihnen noch eine zweite Chance. Also??*

Wenn der Trainer bei seiner eigenen absurden Reaktion auf die Nennung der Lieblingsfarbe ernst bleiben kann, entsteht meist eine kurze peinliche Pause, dann ein Schulterzucken der Teilnehmerin, und schließlich erfolgt allgemeines Grinsen der Gruppe, die den Sinn der Übung erkannt hat. Die Antwort „*blau*" auf die Lieblingsfarbe kann nicht falsch sein, selbst dann nicht, wenn die Teilnehmerin an dem Tag von oben bis unten in Rot gekleidet ist.

Für unsere Hörbeispiele heißt das: Wenn Sie nach Ihrem Eindruck gefragt werden und Sie sagen: *„Die Sprecherin macht einen sympathischen Eindruck auf mich"*, dann ist es sinnlos zu antworten: *„Nein, macht sie nicht!"*, denn Sie sind die einzige Person auf der Welt, die mit Autorität eine Aussage über dieses eigene, subjektive Empfinden machen kann.

Wenn Ihr persönlicher Eindruck von den gehörten Stimmen nicht falsch sein kann, worin besteht dann der Sinn der Kommentare dazu in diesem Buch? Ich kann Ihnen jetzt die Ergebnisse der Sprechwirkungsforschung mitteilen, also Information darüber geben, wie die meisten Versuchspersonen, denen diese Hörprobe vorgespielt wurde, die Sprecherin eingeordnet haben. In diesem ersten Hörbeispiel war das deutlich auf der sympathischen Seite der Skala. Es ist interessant zu erfahren, ob man mit seiner eigenen Einschätzung als Hörerin von Stimmen und Sprechproben mit den meisten anderen Menschen übereinstimmt oder oft die Ausnahme bildet. Das gibt Anlass zum Nachdenken z. B. darüber, ob man weniger oder mehr hört als die anderen, ob man sich häufiger oder seltener als andere Menschen vom ersten Eindruck her getäuscht sieht.

Aus der Perspektive der Sprecherin ist Information aus der Sprechwirkungsforschung darüber, wie andere Menschen ihre Stimme einschätzen, extrem wichtig und – merkwürdigerweise – extrem vernachlässigt.

Ich kann Sie jetzt auch auf bestimmte Sprechweisen aufmerksam machen, wobei Sie entscheiden, ob auch Sie das gehört hatten oder ob es Ihnen entgangen war. Das ist Hörtraining, und im Laufe dieses Buches wird sich Ihr Informationsgewinn durch Zuhören optimieren. Im ersten Hörbeispiel spricht die Sprecherin eine extrem lange Passage, ohne Luft zu holen:

„Mm wenn ich jetzt nicht sage, ich möchte in Flensburg bleiben und nichts anderes außer Flensburg, denke ich, es ist **absolut** *(mit Sprechlacher) möglich, noch 'ne Stelle zu bekommen, also man muss schon sagen können, gut ich geh auch da hin, wo irgendwas frei ist."*

Sie haben die Passage als Höreindruck empfunden. Um nun auch ein Empfinden dafür zu bekommen, wie sich das aus der Sprecherinnenperspektive anfühlt, sollten Sie versuchen, diesen Satz in einem Atem zu sprechen. Sie werden damit beim ersten Versuch Schwierigkeiten haben, noch dazu, wenn Sie – wie die Sprecherin – in der Mitte der Redeeinheit bei *„absolut"* durch Lachen weitere Atemluft „verschenken". Hören Sie sich jetzt bitte diese Passage noch einmal an und achten Sie genau darauf, wie die Sprecherin nach *„frei ist"* zwar verhalten, aber deutlich vernehmbar tief Luft holt. Also auch für diese Sprecherin muss diese Redeeinheit eine lange Tauchstrecke gewesen sein.

1.1.2 Innerer Nachvollzug

Wenn sich jemand beim Bildaufhängen mit dem Hammer auf den eigenen Daumennagel schlägt, zucken die Anwesenden so zusammen, als fühlten sie den Schmerz. Eine solche Reaktion nennt man **inneren Nachvollzug** oder auch **interne Simulation**. Dieses Phänomen ist in keinem anderen Bereich des menschlichen Organismus stärker ausgeprägt als in dem Vokaltrakt. Mit **Vokaltrakt** bezeichnet man die unmittelbar am Sprechen beteiligten Partien, nämlich Kehlkopf, Rachen-, Mund- und Nasenraum. Der **innere Nachvollzug** ist gemeint in Redensarten wie „Gähnen steckt an". Man erlebt auch häufig, wie das Publikum sich räuspert, wenn der Redner einen Frosch im Hals hat, aber krächzend weiterspricht.

Ein Hörverhalten, das nicht nur den verbalen Teil und den akustischen Eindruck registriert, sondern bei dem die Zuhörerin auch noch analysiert bzw. nachvollzieht, welche physiologischen Funktionen sich im Sprecher abspielen, nennt man **funktionales Hören**.

In unserem ersten Hörbeispiel waren die Phänomene des funktionalen Hörens und des inneren Nachvollzugs gegeben, wenn Sie die extrem lange Atemeinheit wahrgenommen und schon beim Zuhören das Bedürfnis verspürten, tief Luft zu holen. Ein so extrem langer Redefluss, ohne Atem zu schöpfen, sollte den Zuhörer nachdenklich stimmen und ihn überlegen lassen, ob die zwischenmenschlichen Beziehungen in Ordnung sind. Offensichtlich fühlt sich die Sprecherin unter Druck gesetzt. Dafür gibt es viele mögliche Gründe, wie z. B.:

- Es könnte sein, dass sie befürchtet, beim Luftholen unterbrochen zu werden, und sie deswegen unbedingt noch zu Ende sprechen möchte. Gegen diese Annahme spricht der verbale Teil, denn der zweite Teil ihrer Redeeinheit ist wenig mehr als die Wiederholung des ersten Gedankens und wird dementsprechend mit *„also"* eingeleitet.
- Es könnte sein, dass die Sprecherin die Situation als unnatürlich empfindet.
- Vielleicht meint sie auch, die Frage des Interviewers *„Was heißt ‚flexibel'?"* sei banal, weil die Antwort darauf selbstverständlich ist. In diesem Fall sähe sie sich zu einer Art Gehorsamssprung verpflichtet: Sie hält ihre Erklärung für überflüssig, muss das Offensichtliche aber dennoch sagen, weil es die Höflichkeit gebietet. Diese Hypothese würde den Sprechlacher zwischendurch erklären, so als wolle sie sagen: *„Mein Gott, ist doch im Grunde völlig klar, was ich mit ‚flexibel' gemeint habe"*; und die hohe Sprechgeschwindigkeit ohne Luftholen könnte bedeuten: *„Also bringen wir's rasch hinter uns."*

Nachdem Sie die Transkription gelesen und sich über die möglichen Deutungen Gedanken gemacht haben, hören Sie sich jetzt bitte das Beispiel 1 noch einmal an. Wenn Sie Ihren Höreindruck mit dem Lesen der Transkription vergleichen, werden Sie erkennen, wie viel mehr an Information aus dem Gehörten entnommen werden kann.

Auf der Polizeiwache: *„Nun sprechen Sie mal laut und deutlich: Wer schleicht da in Ihrem Haus herum?"*
Die Fähigkeit zum funktionalen Hören ist nicht bei jedem Gesprächspartner gleich gut ausgebildet.

Dies ist umso wichtiger, als ein Motto aus der TZI (Themenzentrierten Interaktion) lautet: Störungen in der Kommunikation haben Vorrang. Solange die stimmlich zum Ausdruck gebrachte Stresssituation nicht erkannt und behoben wird, werden die Gesprächspartner auch in der Sache nicht gut vorankommen.

Viele Menschen drücken ihr Unwohlsein viel eher stimmlich (vokal) aus als verbal und explizit. Nehmen wir an, die letzte Hypothese für Hörprobe 1 sei zutreffend und die Sprecherin hätte dies verbal (also direkt und explizit mit Worten) zum Ausdruck bringen wollen, dann müsste sie das etwa so tun: *„Also was man mit ‚flexibel' meint, ist doch völlig klar, oder?"* Wenn sie ihren Protest explizit macht, kann das aggressiv wirken und ist nicht mehr zu ignorieren. Ihr vokal zum Ausdruck gebrachter Protest ist ein Signal, das beiden Gesprächspartnern im Idealfall bewusst ist. Der Hörer kann sein Verhalten daraufhin ändern, aber beide können so tun, als wäre nichts gewesen.

> In diesem Gespräch erwies sich die vokale Botschaft als wesentlich effizientere Gesprächssteuerung im Vergleich zur verbalen.

Trainieren Sie sich jetzt bitte im funktionalen Hören, indem Sie auf die langen Passagen in den Hörbeispiel 2 bis 4 achten, die in einem Atemzug gesprochen werden. Lassen Sie im Anschluss bitte den Redeausschnitt des nächsten Beispiels (Hörbeispiel 5) einfach gefühlsmäßig auf sich wirken.

Die Sprecherin hat für diese Ansprache zwei besonders auffällige Stimmeigenschaften benutzt:

1. Sie spricht mit einem sehr **hohen Muskeltonus**, d. h. mit großer Anspannung. Wenn Sie sich nach den ersten Hör-Übungen bereits auf funktionales Hören und inneren Nachvollzug eingestellt haben, wird sich diese Anspannung auf Sie bei Zuhören übertragen. Damit erzielt man als Sprecherin eine rhetorisch große Wirkung, wenn man den hohen Muskeltonus an ganz bestimmten Stellen zur Erhöhung der emotionalen Wirkung einsetzt. Spricht man ständig mit dieser Anspannung, so wird sich der Zuhörer innerlich dagegen zur Wehr setzen durch Unruhe, Weghören oder durch Nebengespräche beginnen – kurzum, er wird Wege finden, sich mental auszuklinken. Man kann dieses Phänomen häufig bei Schulklassen beobachten, wenn die Lehrerin bzw. der Lehrer ständig mit zu großer Anspannung sprechen: Die Kinder halten in ihrem inneren Nachvollzug die Spannung nicht mehr aus und werden unruhig, was die Lehrkraft anspornt, dagegen anzureden, und die unheilvolle Spirale der Anspannung geht nach oben.

2. Die Sprecherin spricht in einer **Tonhöhe, die weit über ihrer Norm liegt.** Was ist damit gemeint? Wir haben ein extrem feines Gehör und Gespür dafür, ob der Sprecher/die Sprecherin über oder unter der für ihn/sie geeignetsten Sprechstimmlage spricht.

Machen Sie dazu jetzt bitte folgenden Versuch. Setzen Sie sich bequem, aber aufrecht auf einen Stuhl. Denken Sie jetzt an einen wunderschönen Abend mit alten Freunden und einem erlesenen Abendessen. In angenehmster Atmosphäre wurde geplaudert, und nach dem Essen entsteht eine Pause, in der alle noch schwelgen. Schließen Sie die Augen, versetzen Sie sich in diese Stimmung und sagen Sie dann genüsslich: *„Hmmmmm, das war gut."* Auf diese Weise finden Sie Ihre eigene **mittlere Sprechstimmlage**.

Warum ist diese mittlere Sprechstimmlage so wichtig in der Kommunikation? Am Anfang eines wichtigen Vorstellungsgesprächs, einer Verhandlung oder eines Vortrages vor kritischem Publikum sind wir oft aufgeregt. (In Maßen ist das auch gut so, denn alles verzeiht das Auditorium, nur nicht gelangweilte, blasierte Routine.) Die Erregtheit überträgt sich leicht auf die Stimme: „Dann ist mir so", pflegte er zu sagen, „als ob meine ganze Seele zitternd in meiner Kehle säße." (Dostojewski: „Die Brüder Karamasow") Worauf es ankommt, ist eine Technik zu entwickeln, die uns in die Lage versetzt, trotz Lampenfieber so zu sprechen, dass man uns von Anfang an gerne und bereitwillig zuhört. Und genau dazu ist die Übung *„Hmmmmm, das war gut"* geeignet.

Lassen Sie uns diese Übung zum Auffinden der mittleren Sprechstimmlage das „Einsummen" vor einem wichtigen Auftritt nennen. Wenn Sie anmoderiert werden, wenn Sie wissen, gleich bin ich dran, dann können Sie sich leise „einsummen". Niemand außer Ihnen hört das, aber Sie haben die Gewissheit, meine Stimme sitzt richtig, und das ist schon einmal ein guter Einstieg. Ähnlich wie ein Chorleiter mit einer Stimmgabel den richtigen Einsatzton findet, können Sie Ihre individuelle eigene optimale Sprechstimmlage finden. Wenn Sie in genau dieser Tonlage beginnen, fühlen nicht nur Sie selber, sondern auch die Zuhörer: „Es ist alles in Ordnung: Wir können uns auf den Inhalt konzentrieren." Für den ersten Eindruck erhält niemand eine zweite Chance. Und wenn das Auditorium gleich bei Ihrem ersten Satz wegen Ihrer Tonhöhe und Ihres Muskeltonus' sich nicht wohlfühlt, dann haben Sie einen 0:3-Rückstand, ehe das Spiel überhaupt angepfiffen wurde.

Hörbeispiel 6: a) zu hoch; b) zu tief; c) mittlere Sprechstimmlage.

🎧

In Hörbeispiel 7 können Sie den typischen Verlauf einer Stimmlage hören. Die Sprecherin beginnt das mit Mikrofon ungewohnte Gespräch über ihrer eigenen mittleren Sprechstimmlage, zu der sie dann erst im Laufe des Gesprächs findet.

1.1.3 Das Aushandeln der Spielregeln während des Spiels

🎧

Bitte notieren Sie beim Anhören von Hörbeispiel 8 wieder alles, was Sie dazu anmerken möchten. Bestimmen Sie dabei bitte auch, welche der beiden Sprecherinnen aus Hörbeispiel 1 und 8 sie für die ältere halten.

Die Sprecherin von Hörbeispiel 1 war in den Zwanzigern, Sprecherin von Hörbeispiel 8 ist Anfang vierzig. Wir wollen zunächst einige Beobachtungen über die Artikulation der Sprecherin aus dem letzten Hörbeispiel anstellen. Sie haben sie sicher als Sprecherin Norddeutschlands identifiziert, z. B. an dem *„Flensburch"* im Gegensatz zum süddeutschen *„Flensburk"*. Auffällig ist, dass ihre Artikulation von sorgfältig zu informell wechselt. So sagt sie einerseits *„von moongs bis aams"* (statt *„von morgens bis abends"*), *„abeied"*, *„Midabeider"* und *„die dann eem die Kinner ma passn konnten"*. Andererseits sagt sie deutlich *„auszuüben"* (statt *„auszuühm"*) und *„anleitet"* (statt *„anleidet"*).

Manche Menschen wechseln die Artikulation in Zusammenhang mit dem Thema (z. B. sorgfältige Artikulation bei Beruf und Karriere und Substandard bei Klatsch und Tratsch), oder sie wechseln es je nach Situation bzw. der Vertrautheit mit dem Gesprächspartner. Dies scheint hier nicht der Fall zu sein. Es könnte daran liegen, dass sie sich mehr als sonst ihrer Rolle als Sprecherin bewusst ist. Sie ist es nicht gewohnt, in ein Mikrofon zu sprechen, und weiß, dass sich andere ihre Rede anhören können. Sie denkt also gleichzeitig zum einen über den Inhalt ihrer Antwort nach und zum anderen darüber, wie sie es sagt und wie es wohl wirken könnte. Dieses „sich selbst beobachten" beim Sprechen nennt man **„Selbstreflektion"** oder englisch **„self-monitoring"**. Es könnte sein, dass sie dadurch noch nicht zu sich selbst gefunden hat und – artikulatorisch gesehen – noch schwankt zwischen der Haltung „Bin ich jetzt ich?" mit der Artikulation *„von moongs bis aams"* oder „Sollte ich für die Ewigkeit auf dieses Band sprechen mit deutlichem ‚anleitet' und ‚auszuüben'?".

Diese Artikulationswechsel als möglicher Ausdruck von Unsicherheit sind bedingt durch die Sprechsituation und maßgeblich durch den Gesprächspartner. Wenn wir als Zuhörende der Grund für diese Signale sind, dann sollten wir sie auch als solche wahrnehmen und gegebenenfalls unser Verhalten ändern – vielleicht durch freundlich interessiertes Nicken, um wieder die Aufmerksamkeit mehr auf den Inhalt zu lenken, oder aber dadurch, dass wir die informellere Artikulation aufnehmen, um anzudeuten, dass wir die übliche Sprechweise der Gesprächspartnerin auch in dieser Situation angemessen finden.

Bei dieser Passage soll auf folgende Stelle hingewiesen werden: Obwohl Sie die Sprecherin nicht sehen konnten, haben Sie dennoch gehört, dass sich ihr Mund zu einem Lächeln veränderte, wobei auch ihre Stimmeigenschaft leicht anders klang. Sie macht das an folgender Stelle:

„…damals hat der eine denn gesagt, ich bleib zu Hause und pass die Kinder, und der andere hat denn das Studium gemacht, anders war's nicht möglich, (Lachen endet hier) *weil wir da keine Omas und Verwandten haben, die dann eem die Kinner ma passn konnten."*

Die prototypische Form des Lachens ist die des Ausdrucks von Belustigung und die des Lächelns als Ausdruck von Freundlichkeit. Daneben gibt es die **Sprechlacher**, die in der Regel die Funktion haben, die verbale Botschaft herunterzuspielen, wie in *„Das ist mein Glas, aus dem Sie da trinken, he he."* Zu dem Sprechlacher an dieser Stelle muss man Folgendes wissen: Die Äußerung wurde in den 80er-Jahren gemacht, zu einer Zeit also, da sich der Feminismus sehr kämpferisch zeigte. Wir haben hier nun ein Ehepaar, bei dem die Frau die verantwortungsvolle und gut bezahlte Stelle einer Heimleiterin hatte und der Mann ein Studium beginnen wollte. Vieles hätte dafür gesprochen, dass sie ihre Stelle ganztags ausübt und er auf die Kinder aufpasst und sein Studium absolviert, so gut es eben unter solchen Umständen möglich ist. Die Sprecherin macht nun verbal etwas sehr Signifikantes: Sie sagt nicht *„Ich habe meine Stelle aufgegeben, und er hat studiert"*, sondern sie deutet sprachlich ein Gleichgewicht an, indem sie für beide die maskuline Form wählt: *„…der eine…und der andere".*

Eine mögliche Interpretation ihres Sprechlachers könnte sein, dass sie dem Interviewer zu verstehen geben will: *„Ja, ja, ja, ich weiß, so läuft es immer: die Frau bleibt zu Hause und der Mann geht hinaus. Ich habe das 1.000-mal gehört und ich kann's nicht mehr hören, denn es ist alles Schnee vom Vorjahr."* Dann wäre ihr Lächeln zu verstehen als ein Signal an den Gesprächspartner, sie doch bitte mit der jetzt üblichen Frage und Feminismusdiskussion zu verschonen. Hätte sie dies verbal gemacht, hätte sie genau das Thema erwähnen müssen, das sie zu vermeiden hofft.

> In diesem speziellen Fall ist die vokale Kommunikation effizienter als die verbale. Die Sprecherin kann hier auf charmante Weise die Spielregeln während des Spiels aushandeln. Dies kann nur erfolgreich sein, wenn der Zuhörer gelernt hat, diese Signale aufzunehmen.

Man kann nun einwenden, dass diese Interpretation ihres Sprechlachens nicht mit wissenschaftlicher Stringenz, also nicht mit absoluter Sicherheit, vorgenommen werden kann. Doch das ist kein Gegenargument und darf kein Plädoyer dafür sein, das Signal zu ignorieren, denn in der Face-to-face-Kommunikation sind wir gut beraten, erstens immer davon auszugehen, dass nonverbale Elemente etwas aussagen wollen; zweitens ist eine Hypothese immer besser als keine; und drittens ist es selbst in dem

Fall, dass wir uns bei der spezifischen Interpretation dieser Hauswirtschaftsleiterin geirrt haben sollten, kein Fehler, wenn wir als Reaktion auf ihren Sprechlacher jetzt auf keinen Fall aggressiv werden, sondern ihren Appell zu gegenseitiger Rücksichtnahme akzeptieren.

1.1.4 Die vokale Entschärfung verbaler Sprengsätze

Mit **verbalen Sprengsätzen** werden hier Äußerungen bezeichnet, die aggressiv gemeint sind bzw. verstanden werden könnten, wie z. B. die an einen Kaffee trinkenden Kollegen gerichtete Bemerkung: *„Das ist meine Tasse."* Dies könnte verbal entschärft werden, indem man sagt: *„Das ist eigentlich meine Tasse, aber es macht nichts."* (Wir werden in Kap. 4.3.3 auf verbale Entschärfungssignale unter dem Begriff „Weichmacher" zurückkommen.)

Zum Repertoire der **vokalen Entschärfungssignale**, d. h. der verschiedenen Formen stimmlicher Entschärfung von verbal gesehen als aggressiv oder als gravierend interpretierbaren Äußerungen, gehören – wie wir in Hörbeispiel 8 feststellen konnten – u. a. die Sprechlacher.

Notieren Sie bitte Ihre Höreindrücke zu Hörbeispiel 9.

Sicher sind Ihnen aufgrund der vorherigen Analyse von Hörbeispiel 8 die vielen Sprechlacher dieser Sprecherin aufgefallen. In einem monosystemischen Ansatz würde der Sprecherin folgendes Feedback gegeben werden: „Ich habe beobachtet, dass Sie in den fünf Redebeiträgen dieses Dialogs sechs Sprechlacher hatten. Das wirkt einförmig und übertrieben auf mich. Mein Rat ist, die Sprechlacher wegzulassen." Weder die Beobachtung noch der Rat sind schlecht oder gar falsch, aber in einem polysystemischen Ansatz kann man durch differenziertere Analysen mehr Information über die Interaktion der Gesprächspartner gewinnen und so den Sprechbeiträgen beider gerechter werden. Schauen wir uns die Transkription von Hörbeispiel 9 an:

A: *…ich studiere Englisch und Kunst und möchte mal Lehrer werden.* (lacht) **(1)**
B: *Und warum hast du dir diesen Beruf ausgesucht?*
A: *Ehm, ich war mir nicht sicher. Ehm, ich wusste nicht, was ich machen sollte,* (lacht) **(2)** *also dacht ich, na gut, wirst du Lehrer.* (lacht länger) **(3)** *Aber mittlerweile, ich hab jetzt unterrichtet, und mittlerweile gefällt mir das wirklich gut, und ich denke ich bleib dabei.* **(4)**
B: *Was würdest du machen, wenn du keine Lehrerstelle bekommst?*
A: *Ich geh nach Großbritannien, denn dort suchen sie noch Lehrer.* (lacht) **(5)**
B: *Und wenn du auch da keine Stelle als Lehrerin finden könntest?*
A: *Also auf der Isle of Man da weiß ich ganz sicher, da gibt's noch Stellen, die unbesetzt sind.* (lacht länger) **(6)**

B: *Sehr gut, aber nehmen wir einfach einmal an, du könntest nicht als Lehrerin deinen Beruf ausüben …*
A: *Dann muss ich heiraten.* (lacht länger, und die Gruppe lacht mit) (7)

Zur Situation: Sprecherin A wird als Lehramtsstudentin in einem Seminar von ihrem Professor interviewt. Sie soll sich vorstellen und muss daher etwas allen anderen Bekanntes sagen. Im Deutschen gilt die Regel, dass man Bekanntes als solches markieren muss. Eine geschulte Sprecherin hätte das verbal tun können mit den Worten: „Wie Ihnen ja sicher allen bekannt ist, studiere ich …" Diese Sprecherin hingegen fühlt sich etwas überrumpelt. Der mit der Nummer (1) im Text gekennzeichnete Sprechlacher könnte gedeutet werden als Verlegenheitsausdruck und als nonverbales Signal an die Kommilitoninnen, um damit zum Ausdruck zu bringen, dass sie die Erwähnung des Selbstverständlichen für albern hält („*Na was werde ich schon werden wollen, wenn ich auf Lehramt studiere?!*"). Zur Erklärung von Sprechlacher (2) und (3) muss der Fachausdruck **„erwartete Antwort"** eingeführt werden.

Wenn man einem Besucher eine Tasse Kaffee anbietet, tut man das nicht, weil man fürchtet, er könne verdursten, sondern die Botschaft ist: *„Ich heiße Sie willkommen und nehme mir Zeit für Sie."* Die erwartete Antwort ist: *„Ja gerne."* Will der Besucher hingegen keinen Kaffee, dann ist das nicht die erwartete Antwort, und in diesem Falle schuldet er dem Anbieter noch eine weitere Einheit. Ein *„Nein danke"* genügt nicht, man muss noch einen Zusatz machen wie *„Ich habe gerade schon zwei getrunken"* oder *„Ich bin etwas in Eile, ein andermal gerne"*. Diese Antwort ist nicht die falsche, sondern nur die nicht erwartete und somit erklärungsbedürftig.

Wenn jemand bei einem Interview oder Vorstellungsgespräch gefragt wird, warum sie sich für diese Institution entschieden habe, dann ist die erwartete Antwort in unserem Kulturkreis eine positive Begründung als Kompliment an den Fragesteller. Diese Sprecherin gibt hier stattdessen Ratlosigkeit als Grund, gibt also die nicht erwartete Antwort und schuldet dem Interviewer somit noch eine weitere Einheit. Statt dies verbal zu machen, wie geübte Sprecherinnen, macht sie das vokal durch Sprechlacher in der Absicht, eine möglicherweise als Taktlosigkeit empfundene Äußerung herunterzuspielen.

Genau diese Gesprächsmuster finden sich in ihren Antworten auf die „Wenn"-Fragen: *„Was würdest du machen, wenn du keine Lehrerstelle bekommst?"* Wichtig ist hier der Konjunktiv, mit dem der Fragesteller zu einem Sprachspiel auffordert, was explizit ausgedrückt hieße: *„Ich weiß, du willst Lehrerin werden, aber mich interessiert, was Lehramtsstudentinnen denn für Alternativen sehen, wenn sie nicht Lehrerin werden könnten."* Die Sprecherin verweigert dieses Sprachspiel, dieses Eingehen auf alternative Welten, und sie verweigert es – fast wie im Märchen – dreimal. Die ersten beiden Male mit Sprechlachern als vokale Entschuldigung für die

Verweigerung. Man kann Sprecher B vorwerfen, dass er nach ihrer ersten Ablehnung noch zweimal insistiert und damit die üblichen Höflichkeitsregeln eines Gesprächs verletzt. Aus diesem dreimaligen Austausch geht sie als Siegerin hervor, was umso beachtlicher ist, als sie mit ihrem zukünftigen Prüfer spricht. Ihre Trumpfkarte beim dritten Mal ist Humor: Sie führt das Ganze ad absurdum, indem sie sich zwar auf eine Alternative zum Lehrerberuf einlässt, aber das nicht ernst gemeinte Heiraten nennt (also keinen anderen Beruf). Damit zieht sie die ganze Gruppe, die das Spiel längst durchschaut hat, auf ihre Seite, und alle lachen befreit auf.

Interessant ist die Äußerung: *„…mittlerweile gefällt mir das wirklich gut, und ich denke ich bleib dabei."* (4) Dies ist die einzige Redeeinheit ohne Sprechlacher, aber es ist auch das erste Kompliment an die Institution. Das Ausbleiben des Sprechlachers bei Nummer (4) ist der Grund für die Hypothese, dass diese Sprecherin nicht die Angewohnheit hat, nach jeder Äußerung aus Verlegenheit zu lachen. Alle ihre Sprechlacher waren begründet bzw. motiviert. Sie waren erklärbar aus dem verbalen Teil, aus dem Zusammenspiel von Verbalem und Vokalem. Und da, wo kein Grund vorliegt, lacht sie auch nicht.

... Welche praktischen Anwendungen ergeben sich aus dieser Analyse? ....

Ein Zuhörer, der nur die Sprechlacher wahrnimmt und die Sprecherin daher für unsicher, schüchtern, nicht ganz für ernst zu nehmend hält, kurzum, der sie für ein verhuschtes Hascherl hält, wird sich sehr schnell getäuscht sehen und ebenso wie der Interviewer in diesem Beispiel auf Granit beißen. Für die Hörerperspektive ist die Maximierung der Information von Vorteil, d. h. jeder, der unterscheiden kann zwischen gewohnheitsmäßigen Sprechlachern und solchen, die inhaltlich motiviert sind, wird sich weniger in Menschen täuschen als jene Zuhörer, die nur die Sprechlacher zählen.

Aus der Sprecherperspektive muss diese Frau davor gewarnt werden, den Durchschnittshörer nicht zu überfordern. Das **verbal-vokale Muster** ist vorhanden, aber bei einem Verhältnis von 6:1 von Sprechlacher zu Nicht-Sprechlacher kann es leicht überhört werden. Sollte diese Frau feststellen, dass Männer bei Sitzungen immer ausgerechnet sie bitten, doch mal rasch einen Kaffee zu machen, dann verschlägt es wenig, darüber zu lamentieren. Viel gewinnbringender ist es zu überlegen, welches eigene kommunikative Verhalten die Chauvinisten häufig zu dieser Behandlung quasi einlädt. In einem polysystemischen Ansatz, der alle Aspekte der Kommunikation berücksichtigt, rät man ihr, sich zunächst ihrer Sprechlacher bewusst zu werden. Würde man ihr nun aber raten, die Sprechlacher einfach wegzulassen, so betriebe man Rhetorik ohne Persönlichkeitsentwicklung. Sie würde sich sehr unwohl fühlen und bei ständiger Unterdrückung dieser Signale eventuell sogar abstumpfen. Das Positive an ihrem Sprechverhalten ist jedoch ihr feines Gespür für das, was unter den Gesprächspartnern ausgehandelt wird und ihre sensible Reaktion darauf. Es ist daher besser, ihr zu raten, das Bewusstsein für mögliche Spannungen beizubehalten, aber, um nicht als Persönlichkeit falsch eingeordnet zu werden, die vokalen Botschaften häufiger mit ernster Mimik durch verbale zu ersetzen. Sie könnte z. B. Folgendes sagen:

A: *Wie den meisten von Ihnen bekannt ist, studiere ich Englisch und Kunst und möchte – wie vermutlich die anderen hier auch – Lehrerin werden ...Ehm, ich wusste nicht, was ich machen sollte, also dacht ich, na gut, wirst du Lehrerin, denn eine kompetente Berufsberatung stand mir damals nicht zur Verfügung.*
B: *Was würdest du machen, wenn du keine Lehrerstelle bekommst?*
A: *Eine interessante Frage, aber ich habe mich inzwischen so für den Lehrerberuf erwärmt, dass ich über Alternativen gar nicht nachdenken mag. Ich würde dann lieber nach Großbritannien gehen, denn dort suchen sie noch Lehrer.*

Wäre das Gespräch so verlaufen, wie hier hypothetisch angenommen, hätte der Interviewer die Sprecherin nach ihrer ersten Antwort wahrscheinlich anders eingeschätzt als bei dem tatsächlichen Interview. Er hätte sie ernster genommen. Und deshalb könnten die Spechlacher (6) und (7) im weiteren Verlauf des Dialogs beibehalten bleiben, denn Sprechlacher sind durchaus legitime rhetorische Mittel, und sie wurden am Ende dieses Gesprächs effizient eingesetzt. Durch dieses neue Sprechverhalten bleibt die Sensibilität der Sprecherin, aber auch ihre selbstbewusste und dennoch nie aggressive Kommunikation erhalten, ohne dass sie Gefahr läuft, von weniger guten Zuhörern als Kaffeehol- oder Wegräum-Mamsell behandelt zu werden.

In diesem Beispiel wurde deutlich, in welcher Situation die vokalen Mittel und in welcher die verbalen Mittel effizienter zum Erreichen eines bestimmten Zweckes sind.

Auch mit Hilfe der Aufzählintonation (progrediente Intonation) lässt sich etwas „herunterspielen".

Die Sprecherin in Hörbeispiel 10 benutzt eine große Intonationsbreite, aber ein einförmiges Intonationsmuster (Intonation ist die Sprechmelodie).

„Ich studiere im ersten Semester hier Deutsch und Englisch (↗) auf Realschullehramt (↗), ehm, ich hab vor vorher schon ein Jahr in Kiel studiert, ähm auch Lehramt, allerdings Grund- und Hauptschullehramt (↗). Ursprünglich komm ich aus Rotenburg an der Wümme (↗)."

Die Sprecherin stellt sich vor mit einer Reihe von kurzen Aussagen über sich selber. Am Ende jeder einzelnen Informationseinheit geht sie mit der Stimme hoch (↗), am deutlichsten bei *„an der Wümme"*, wo sie bis ins Falsett geht. Eine solche aufsteigende Sprechmelodie nennt man **progrediente Intonation**. Stellen Sie sich vor, Sie haben eine Tagung zu organisieren und gehen mit Ihrer Kollegin noch einmal die Checkliste durch: *„Kaffee für Raum 4 bestellen, haben wir (↗)* (wird abgehakt)*; Schreibblocks für alle Teilnehmer: haben wir (↗); Schreibstifte für alle Teilnehmer: haben wir (↗); Flipchart: haben wir (↗); ah Powerpoint-Projektor in Raum 4, darum kümmere ich mich jetzt sofort (↘)."* Die **Aufzählintonation** oder **Checklistintonation** ist hier angemessen, denn sie besagt, dass wir ja nur noch einmal zur Sicherheit die Dinge überprüfen, d. h. die Wichtigkeit der ersten Punkte wird heruntergespielt im Sinne von: „*Ist abgehakt*", bis man zu dem vergessenen Powerpoint gelangt. Würde man auch hier progrediente Intonation verwenden „*kümmere ich mich drum (↗)*", hieße das: „*Wie bereits vereinbart, ist kein Problem.*" Mit **terminaler Intonation** (fallender Intonation) erhält dieser Punkt Gewicht: Hier besteht Handlungsbedarf.

Wenn Sie bei der Vorstellung Ihrer eigenen Person ständig progrediente Intonation benutzen, suggeriert das dem Hörer, all das ist noch nicht wichtig – die entscheidenden Punkte, die Sie sich merken sollten, kommen noch. Es ist kontraproduktiv, wenn Sie durch die Intonation zu verstehen geben, dass Sie selber die Punkte nicht für wichtig halten. Noch gravierender wäre es, wenn Sie die vokalen Signale des Herunterspielens durch verbale verstärkten, gleichsam als Aufforderung zum Weghören: „*Hmm, tja, also was könnte ich noch zu meiner Person sagen, pfff, vielleicht dass ich Key Accountmanager bin (↗) …*"

Wenn sich die Sprecherin nicht ernst nimmt, tut es auch nicht der Zuhörer. Das Feedback für die Sprecherin von Hörbeispiel 10 ist daher: „Sie haben sich vorgestellt und einige Dinge über sich selbst gesagt. Sie haben immer die progrediente Intonation benutzt. Sie sind dabei weit über Ihre natürliche Sprechlage hinausgegangen. Ich habe dieses Muster so empfunden, als wollten Sie mir zu verstehen geben, die aufgezählten Punkte seien noch nicht wichtig. Sie haben meine Aufmerksamkeit nicht auf den jeweiligen Punkt gelenkt, sondern in mir die Erwartungshaltung geweckt, dass das Wichtige erst noch käme. Meine Empfehlung ist, häufiger die fallende Intonation zu benutzen: ‚Ich studiere im ersten Semester hier Deutsch und Englisch auf Realschullehramt (↘ und Pause)', denn das signalisiert mir, diese Botschaft ist wichtig, ich sollte sie mir merken."

Zum Einhören in die progrediente Intonation hören Sie nun die Beispiele 11 und 12.

Wir können unsere Aussagen verbal modifizieren, und zwar durch Aufwerten („*Ein **Super**-Tor*") oder durch Abwerten („*Dieser **blöde** Stift*"). Hier sind Worte zur Modifizierung von „*Tor*" und „*Stift*" benutzt worden, also verbale Mittel. Stattdessen kann man, wie wir an den Sprechlachern gehört haben, auch vokale Mittel zur Modifizierung einer Aussage einsetzen, denen wir uns jetzt zuwenden.

Vokale Signale, die etwas herunterspielen:

- erhöhte Stimmlage: Die Kleine-Mädchen-Stimme,
- reduzierte Artikulation („*Ham Sie vieleich nochng klein Aungblick Zeit?*"),
- progrediente Intonation,
- erhöhtes Sprechtempo,
- verminderte Lautstärke,
- Flüsterstimme,

- Lippenrundung (im deutschen Sprachraum: *„Nöö, üss schon okö"*),
- inhaliertes „Ja",
- Fading out (immer leiser werdend),
- Sprechlacher,
- „pffff",
- institutionalisiertes Stottern (wird oft kultiviert im englischen Sprachraum: *„Ex ex ex cuse me, could could could I just ..."*).

Ein Beispiel für **reduzierte Artikulation**: Eine Frau stand im Gang eines ICE und unterhielt sich mit einer Freundin. Hinter ihr stand ein Mitreisender, der ins Bordrestaurant wollte. Sein *„Darf ich mal bitte"* hörte sie nicht. Er räusperte sich lauter, er rief *„Entschuldigen Sie bitte mal"*, aber auch das hörte sie nicht. Schließlich tippte er ihr auf die Schulter. Als sie sich umdrehte, blickte sie in die ungeduldigen Gesichter einer ganzen Schlange von Wartenden. Ihr war das sichtlich peinlich, und sie gab sofort den Gang frei. Der erste Reisende sagte *„dangeschön"*. Hätte er mit perfekter Artikulation *„danke-schön"* gesagt, hätte die Frau annehmen müssen, er sei richtig erbost. Das beiläufige *„dangeschön"* war als Signal des Herunterspielens zu verstehen. Denn er hatte angesichts der vielen Wartenden nicht die Zeit zu sagen: *„Macht nichts, ist mir auch schon mal passiert, haha, wir verhungern ja noch nicht."*

Wenn Sie beim Einatmen ein „Ja" sprechen, dann ist das ein **inhaliertes „Ja"**. Es wird im deutschen Sprachraum fast ausschließlich von Frauen benutzt und signalisiert: „Ich höre zu, beanspruche aber kein Rederecht."

Wir können die Modifizierungen grafisch wie in Abbildung 1.1 darstellen. Die Grafik veranschaulicht die kommunikativen Gefahren dieser vokalen Signale. Woher weiß der Angesprochene, welche von den drei Möglichkeiten der Deutung des vokalen Herunterspielens gemeint ist?

Lippenrundung ist in Bezug auf die drei unter „Herunterspielen" genannten Objekte vage. Vagheit birgt in einer Stresssituation stets die Gefahr des Missverständnisses (darauf wird in Kap. 4.2 noch einmal ausführlich in dem Abschnitt „Das kommunikative Paradoxon" eingegangen). Die kommunikative Intention von *„Joo, das Füschrestaurant üss oköö"* mag das Herunterspielen der eigenen Vorliebe sein oder

```
                    Modifizierung
                   /             \
          Herunterspielen      Aufwerten
         /       |       \
  sich selbst  die Sache  den Gesprächspartner
```

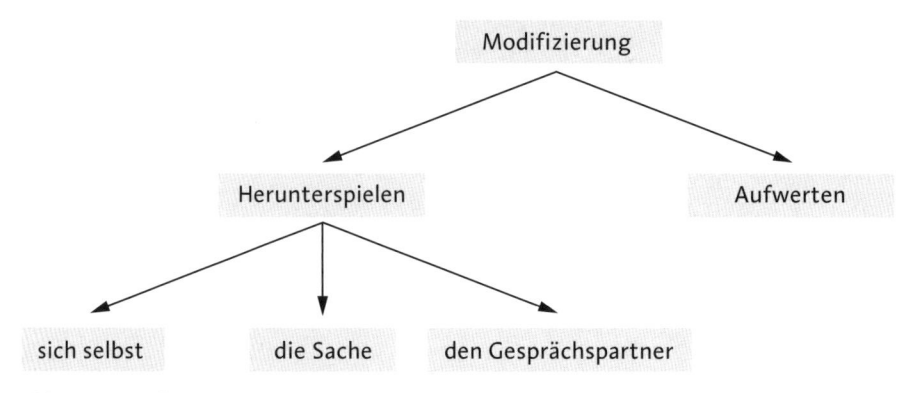

Abb. 1.1: *Modifizierungen*

des Restaurants („*Es gibt bessere, aber wenn's gleich um die Ecke ist, gehen wir eben da hin*"), oder aber es kann auf den Gesprächspartner abzielen („*Na ok, wenn du keine besseren Vorschläge machen kannst!*").

Meine Beobachtungen haben ergeben, dass die Vorstellungsgespräche deutlich kürzer sind, in welchen die Bewerber und Bewerberinnen eine starke Tendenz zu den vokalen Signalen des Herunterspielens haben. Man darf dabei nicht vergessen, dass auch die Leiter dieser Vorstellungsgespräche, also die Interviewer, unter Spannung stehen, denn es geht um wichtige Entscheidungen. Außerdem wollen sie vor potenziellen Kollegen auch selber einen guten Eindruck machen. Wenn nun der Bewerber auf schwierige Fragen z. B. häufig zuerst mit „*pffff*" antwortet, dann kann das schnell ausgelegt werden als: „*Die Frage finde ich blöd/uninteressant. Können Sie nicht bessere stellen?*" Vielleicht wollte der Befragte einfach nur bescheiden sein und zum Ausdruck bringen, dass er fast überfordert ist oder zumindest Zeit zur Beantwortung braucht. Ein geschulter Sprecher wird in solchen Situationen der Spannung immer die verbale Alternative vorziehen: „**Das ist eine interessante und schwierige Frage. Lassen Sie mich bitte einen Augenblick nachdenken, wie ich das am besten beantworte.**" Damit ist klar, dass der Interviewte seine eigene Kompetenz in aller Bescheidenheit in Frage stellt, was bei einem „*pffff*" nicht vorausgesetzt werden darf.

1.1.5 Die verdeckten Botschaften der Stimme oder: Der vokale Palimpsest

Die gesprochene Sprache enthält immer zwei Botschaften: einmal die explizit verbale Information und zweitens die vokale, welche die erstere bestätigen, bekräftigen, aber ihr oft auch widersprechen kann. „*Das ist ein Mann*" besagt zunächst nur, dass es sich um ein männliches menschliches Wesen handelt. Dieselben Worte, von einer Frau nasal und behaucht sowie mit starker Betonung auf dem „*Das*" gesprochen, würden dann als vokale Botschaft die Elemente der Bewunderung bis hin zur Begierde hinzufügen.

Analog dazu gibt es bei den Quellen der Antike viele Texte mit doppelter Botschaft. Wegen des hohen Preises von Schreibmaterial benutzte man Papyrus bzw. Pergament mehrere Male, indem man den ersten Text abkratzte und dann darüber einen neuen schrieb. Solche Dokumente mit einer oberflächlichen und einer darunterliegenden Botschaft nennt man **Palimpsest**. Dieser Ausdruck eignet sich zur Übertragung auf Gesprochenes, weil uns oft gerade die wichtigsten Texte, wie z. B. einige von Cicero, nur als „abgekratzte", als darunterliegende überliefert wurden und weil es zur Entzifferung des Unsichtbaren eines Verfahrens mit ultraviolettem Licht bedarf. Ein solches Verfahren muss unser Gehör im Gespräch entwickeln: Um den vokalen Palimpsest zu erfassen, muss man lernen, mit offenen und geschulten Ohren durch die verbale Botschaft hindurchzuhören.

Hören Sie sich bitte erst Hörbeispiel 13 an, ehe Sie weiterlesen.

Diese Stimme hat einen hohen Flüsteranteil und wirkt daher wenig kraftvoll. Hinzu kommt, dass die Sprecherin – gemessen an ihrer natürlichen Stimmlage – zu hoch spricht. Weiterhin war entscheidend für die Bewertung der Sprecherin durch zahlreiche Versuchspersonen die geringe Intonationsbreite (also das fehlende Auf und Ab in der Sprechmelodie) und der mangelnde Rhythmus im Sprechen. Hier die Transkription des in Hörbeispiel 13 gehörten Textes:

„Heute weiß ich, dieses Lachen (holt Luft), *nur durch dieses Lachen könn wir die nächste Zeit wieder überstehn, das ist ganz wichtig* (holt Luft), *weil wenn nur dieser pure Verzweiflungs*(holt Luft)*schmerz in eim ist und man nich mehr lachen kann* (holt Luft), *dann sterben wir wirklich, aber man muss es erst erkennen, wie so vieles ne."*

Machen Sie jetzt bitte zwei Versuche:
1. Lesen Sie den Text so, wie Sie ihn gehört haben: Mit wenig kraftvoller, etwas zu hoher Stimme, fast so (aber auch das nur halb), als flüsterten sie. Versuchen Sie, die Sprechmelodie herauszunehmen, und versuchen Sie, die Silben alle gleichmäßig zu betonen und ungefähr gleich lang auszusprechen.
2. Direkt im Anschluss daran lesen Sie den Text noch einmal und legen sich dabei richtig ins Zeug: Stehen Sie beim Rezitieren. Schreien Sie den *„puren Verzweiflungsschmerz"* aus sich heraus und bewegen Sie bei der Silbe *„-zweif-"* den Oberkörper nach vorn. Sprechen Sie mit dem ganzen Körper: Sagen Sie mit innigster Überzeugung *„Heute weiß ich"* und ballen bei *„weiß ich"* beide Fäuste; sprechen Sie mit Rhythmus: *„...dieses Lachen, nur durch dieses* **Lachen.***"* Sagen Sie *„wenn man nicht mehr lachen kann,* (und jetzt geht Ihre Stimme hoch) *dann* (machen Sie zur Erhöhung der Spannung eine Kunstpause und fahren mit tiefer Stimme resignierend fort) *sterben wir wirklich"* und lassen Sie dabei die Arme sinken. Lesen Sie diesen Abschnitt nicht leise, sondern gönnen Sie sich das Vergnügen, lustvoll und dynamisch **mit dem ganzen Körper zu sprechen**.

Die Sprecherin hatte ein hartes Schicksal hinter sich und hatte mit Hilfe ähnlich betroffener Menschen versucht, sich aus dem puren Verzweiflungsschmerz herauszuarbeiten. Sie hat, das geht bei sorgfältigem Hörverstehen ihrer Äußerung deutlich hervor, vom Kopf her den Lösungsweg verstanden, aber der emotionale Weg, den sie noch zurückzulegen hat, ist weit. Sie werden bei Ihrem zweiten Vortragsstil der Passage festgestellt haben, dass dieser Text unter dem rein verbalen Aspekt durchaus kraftvoll ist. Die Diskrepanz im Hörbeispiel entsteht durch die Inkongruenz, d. h. die mangelnde Übereinstimmung von verbaler und vokaler Botschaft. Dem kraftvollen Text, bei dem es um Existenzfragen geht, der von Verzweiflungsschmerz und Lachen, von Leben und Sterben spricht, fehlt im mündlichen Vortrag jede Dynamik. Man nimmt dieser Sprecherin nicht ab, dass sie das Lachen wiedergewonnen hat. Unter dem Text der Worte verbirgt sich der Palimpsest ihrer Emotionen:

Wenn die vokale Botschaft mit der verbalen in Widerspruch steht, glauben wir immer der vokalen.

Sie haben dies in dem Hörbeispiel aus der Hörerperspektive erfahren und es anschließend bei Ihren beiden unterschiedlichen Vortragsstilen desselben verbalen Textes am eigenen Leibe erlebt. Umso unverständlicher sind Bücher über Sprechen ohne Hören, und – merkwürdiger noch – Bücher zur Anleitung für Therapeuten und Therapeutinnen enthalten keine Hörschulung.

Ein anderes Beispiel stammt aus der Ansprache des Dirigenten Sir Andrew Davis bei der „Last Night of the Proms" (Hörbeispiel 14).

Nachdem Sie diesen Redeausschnitt gehört haben, lesen Sie jetzt bitte die Transkription:

"…an' of course more concerts than by anybody else have been performed by the BBC Symphony Orchestra. It's an orchestra that I've been principle conductor of six years is it now. I can't remember. Time flies when you are having fun, and we do have a lot of fun together."

Davis hat hier ein Problem, das in England eher noch größer ist als in Deutschland. Auf der einen Seite muss er – das verlangt die BBC bei diesem Medienereignis mit unglaublichen Einschaltquoten – die Leistung des Orchesters unter seiner Leitung würdigen, auf der anderen Seite darf er sich selber dabei nicht herausstreichen. Gefragt ist das britische Understatement. Beim ersten Satz spricht er laut und deutlich in angemessener Geschwindigkeit. Im zweiten Satz muss er seine herausragende Position selber erwähnen, da niemand da ist, der ihm diese Aufgabe abnehmen kann, aber nach *„that I've been principle conductor of"* geht er in ein völlig anderes Stimmregister: Er senkt die Tonhöhe ab, spricht leiser, artikulatorisch nicht mehr so sorgfältig, er nuschelt sogar, wird schneller, fügt aber dennoch Pausenfüller ein, die ihm, dem gewandten Redner sonst nie unterlaufen: *„…uhm six years is it now…I can't remember…uhm…"*.

Die eben aufgelisteten vokalen Mittel sollen den Eindruck erwecken: *„Sagen muss ich es ja wohl, aber eigentlich ist es doch völlig unwichtig."* Es hat den Anschein, als führe er an dieser Stelle vor Tausenden von Anwesenden und Millionen von Fernsehzuschauern ein ihm lästiges Selbstgespräch. Das anwesende Publikum erfasst sofort sein Dilemma und die Diskrepanz zwischen der laxen Form und der Feierlichkeit des Anlasses: Es hilft ihm mit einem befreienden Lachen, denn es hat den vokalen Palimpsest unter den Worten entdeckt. Auch hier wird auf der vokalen Ebene wieder etwas heruntergespielt, nämlich die eigene Rolle.

In dem monosystemischen Ansatz der klassischen Rhetorik würde man Sir Andrew Davis den Rat geben, bei so viel Publikum nicht zu nuscheln, sondern deutlich zu artikulieren und alle *„uhms"* zu unterlassen. Und damit würde man ihn und das Publikum einer differenzierten Art der mündlichen Kommunikation berauben.

Ein analoges Phänomen für das Deutsche bietet Ihnen Hörbeispiel 15.

Zwei absolute Profis auf ihrem Gebiet, nämlich Didi Hallervorden und Alfred Biolek, handeln in diesem kurzen Ausschnitt aus einer Fernseh-Talkshow sehr viel miteinander aus. Um zu ermessen, welchen Informationsreichtum die Wechselbeziehung vokaler und verbaler Signale hat, ist es hilfreich, sich zunächst den verbalen Teil in der Transkription bewusst zu machen:

Biolek: *„Ja."*
Hallervorden: *„Und das ist glaube ich der Erfolg."*
Biolek: *„Riesen Riesenquote."*
Hallervorden: *„Große Einschaltquote für 22 Uhr fünf, doppelt so viel, wie man normalerweise hat, also so um die 5,64 Millionen: üss nüch schlöcht."*
Biolek: *„Jetzt würde ich aber doch noch mal gerne wissen, welchen (Pause, gefolgt von einem kleinen Schmatzer, Pause)"*
Hallervorden: *„Sang Se's ruhig."*
Biolek: *„Ja ja, welchen Typ..."*

Analysieren wir zunächst die verbale Ebene: *„große Einschaltquote"* klingt objektiver als *„Riesenquote"*. Biolek als Gastgeber darf seinen Gast loben und ihm mit *„Riesenquote"* eine Vorlage geben. Aber mit *„doppelt so viel, wie man normalerweise hat"* gerät Hallervorden selbst im deutschen Kulturkreis in die Nähe des Angebens. Entsinnen Sie sich jetzt bitte an Andrew Davis' Versuch, etwas herunter zu spielen, indem er behauptete, er könne sich nicht mehr genau erinnern, wie viele Jahre er schon Principal Conductor sei und das spiele ja auch kein Rolle. Analog dazu sagt Hallervorden *„also so um die"*, wonach man eine grobe Schätzung erwartet (Botschaft: Ist ja jetzt auch nicht so wichtig), aber nicht eine präzise Angabe mit zwei Stellen hinter dem Komma (Botschaft: mir ist es doch sehr wichtig). Nachdem er es nun gesagt hat, kann er es getrost wieder herunterspielen. Und das macht er einmal durch die Wahl der Worte: Statt *„Das ist wirklich sehr gut."* wählt er ein Understatement: *„Ist nicht schlecht."* Aber er spricht es mit Lippenrundung aus: *„üss nüch schlöcht."*, was im Deutschen Sprachraum das Gewicht, das der Sprecher seiner

eigenen Meinungsäußerung gibt, herunterspielt. „Nöö" und „joo" klingen weniger dezidiert als „ja" und „nein".
Nun folgt in dem Hörausschnitt noch ein akustischer Leckerbissen. Es ist Bioleks Markenzeichen, dass er durch Erhöhung des Flüsteranteils in der Stimme und Verlangsamung des Sprechtempos inklusive des Einfügens langer Pausen Nachdenklichkeit, Problembewusstheit und Subtilität in der Fragestellung suggeriert. Das zieht den Gesprächspartner und die Zuschauer in seinen Bann und erhöht die Spannung. Hallervorden hat diese Strategie natürlich längst bemerkt und kann es sich hier nicht verkneifen, sie zu entlarven durch sein fast herablassendes, joviales „Sang Se's ruhig.", so als müsse er hier einhelfen. Alle im Saal lachen daraufhin spontan. Nur Biolek nicht. Man kann Biolek ja wirklich nicht vorwerfen, er hätte keinen Humor. Daher ist das Nicht-Eingehen auf diesen Scherz das Signal an den Kollegen: „Geh bitte nicht zu weit. Mach nicht meine rhetorischen Stärken lächerlich." Stellen Sie sich vor, bei der nächsten Sendung sagt Biolek fast im Flüsterton: „Könnte man unter Umständen, so frage ich mich, behaupten, dass ein Bänker…(nachdenkliche Pause, der Spannungsbogen wird aufgebaut)…" und die gesamte Fernsehgemeinde zu Hause intoniert fröhlich Hallervordens „Sang Se's ruhig.".

Hören Sie sich jetzt bitte den Gesprächsausschnitt im Hörbeispiel 16 an und machen Sie sich Notizen zu allem, was Ihnen auffällt.

Dieser Sprecher befindet sich meist in seiner mittleren Sprechstimmlage. Das ermöglicht ihm, eine angenehme Sprechmelodie um die optimale Tonhöhe herum zu verwenden. Er spricht – gemessen am Durchschnitt – recht schnell und flüssig. Schnellsprecher erhalten in der Sprechwirkungsforschung hohe Werte in Kompetenz, Dynamik und Leistungsfähigkeit. (Der Umkehrschluss, dass langsame Sprecher auf diesen Skalen immer sehr schlechte Bewertungen bekommen, trifft nicht zu.) Seinen Zusatz zu Australien, „was wirklich 'n tolles Land üss", macht er mit leichter Lippenrundung. Lippenrundung gehört – wie wir gesehen haben – zu den vokalen Elementen des Herunterspielens. Wir können natürlich nicht in das Gehirn der Sprecher sehen, weshalb hier nicht mit Sicherheit zu sagen ist, was genau hier heruntergespielt wird. Es ist aber von Nutzen, dieses Signal zu hören, zu speichern (es also „im Ohr zu behalten") und Hypothesen zu entwickeln. Es könnte sein, dass der Sprecher nicht angeben will, nicht belehrend sein möchte oder andere Länder noch schöner findet. Im Laufe eines Gesprächs nimmt man zur Maximierung des Informationsgewinns ständig mehr auf, bis sich daraus ein Bild des Sprechers mit seinen Vorlieben, Abneigungen und vor allem mit seinem sensiblen Umgang im Gespräch ergibt.
Speichern Sie bitte auch ab, dass der Sprecher, als er von sich und seinen Freunden berichtet, von der ersten Person zur dritten Person in der Form von „man" übergeht (denn wir werden in Kap. 3.2.2 auf den Gebrauch von „man" detailliert eingehen): „…die wenige Zeit, die ich habe, die versuche ich natürlich, mit meinen Freunden zu verbringen, da bietet Frankfurt sehr, sehr viel, sei es, dass man einfach nur mal

am Main liegt und die Sonne sich auf den Bauch brennen lässt oder aber auch dass man abends auch mal gemütlich was trinken geht in ner Äppelwoi-Kneipe oder auch irgendwo tanzen geht." Das ist eine elegante Weise, eine allgemeine Aussage über das, was man so alles in Frankfurt unternehmen kann, mit dem Persönlichen zu verbinden, denn wir fassen natürlich die Auswahl des Sprechers (Sonnen, Tanzen, Äppelwoi-Kneipe) als seine ganz persönlichen Vorlieben auf.

Der Sprecher in Hörbeispiel 16 verwendet im ersten Teil des Gesprächs sechs Klicks. Klicks sind Laute, die ohne den Luftstrom aus der Lunge durch eine Saugbewegung der Zunge erzeugt werden. Sie können ein *„ts"* normal aussprechen, Sie können aber auch mit der selben Zungenstellung die Luft einsaugen. Diese Klicks sind im Deutschen seit einigen Jahren sehr in Mode gekommen. Dieses nach innen gesaugte *„ts"* bedeutete früher *„Na so was!"* oder auch etwa *„Blödsinn"* und *„Können Sie nicht bessere Fragen stellen!"*. Auch heute kann man es noch in dieser Bedeutung verwenden, was dieser Sprecher aber nicht tut.

Warum sind Klicks wichtig für unser bewusstes Sprechen? Zum einen, weil es ratsam ist, Klicks am Anfang eines Gespräches, wo die zwischenmenschlichen Beziehungen noch nicht ausgehandelt sind, zu unterlassen. Das gilt besonders am Telefon, wo wir a) den Sprecher und seine Mimik nicht sehen und wo b) diese Klicks verstärkt werden. Stellen Sie sich vor, Sie fragen jemanden am Telefon: *„Ich rufe Sie an, um zu fragen, ob Sie Interesse hätten, bei unserer Wohltätigkeitsveranstaltung einen Vortrag allerdings ohne Honorar zu halten"*, und das Erste, was Sie hören, ist *„ts"*. Wenn im Gespräch die zwischenmenschlichen Beziehungen geregelt sind, können Sie ruhig „klicken", denn dann sind Sie voll im Trend.

Der zweite Grund, warum die Wahrnehmung der Klicks wichtig ist, liegt darin, dass wir bei diesem Sprecher feststellen, dass er Klicks zunächst häufig verwendet, dann aber, nach der Frage durch den Interviewer, kein einziges Mal mehr. Das ist die individuelle vokale „Grammatik" dieses Sprechers. Es könnte daran liegen, dass er am Anfang des Interviews sich befangen fühlte oder noch in hohem Maß Selbstbeobachtung und Selbstreflexion vornahm (etwa mit den Fragen: Wie wirke ich? Wie komme ich jetzt rüber? Wie wird sich das in der Aufnahme anhören?). Wenn wir das bei einem Gesprächspartner häufiger beobachten, als sein persönliches Sprechmuster, dann gibt es uns einen wichtigen Hinweis darauf, in welcher Gesprächsphase wir uns befinden. Im Verkauf hieße das z. B.: *„Solange dieser Kunde noch Klicks in dieser Frequenz macht, sollte ich weiter an der Beziehungsebene arbeiten. Wir sind noch bei der Einstiegsphase und noch nicht im eigentlichen Verkaufsgespräch."*

Am 4. März 2008 gab die hessische Landtagsabgeordnete Andrea Ypsilanti folgende Erklärung vor der Presse ab:

a) *„Es wird vielleicht so ausgehen, dass ich ein Versprechen nicht halten kann, nämlich nicht mit den Linken zu sprechen und mich von den Linken wählen zu lassen. Das ist für mich nicht einfach. Ich habe das sehr genau abgewogen."*

In dieser Transkription liegt Ihnen die verbale Botschaft vor, also der Wortlaut, so wie er in den Zeitungen wiedergegeben wird. Aufgrund des Eingangsteils (*„Es wird vielleicht so ausgehen"*) kann man sich fragen, wie hier mit dem Halten von

Versprechen umgegangen wird und ob die dahinterstehende Haltung etwa in folgende Worte zu kleiden wäre: *„Vielleicht halte ich mein Versprechen, vielleicht auch nicht. Schaun wir mal."* Durch das Verb *„wird vielleicht so* **ausgehen***"* nimmt die Sprecherin die Rolle der Beobachterin ein (worauf in Kap. 4 noch eingegangen wird). In dem letzten hier zitierten Satz hingegen gibt sich die Sprecherin dann doch wieder als eine Politikerin, die sich nach genauer Abwägung zu einem Entschluss durchringt.

Hören Sie sich jetzt die zitierte Passage in Hörbeispiel 17 an und machen Sie sich bitte Notizen zu allen vokalen Signalen, d. h. zu allen stimmlichen Merkmalen, die über die reine Wortbotschaft hinausgehen.

Lassen Sie uns davon absehen, dass diese Sprecherin mundartlich „isch" für „ich" sagt. Da sie dies immer tut, können wir daraus keine besonderen Botschaften für diesen Text ableiten. Die Transkription b) unterscheidet sich von a) dadurch, dass die vokalen Signale repräsentiert sind:

b) *„Es wird* (kurze Pause) *vielleicht so ausgehen, dass ich äh* (kurze Pause mit angehaltenem Atem) *ein Versprechen nicht halten kann, nämlich nicht mit den Linken* (kurze Pause) *zu sprechen und mich von den Linken wählen zu lassen* (aufsteigende Intonation). *Das ist für mich äh* (Schlucken, Klick) *nicht einfach, äh ich hab das e sehr genau abgewogen* (aufsteigende Intonation).*"*

Natürlich steht die Sprecherin hier unter enormem Druck. Ihr jetzt vorzuwerfen, sie hätte viermal Verzögerungslaute (*„äh"* und *„e"*) benutzt, wäre sicher Beckmesserei. Wir können aber zu unserem eigenen Nutzen das Augenmerk auf genau die Stellen richten, an denen es Verzögerungen gibt. Einmal geschah dies vor dem alles entscheidenden *„Versprechen"*, dann z. B. nach *„mit den Linken"*, denn hier muss entschieden werden, welche Formulierung gewählt werden soll (z. B. *„gemeinsame Sache zu machen"* oder *„eine Vereinbarung zu treffen"* oder eben das weniger Engagement ausdrückende *„zu sprechen"*).

Ferner kommen drei Pausen vor, aufsteigende Intonationsmuster (statt terminaler, d. h. nach unten gehender Intonation: *„Ich habe das sehr genau abgewogen"* ↘), ein hörbares Schlucken und ein Klick. Wir können im Zusammenhang mit den übrigen vokalen Signalen vermuten, dass dieser Klick eine andere Signifikanz hat als die Klicks in Hörbeispiel 15. Der Sinn dieser Zuhörübung besteht nicht darin, jetzt in Schadenfreude auszubrechen. Dieses Kapitel ist der Maximierung des Informationsgewinns gewidmet, und es kommt daher darauf an, den Unterschied zwischen der rein verbalen Botschaft der Worte von a) und dem Zuhörgewinn zu entdecken, der sich aus der Verknüpfung der Worte mit den vokalen Merkmalen in b) ergibt. Wenn der Zuhörer diesen Informationsgewinn erreicht hat, so kann er selber entscheiden, wie er damit umgeht.

Da Sie jetzt wissen, worauf es ankommt, wird Ihnen die nächste Zuhörübung leichter fallen, und Sie werden – hoffentlich – Spaß an der Bewusstmachung aller Informationskanäle haben. Die hessische Landtagsabgeordnete Judith Pauly-Bender erläuterte am 6. März 2008 ihre Ansicht des Wählerauftrages wie folgt:

„Man ist ja für's Regieren gewählt, ja, und nicht dafür, dass man, ja, sein Gewissen untersucht."

In einer wohlwollenden Interpretation nimmt man an, dass damit gesagt werden soll, die Regierung hätte den Auftrag, die Geschäfte des Landes mit vollem Einsatz durchzuführen und sich nicht ständig von Dingen ablenken zu lassen, die nicht Aufgabe der Exekutive sind, und dazu gehören auch Gewissensfragen. Die Botschaft ist aber schließlich das, was ankommt, und weniger wohlwollende Zuhörer könnten den Kern dieser Aussage darin sehen, dass die Untersuchung des Gewissens nach Ansicht von Pauly-Bender für Landtagsabgeordnete kein Wählerauftrag ist. Im Zusammenhang mit der Frage, um die es hier ging (nämlich: Darf eine Abgeordnete ihr Versprechen brechen?), könnte das gedeutet werden als Ablehnung einer ethischen Verpflichtung.

Die Sprecherin verwendet dreimal „*ja*". Das erste „*ja*" bedeutet *„Wie wir alle wissen"*, und es hat im Zusammenhang mit *„für's Regieren gewählt"* auch Sinn, denn das ist ja unbestritten. Die beiden anderen Vorkommen von „*ja*" gehören nicht in diese Kategorie. Sie werden häufig im Deutschen in einer Art innerer Zwiesprache benutzt, so als stelle sich der Sprecher selber eine Frage bzw. ziehe etwas in Zweifel, bestätigt sich dann aber selber mit einem „*ja*" und fährt dann fort. Dies geschieht hier zweimal. Hinzu kommen noch vokale Signale.

Hören Sie dazu Hörbeispiel 18.

In der folgenden Transkription ist der um die vokalen Signale erweiterte Text enthalten:

„Man ist ja für's Regieren gewählt, ja, und nicht dafür, dass man, (Pause, hörbares Einatmen, Lächeln, Geräusch der Zunge) *ja, sein Gewissen eeh untersucht."*

Bei der Interpretation der vokalen Signale ist Vorsicht geboten, denn diese sind oft eben nicht so explizit wie die Worte. Wir können auch nicht ins Gehirn der Sprecherin schauen. Aber man kann Hörer danach befragen, wie sie diese Passage aufgefasst haben. Das was die meisten Befragten dazu als ihren Eindruck nannten, lässt sich folgendermaßen zusammenfassen: Die Probanden hielten den Text für sehr brisant und fragwürdig. Sie hatten den Eindruck, dass nach dem ersten Teil (*„Man ist ja für's Regieren gewählt"*), der ernst und fließend gesprochen wird, die Sprecherin plötzlich Angst vor der eigenen Courage hatte. Sie machten ihren Eindruck daran fest, dass vor genau der brisanten Stelle eine deutliche Verzögerung eintritt und die Sprecherin nicht einfach den Atem kommen lässt, sondern die Luft hörbar zischend zwischen den Zähnen einzieht. Wenn man geschulter Zuhörer ist, kann man hören, was im TV zu sehen war: Die Sprecherin lächelte. Das interpretierten die Befragten als die implizite Bitte, das Folgende nicht allzu wörtlich zu nehmen, so als wolle sie zu verstehen geben: „*Ich sag es zwar, aber bitte dreht mir keinen Strick daraus.*" Das Zungengeräusch entstand dadurch, dass die Sprecherin sich über die Oberlippe leckte und dann rasch weiterredete.

Fassen wir unsere Beobachtungen zum Hörbeispiel 18 zusammen: Der erste Teil ist unproblematisch und wird flüssig gesprochen. Der zweite Teil ist brisant, und er enthält mehrere vokale Signale: eine Pause, hörbares (zischendes) Einatmen, Lächeln (trotz der Ernsthaftigkeit des Themas), ein Zungengeräusch und ein „*eeh*" zwischen „*Gewissen*" und „*untersucht*". Niemand der zu dieser Spracheinheit Befragten hielt das Fehlen der vokalen Signale im ersten Teil und das häufige Vorkommen im zweiten Teil für Zufall. Alle meinten, die Sprecherin hätte sich zum zweiten Teil durchringen müssen und stehe selber nicht voll hinter ihrer eigenen verbalen Aussage. Alle Befragten hatten zuerst die Transkription ohne vokale Signale zu lesen bekommen und dann das Original gehört, und alle sahen zwischen Gelesenem und Gehörtem einen gewaltigen Unterschied.

Hörbeispiel 19. Bitte wieder erst hören, dann weiterlesen.

Sie haben sicher den Berliner Dialekt herausgehört. Charakteristisch für diese Sprecherin ist ein hohes Sprechtempo mit so langen Redeeinheiten, dass sie zuweilen nach Luft schnappen muss und mitunter an Stellen Luft holt, die vom Zusammenhang her unmotiviert sind, wie z. B. bei „*allet konstruktive* (holt Luft) *äh Vorschläge*". Um Rückschlüsse auf die Person zu ziehen, muss man sie über einen längeren Zeitraum sprechen hören. Im Verlauf dieses insgesamt sehr langen Interviews, von dem hier nur ein kurzer Auszug wiedergegeben wurde, kommen andere Passagen vor, während derer sie ruhiger und langsamer spricht mit anderer Atemtechnik und ohne diese in der ausgewählten Stelle vorkommenden Luftschnapper. Würde sie immer so sprechen wie in dem kurzen Abschnitt in Hörbeispiel 19, so wäre das ihre gewohnheitsmäßig angenommene Sprechweise.

Man nennt all jene Eigenschaften, die eine Sprecherin gewohnheitsmäßig angenommen hat, an denen man sie immer auch am Telefon erkennt und die für sie charakteristisch sind, **extralinguistisch**. Bei der Sprecherin in Hörbeispiel 8 z. B. war das ihre starke Nasalität. Da die Sprecherin von Hörbeispiel 19 aber auch völlig anders klingen kann, liegt die Vermutung nahe, dass die hier vernehmbare Sprech- und Atemtechnik nicht allein von ihrem Temperament abhängt, sondern auch durch das Thema bedingt wird. Nur kurzfristig angenommene Spracheigenschaften, die situationsgebunden sind, nennt man **paralinguistische Spracheigenschaften**. Für das Zuhören ist die Wahrnehmung des Wechsels von Spracheigenschaften relevant, denn hier offenbart die Sprecherin jedem, der zuhören gelernt hat, ihre emotionale Einstellung zum verbalen Text.

Wenn man ihre Lebensgeschichte erfährt, ist es nicht verwunderlich, dass sie noch 16 Jahre nach dem berichteten Ereignis nicht ohne Emotionen davon sprechen kann. Sie lebte in der DDR, wo man ihr wegen ihrer Friedensinitiative nahelegte, das Land zu verlassen, und auch androhte, ihr andernfalls Steine in den Weg zu legen. Da viele ihrer ähnlich gesinnten Freunde auf diese Weise legal die DDR verlassen hatten, entschloss sie sich nach langem Zögern, den Ausbürgerungsantrag für sich und ihre zweieinvierteljährige Tochter zu stellen. Man gab ihr den Vertrag, den sie unterschrieb. Als sie dann um das Formular für ihre Tochter bat, teilte man ihr mit, dass sie seit dem Augenblick ihrer Unterschrift nicht mehr Staatsbürgerin der DDR sei und somit auch keine Rechte dieses Staates mehr besitze, auch nicht das des Sorgerechtes für ihre kleine Tochter. Sie wurde auf der Stelle ohne ihr Kind in die Bundesrepublik abgeschoben. Das Folgende ist eine Transkription der gehörten Passage:

„Na ja wir wollten nich, also wir wollten ja da wat machen, wir warn ja ooch keene Staatsfeinde, wir wollten ja eingtlich, dit wat wir wollten warn ja allet konstruktive (holt Luft) *äh Vorschläge zur Änderung des DDR-Systems in 'n bisschen humanere Richtung, also wir warn zum Beispiel fürn Zivildienst ne,* (holt Luft) *dann warn wa gegen geng Kriegsspielzeug, also es gab überall Panza und so wat zu kaufen für Kinder zum Spielen und so kleine Soldaten und so 'n Quatsch* (holt Luft)*; und äh* (holt Luft) *und für für freie Kindergärten, also wir wollten ooch so Kinderläden installieren wie't im Westen gab, und* (holt Luft) *warn eingtlich allet konstruktive ää simple Sachen nüscht großet Staatsfeindlichet oder so, ne.* (holt Luft) *Na ja jedenfalls kam irgendwann kam dann der Tach der Unterschreibung* (holt Luft)*, der Ausbürgerung aus der Staatsbürgerschaft* (holt Luft)"

Der letzte Satz dieses Ausschnittes führt zu dem dramatischsten und sicherlich erschütterndsten Ereignis ihres Lebens, nämlich – wie sie es formuliert – *„der Ausbürgerung aus der Staatsbürgerschaft"*. Gegen ihre sonstigen Gewohnheiten holt sie hier nach ganz kurzer Redeeinheit Luft. Und danach artikuliert sie *„Ausbürgerung"* anders, als sie das sonst tut. Achten Sie besonders auf das *„-bürger-"* in diesem Wort. Ihre Zunge geht hier weiter nach vorn, als sie das sonst in ihrer Mundart macht. Ihre Zunge stößt hier in ungewohntes Neuland vor. Direkt danach geht sie bei *„aus der Staatsbürgerschaft"* uncharakteristisch weit über ihre sonstige Sprechstimmlage hinaus und holt wieder Luft. Besser als mit diesen vokalen, nonverbalen Mitteln kann man die Distanzierung von diesem Staatsvorgang nicht zum Ausdruck bringen, so, als wolle sie sagen: *„Von da an war dieses System, in dem ich aufgewachsen war, mir fremd und feindlich"*, als vollzöge sie hier ihre eigene, innerliche Ausbürgerung.

Natürlich muss man sich vor Spekulationen hüten und davor, zu viel in vokale Elemente hineinzulesen. Dennoch ist es extrem wichtig, paralinguistische Änderungen zu registrieren. Die schlechteste kommunikative Einstellung besteht darin, paralinguistische Veränderungen zu ignorieren und sich in ihrer Wahrnehmung nicht ständig zu schulen. Nehmen wir an, die hier vorgestellte Deutung der vokalen Analyse sei zutreffend, und nehmen wir ferner an, der Gesprächspartner hätte dies nicht bemerkt und würde sie unterbrechen mit den Worten: *„Also was mich jetzt interessiert ist: Haben Sie im Westen wieder in Kitas gearbeitet?"* Jeder Gesprächspartner, der nur auf Inhalt hört und mit den Gedanken zu seiner eigenen nächsten Frage vorauseilt, in antizipierendem Hören, läuft Gefahr, dass die anderen dies spüren und sich ihm verschließen.

> Es ist gewinnbringender, mit **empathischem Hören** – also mit Einfühlsamkeit – an dem Erzählerlebnis der Sprecherin teilzunehmen.

Das Beispiel dieser Sprecherin ist an Dramatik kaum zu überbieten, aber in alltäglichen Dingen sind dieselben Mechanismen am Werk.

... Der Autokauf als Anwendungsbereich für Zuhören ...

Bei einem Autokauf gehen die wenigsten Menschen nur nach dem Preis-Leistungs-Verhältnis. Die wenigsten bitten einen echten Fachmann, die Entscheidung für sie zu treffen und gegebenenfalls sogar von einem Kauf ganz abzuraten, wenn öffentliche Verkehrsmittel inklusive häufiger Taxifahrten finanziell erheblich günstiger sind. Warum fahren denn so viele Stadtmenschen Geländewagen mit Vierradantrieb? Warum hat denn fast jeder und jede ganz persönliche Kuscheltiere oder Glücksbringer im Wagen baumeln? Warum kaufen Menschen in Ländern mit rigorosen generellen Geschwindigkeitsbegrenzungen unglaublich schnelle Wagen? Weil sich viele mit ihrem Wagen identifizieren und ihre Wünsche (auch die unerfüllbaren) in ihn hineinprojizieren: Die Wahl eines Autos ist zu einem hohen Grad irrational und von Gefühlen geprägt. Und Gefühle werden in der mündlichen Kommunikation am ehesten und ehrlichsten durch die Stimme transportiert.

Ein zuhörfähiger Verkäufer wird an der Stimme der Kundin erkennen, für welchen Wagentyp sie sich entschieden hat, vielleicht sogar noch bevor es der Kundin selber bewusst geworden ist. Ein Verkäufer, der alle rhetorischen Fähigkeiten außer Zuhören beherrscht, treibt Kaufwillige mit guten Argumenten zur Konkurrenz. Wenn er sein Gegenüber mit einer Flut von Argumenten überschüttet für ein Produkt, das diese Kundin gar nicht will, wird er häufig erleben, dass sich sein „Opfer" nicht in das Rededuell stürzt, das sie gegen einen Profi zu verlieren fürchtet oder zu dem sie gar keine Neigung verspürt. Wenn sie sich von Argumenten überschüttet sieht, die technischer Art, aber nicht adressatenbezogen sind, wird sie sich höflich bedanken mit den Worten „*Ich überleg mir das noch einmal*" und zur Konkurrenz gehen.

Wir werden in Kapitel 4.1 im Detail auf den Unterschied zwischen Merkmal und Nutzen eingehen. Ein guter Autoverkäufer kennt alle technischen **Merkmale**, wie Einspritzventile, Zahnstangenlenkung, Nenndrehmoment, Raumlenkerachse etc. Diese Daten beziehen sich auf das Produkt, und wenn sie im Vordergrund stehen, liegt vorwiegend technisches Verkaufen vor. Aus Merkmalen ergibt sich der **Nutzen** für den Kunden, z. B. Sparsamkeit im Verbrauch, Sicherheit, leichteres Einparken etc. Um aber zu erkennen, welcher Nutzen bei welchem Kunden vorrangig ist, muss der Verkäufer dessen **Motive** ermitteln. Der Verkäufer kann und soll den Kunden danach fragen, aber das Frage-und-Antwort-Spiel hat seine Grenzen: Viele ernst zu nehmende Motive werden ungern in deutliche Worte gekleidet:

- „I know American speed limits are ridiculously low, but the feeling, just the feeling that if it ever came to a race I could drive faster than any son of a bitch on the road is worth a few thousand dollars to me."
- „Ich hab schon immer gerne höher gesessen als andere und auf sie runtergesehen."
- „Könnte man den Wagen genauso tief legen wie die bei Formel Eins?"
- „Also der Wagen soll schon mehr hermachen als der meines angeberischen Kollegen."
- „Ich möchte einen Zweisitzer, der so sauteuer und so elegant ist, dass jede schöne Frau ins Träumen gerät, wenn sie daran denkt, von mir in diesem Coupé durch Florenz gefahren zu werden."

Solche Sätze wird ein Autohändler selten hören, aber er wird die Botschaften vernehmen, wenn er genau hinhört. Und damit kommen wir wieder zu den geheimen Botschaften der Stimme. Was die vokalen Elemente uns sagen, hängt vom bewussten Hören und von unserer Erfahrung ab. Es kommt also darauf an, hören zu lernen. Hinter Worten kann man sich verstecken, aber wenn sich in der unbewussten vokalen Kommunikation Muster entdecken lassen, dann offenbart sich – wie Fontane dies andeutet – die Seele in der Stimme (wir bevorzugen es hier, von „Persönlichkeit" zu reden). Wenn es uns gelingt, die Ohren dafür zu öffnen, wird die Welt nie wieder dieselbe sein.

Good listening (Gutes Zuhören) ist Bestandteil des Lehrplans an jener Schule, die Tony Blair an dem Tag besuchte, als er das vorzeitige Ende seiner Amtszeit bekannt

Abb. 1.2: *Tony Blair kündigt seinen Rücktritt an (AP / Süddeutsche Zeitung, 8.9.06, S. 1).*

geben musste. Die Brisanz des AP-Fotos, das in der Weltpresse abgedruckt wurde, bestand in der Paradoxie zwischen dem, was die britischen Schüler lernen, und dem, was der Premierminister nach zehn Jahren Amtszeit offensichtlich verlernt hatte. Er wurde ja nicht von den Oppositionsparteien zu Fall gebracht, sondern durch Widerstand aus den eigenen Reihen, auf deren Signale zu hören er versäumt hatte.

Wie sich die Bilder gleichen: Sein Nachfolger, Gordon Brown, hatte ebenfalls mit Unzufriedenheit aus den eigenen Reihen zu kämpfen. Er trat nicht zurück, sondern versprach „seinen Regierungsstil zu ändern und – insbesondere – sorgfältiger zuzuhören, wenn die Hinterbänkler ihre Forderungen stellten."

1.2 Maximierung des Informationsgewinns durch Deutung der Wörter

1.2.1 Zensieren oder Beschreiben?

(A) Wer mit Vorschriften arbeitet, geht **präskriptiv** vor. Ein Beispiel dafür ist: *„Nach ‚weil' muss man die Nebensatzstellung verwenden. ‚…weil ich hab sie gesehen' ist daher falsch und zu vermeiden."* Die präskriptive Vorgehensweise begibt sich meist zensierend auf Suche nach dem, was aufgrund einer vorgegebenen Bewertung als Fehler definiert wurde.

(B) Wer beschreibt, was er beobachtet, geht **deskriptiv** vor. Er beobachtet, dass im Schriftdeutschen nach „weil" die Nebensatzstellung verwendet wird: *„…weil ich sie gesehen habe"* und im gesprochenen Deutsch meist die Hauptsatzstellung. Statt dies als richtig oder falsch zu klassifizieren, zieht der deskriptive Ansatz Information aus der Datenerhebung. Benutzt ein und derselbe Sprecher manchmal die Hauptsatz- und manchmal die Nebensatzstellung nach „weil", so kann das ein Anzeichen dafür sein, wie formell oder informell für ihn die Situation ist, und eventuell auch dafür, wie er seine Einstellung zu seinem Gesprächspartner einstuft. Dadurch wird jeder Aspekt einer Äußerung (egal ob „falsch" oder „richtig" formuliert) als Botschaft gedeutet. Die deskriptive Methode maximiert den Informationsgewinn.

Für den Sprecher ist Vorgehensweise (A) vorrangig, denn es kommt darauf an, all das zu vermeiden, was von einer Zuhörerin durch Verletzung von ihren Regeln negativ bewertet werden könnte. Es empfiehlt sich, zu Beginn einer kommunikativen Beziehung von den Standardregeln der jeweiligen Kultur bzw. der jeweiligen Gesellschaftsschicht auszugehen. Das ist eine nutzbringende, vom präskriptiven Ansatz ausgehende Rhetorik. So muss z. B. der Gebrauch von Schimpfwörtern erst ausgehandelt werden. Man sagt daher bei neuen Gesprächspartnern besser nicht *„Da hatte ich natürlich die Arschkarte gezogen"*, sondern: *„Da hatte man mir bereits zu Anfang den Schwarzen Peter zugeschoben."* Bei einem festlichen Abendessen benutzt man besser nicht *„Das war natürlich ein Griff ins Klo!"* Der neue Kollege duzt nicht unaufgefordert seinen Chef, denn die Standardform des geschäftlichen Umgangs in

Deutschland ist die des Siezens. Solange die Gesprächspartner nicht ihre Bereitschaft zu vom Standard abweichenden sprachlichen Registern signalisiert haben, d. h. solange dieses Abweichen nicht ausgehandelt ist, gilt es für den Sprecher, sich an diese präskriptiven Regeln zu halten.

Für den Zuhörer ist der beobachtende, zuhörende, Daten erfassende, kurzum: der deskriptive Ansatz (B) vorrangig, denn Informationsmaximierung ist nur dann gewährleistet, wenn man durch Beobachtung und Zuhören die kommunikativen Muster des Sprechers erkennt, statt sie zu zensieren, herauszufiltern und nicht an sich heranzulassen. Neugier, die innere Einstellung eines Forschers und das Aufnehmen der Botschaften sind beim Zuhören nützlicher, als sich all der Information, die der Sprecher dem Zuhörenden gratis über sich liefert, durch eine zensierende Haltung zu verschließen. Die große Kunst in jeder Art der mündlichen Kommunikation besteht in der Synthese von A (präskriptiv) und B (deskriptiv). Dazu soll die folgende Übung dienen.

Lesen Sie bitte die folgenden Äußerungen, die alle wörtliche Transkriptionen von tatsächlich Gesagtem sind. Bewerten Sie die Äußerungen vom rhetorischen Standpunkt aus. Korrigieren Sie die Formulierungen (gehen Sie also präskriptiv vor) da, wo Sie das für notwendig halten. Interpretieren Sie die Äußerungen (gehen Sie also deskriptiv vor), wenn Sie an den Formulierungen nichts zu bemängeln haben.

1. *„Wenn du nun deine Botanikern womasang fragen tust, dann sagen die ..."*
2. *„Beim Projektmanagement berechnet man mit der EDV jeden Vorgang, der zueinander in Beziehung steht."*
3. *„Irrtümlicherweise ist es auch nicht so, dass die Engländer alle Tee trinken."*
4. *„Gegen Thrombosen ham die das ganz schnell mit Spritzen im Griff."*
5. *„Dein Zug fuhr morgen, nicht?"*
6. *„Hast du vielleicht eine Zwiebel oder sowas?"*
7. *„Hast du zufällig ein Stück Papier?"*
8. *„... was da passiert worden ist."*

Vergleichen Sie bitte Ihre eigenen Kommentare mit den jetzt folgenden. Ob Sie sich diesen Analysen anschließen oder nicht, ist Ihre Entscheidung. Nehmen Sie das Folgende als Anregung zum Nachdenken über Ihre Bewertung bzw. Analyse von Äußerungen.

- **Kommentar zu Satz 1:** *„Wenn du nun deine Botanikern womasang fragen tust, dann sagen die..."*: Dieser Satz stammt aus dem Vortrag auf einer Naturschutzveranstaltung. Es ist ein Satz, der rhetorisch nicht zu empfehlen ist, weil es im Hochdeutschen *„deine Botaniker fragst"* heißt und diese Form in einem Vortrag zu weit vom Standard abweicht. Dasselbe gilt für die Artikulation von *„womasang"* (*„wollen wir mal sagen"*). Dieses ist außerdem ein Füllsel, welches dieser

Sprecher aus Angewohnheit in jedem zweiten Satz benutzte, so dass es den aufmerksamen Hörer stört, weil es ihm keine neue Information gibt. Ferner ist die Anrede *„du"* nicht einem Vortragsstil angemessen und sollte durch „man" ersetzt werden (s. Kap. 3.2.2). So weit die klassische Rhetorik. Auf der anderen Seite könnte es sein, dass der Sprecher hier genau auf der Wellenlänge der Angesprochenen liegt, die seine Ausführungen daher nicht als Besserwisserei und als Dozieren verstehen, sondern als einen Beitrag im Gespräch unter Gleichgesinnten und Gleichrangigen.

- **Kommentar zu Satz 2:** *„Beim Projektmanagement berechnet man mit der EDV jeden Vorgang, der zueinander in Beziehung steht"*: Der Sprecher wollte vermutlich sagen *„alle Vorgänge, die zueinander in Beziehung stehen"*, begann aber unglücklicherweise mit dem Singular und beendete dann stur den Satz, obwohl „zueinander" mit dem Singular nicht zulässig ist.

> Die Sätze 1 und 2 werden sicherlich von allen Rhetorikern moniert. Ein monosystemischer Ansatz genügt hier. Monosystemisch heißt: *Ein* System ist ausreichend für alle diese Vorkommnisse oder anders ausgedrückt: Es gibt kaum eine rhetorische Situation, in der man diese Formulierungen mit Nachdruck empfehlen und trainieren würde. Daher können wir hier präskriptiv (also mit Vorschriften) vorgehen, indem wir sagen: *„Vermeiden Sie solche Formulierungen."*

- **Kommentar zu Satz 3:** *„Irrtümlicherweise ist es auch nicht so, dass die Engländer alle Tee trinken"*: Natürlich muss es heißen: *„Es ist auch nicht so, wie irrtümlicherweise angenommen wird, dass alle Engländer Tee trinken."* Dennoch ist eine Bewertungsskala interessant. Satz 3 wurde beim Verlesen im Kontext längst nicht so häufig von Versuchspersonen beanstandet wie Sätze 1 und 2. Es liegt wahrscheinlich daran, dass wir uns in der mündlichen Kommunikation bereits an das häufige Verwenden des „frei schwebenden Adverbs" gewöhnt haben: Das heißt, *„irrtümlicherweise"* wird vom Sprecher irgendwo über dem Satz abgeworfen und der Hörer nimmt dann nach dem Sinn so rasch die logische Zuordnung vor, dass ihm diese „Korrektur" gar nicht mehr bewusst wird.
- **Kommentar zu Satz 4:** *„Gegen Thrombosen ham die das ganz schnell mit Spritzen im Griff"*: Dieser Satz ist ein klassisches Beispiel für das Zusammenziehen zweier verschiedener Konstruktionen: *„Gegen Thrombosen gibt es jetzt gute Mittel; man bekommt die Beschwerden mit Spritzen schnell in den Griff."* Nr. 4 ist im Schriftlichen inakzeptabel und auch im Mündlichen nicht empfehlenswert. Die meisten Zuhörer ließen ihn in Versuchen jedoch unbemerkt durch, weil er keine Verständnisschwierigkeiten bereitet und wir Verkürzungen im Mündlichen gewohnt sind. Wir neigen sogar dazu, als Hörer Reparaturmaßnahmen so schnell vorzunehmen, dass wir das Gemeinte zu hören glauben.
- **Kommentar zu Satz 5:** *„Dein Zug fuhr morgen, nicht?"*: Die Kombination der einfachen Vergangenheit *„fuhr"* mit *„morgen"* ist im Mündlichen völlig akzeptabel,

wenn damit gemeint ist: *„Du hattest doch gesagt, dass dein Zug morgen fährt, nicht wahr?"* Auch wenn ich bestellte Ware abhole und der Verkäufer mich fragt: *„Sie waren doch Herr Eckert, nicht wahr?"*, antworte ich nicht: *„Ich war's, bin's und werde es – so Gott will – noch eine ganze Weile sein."*

Dieses Beispiel soll hier dazu dienen, den Begriff der **kanonischen Form** einzuführen. Das sind die Verwendungsweisen eines Wortes oder einer Redewendung, die jedem Muttersprachler ohne Kontext zuerst einfallen und die er intuitiv für die natürliche oder „normale" Benutzung hält. Zukunftsbezug steht im Deutschen meist im Präsens oder Futur (*„Dein Zug fährt morgen / wird morgen fahren"*), und niemand würde in einem Fragebogen in „Dein Zug ＿＿＿ morgen" die Vergangenheitsform einsetzen oder Satz 5 in einem Ausländer-Deutschkurs für Anfänger als Beispiel bringen. Dennoch ist er in dieser Situation angemessen. Das Mündliche neigt zu solchen Verkürzungen, wo *„Du hattest doch gesagt..."* zwar ausgelassen wird, der Vergangenheitsbezug dieses weggelassenen Teils aber noch bei dem Verb *„fuhr"* zum Ausdruck kommt, wo er vom Satzbau her im Grunde nicht hingehört.

> Gesprächs- und Redeanalysten sollten nicht aufgrund von Kriterien, die diesem Medium fremd und unangemessen sind, die Effektivität und Ökonomie des Mündlichen beklagen, sondern bemüht sein, aus jeder Äußerung das Maximum an Information herauszuholen.

- **Kommentare zu Satz 6** *„Hast du vielleicht eine Zwiebel oder sowas?"* **und Satz 7** *„Hast du zufällig ein Stück Papier?"*: Was könnte *„oder sowas"* in Verbindung mit *„Zwiebel"* heißen?! Und dennoch hat in meinen Versuchen und Beobachtungen niemand der Angesprochenen nachgefragt. Wir interpretieren offensichtlich alle das *„oder sowas"* als das Bemühen, die Bitte nicht als dringlich anzusehen und dem Gesprächspartner schon antizipierend ein *„Nein, leider nicht"* zu erleichtern. Ebenso verhält es sich mit dem *„zufällig"* in Nr. 7, was lediglich zum Ausdruck bringen soll, dass dies nicht so wichtig und dringlich ist, als dass der Gefragte jetzt losstürzen müsste. Wenn diese Frage von einem Besucher in meinem Haus an mich gerichtet wird, reagiere ich nicht mit Empörung und sage: *„Hör mal, ich bin Professor; ich forsche und schreibe den ganzen Tag, und du fragst mich, ob ich **zufällig** Papier im Hause habe?!"*

Der Grund für die ausführliche Behandlung der letzten drei Beispiele ist folgender: Jeder glaubt, sein eigener Sprachwissenschaftler zu sein. Es gibt viele Puristen und Möchtegern-Linguisten, die sich sehr viel darauf einbilden, Regeln anzuwenden, die für das Mündliche nicht gelten. Das sind Langeweiler und Pedanten, die stolz sind, auf die Frage *„Können Sie mir sagen, wie ich zum Bahnhof komme?"* zu antworten mit: *„Ja, das kann ich. Und vermutlich wollen Sie auch, dass ich es tue."* Ein solch präskriptiver (= vorschreibender) und **monosystemischer Ansatz** (= **ein** Satz von Regeln, also z. B. der des schriftlichen Systems, soll für jede Kommunikation gelten) ist unangemessen, und – was noch wichtiger ist – er beschneidet den Informationsgewinn der Hörer, die eine solche Methode dazu bewegen will, in beckmesserische Abwehrhaltung zu gehen, anstatt die Fähigkeiten zur Maximierung der Information zu schulen. Es ist daher nützlicher, sich sehr sorgfältig zwischen den beiden Polen „präskriptiv – deskriptiv" zu bewegen, um zunächst als Zuhörer die Informationsgewinnung zu maximieren und um als Trainer bzw. Lehrender eher zwischen angemessen und unangemessen, zwischen situationsgerecht und adressatenangemessen auf der einen Seite und „der Sprechwirkung in der bestimmten Situation nicht förderlich" auf der anderen Seite zu unterscheiden.

- Wir wenden uns jetzt mit einer nicht zensierenden, nicht präskriptiven Haltung dem letzten **Beispielsatz 8** zu *„...was da passiert worden ist"*: Natürlich ist die Formulierung grammatisch falsch. Aber wenn man weiß, dass sie von Ulli Wickert, also von „Mr. Tagesschau", am 11. September 2001 gesprochen wurde, dann wäre folgende Deutung möglich: Unter dem ersten Eindruck der Katastrophe stürmten auf uns Fragen über Fragen ein: Wer tut da was? Wer sind die Täter, wer die Zielgruppe? Das Ereignis überstieg alle bekannten Dimensionen, und wir alle rangen nach Worten, das Unbegreifliche begreifbar zu machen. Ein rhetorisch geschulter Meister des Wortes wie Wickert fühlte vielleicht instinktiv, dass eine Formulierung wie *„Wir haben es am Bildschirm verfolgt, aber wissen wir denn schon, was da passiert ist?"* nicht der Ungeheuerlichkeit des soeben Erfahrenen entsprach und dass er daher spontan die „Leideform" (wie das Passiv früher oft genannt wurde) in einer die Regeln der Sprache verletzenden Form benutzte. Ich entsinne mich an meine Reaktion darauf: *„Ja, so formuliert man ein Geschehnis ungeheuren Ausmaßes, das uns angetan wurde."* Man kann auf diese Weise mit Gewinn sagen: Das Angemessene dieser Formulierung besteht darin, dass sie ein alle Regeln brechendes Ereignis beschreibt, indem sie die Regeln der Sprache durchbricht.
Wir haben mit dieser Interpretation die Grenzen der Wissenschaft längst hinter uns gelassen, denn niemand, nicht einmal Wickert selber, könnte im Nachhinein den Formulierungsvorgang im Gehirn des Sprechers rekonstruieren. Worauf es ankommt, ist Folgendes: Von den beiden Möglichkeiten der Deutung – nämlich (a) „Beispiel 8 ist grammatisch falsch" und (b) „Hier ringt jemand, der sich auf Sprache versteht, nach Ausdruck für eine Ungeheuerlichkeit" – ist (b) die gewinnbringendere. (a) ist richtig, aber auch langweilig und lehrerlempelhaft, wohingegen Alternative (b) den Versuch zur Maximierung des Informationsgewinns darstellt und uns – ob richtig oder falsch – wesentlich nachdenklicher macht. Sie eröffnet uns Zugänge zu dem Sprechenden selbst und seinem Kommunikationsprozess, den uns die schlichte Klassifizierung in „grammatisch oder ungrammatisch" verschließt.

Fazit: In der Sprachwissenschaft nennt man das, was in der Überschrift dieses Abschnittes mit „Zensieren" bezeichnet wurde, die präskriptive Methode, d. h. die Analyse der Sprache mit dem Ziel, Regeln abzuleiten und diese zu Vorschriften zu machen. Das ist im Fremdsprachenunterricht sinnvoll und auch in den Fällen, wo Redner ihr Handwerk, oder besser gesagt: ihr Mundwerk, nicht beherrschen wie in den Beispielsätzen 1 und 2 oder bei Sprechern, die sich für ihre Gesprächspartner nicht verständlich ausdrücken können.

Demgegenüber steht der deskriptive (d. h. der beschreibende) Ansatz. Man beobachtet, dass die Benutzer des heutigen Deutschen „zufällig" in Bitten zur Abschwächung der Dringlichkeit benutzen (wie in Satz 7) und nicht zur Bezeichnung der statistischen Wahrscheinlichkeit. Statt präskriptiv vorzugehen und jenen 99 % aller Deutschen, die das so benutzen und verstehen, zu sagen: „Ihr macht das alle falsch!", beschreibt, erklärt und versteht man nun diese Verwendungsweise so, wie sie vom Sprecher her gemeint ist.

Wenn man sich vom zensierenden Hören befreien kann und zum kreativ deutenden Hören übergeht, wird die Welt bunter, und man selber wird zu einem interessanteren Gesprächspartner.

1.2.2 Kreativ hören – Wer mehr Möglichkeiten hört, hört mehr vom Leben

Ein Mann wurde mitten in der Nacht durch Rufe seiner zweijährigen Tochter aus dem Tiefschlaf gerissen. Er ging ins Kinderzimmer, wo die Tochter sagte: *„Mein Zimmer hat sich geschüttelt."* – „Zimmer schütteln sich nicht", erklärte der Vater, legte die Kleine wieder hin und schlief weiter. Erst als er am nächsten Morgen alle Bilder schief hängen sah und Nachrichten hörte, wurde ihm klar, was er in der Nacht verschlafen hatte. *„Mein Zimmer hat sich geschüttelt"* ist für eine Zweijährige, die weder das Phänomen Erdbeben von Stärke 5 noch das Wort dafür kennt, eine gute Formulierung. Hätte der Vater im Hören die Kreativität der Tochter nachvollzogen, hätte sich ein interessantes mitternächtliches Gespräch zu beiderseitigem Gewinn ergeben.

> Wenn uns die Äußerung eines Gesprächspartners unverständlich erscheint, ist die beste Hypothese, dahinter eine durchaus ernst gemeinte Botschaft zu vermuten und diese durch geschickte Fragen aus dem Sprecher herauszulocken: So wird auch ein Angler beim ersten erfolglosen Schnur-Einziehen nicht sagen: *„Da sind keine Fische drin."*

Zu einem wissenschaftlichen Kolloquium über Mehrsprachigkeit waren zwei kleine türkische Mädchen als – wenn man so will – Forschungsobjekte eingeladen worden. Einer der Wissenschaftler fragte sie: *„Was war denn das Schwierigste am Deutschlernen?"* Das eine Mädchen antwortete: *„Die Sprache"*, und das andere nickte eifrig. Im Kolloquium erhob sich allgemeines Gelächter wegen der Offensichtlichkeit der Antwort.

Wir kennen alle die Redewendung „aneinander vorbeireden", sollten uns in diesem Abschnitt aber einmal über das „aneinander **Vorbeihören**" Gedanken machen. Was hatten die Mädchen gehört und was die Wissenschaftler? Eine nachträgliche Befragung der beiden Kinder ergab, dass sie Folgendes gemeint hatten: Die Kommunikation mit anderen, insbesondere mit Kindern, sei nie ein Problem gewesen, wohingegen ihnen das Erlernen der grammatischen Regeln der deutschen Sprache und der „richtigen" Vokabeln Schwierigkeiten bereitet hatte. Natürlich konnten die beiden Kinder diesen Unterschied nicht im Fachjargon als den zwischen „kommunikativer und grammatischer Kompetenz" ausdrücken, aber dem, der kreativ zuhört, hatten sie genug Information vermittelt. Was nach anfänglichem und verständlichem Gelächter stutzig machen sollte, war das eifrige Nicken der Freundin. Für die beiden hatte die Antwort also Sinn ergeben, und die beste Reaktion darauf ist das Bestreben, sich diesen Sinn ebenfalls zu erschließen.

☺

„Herr Tucher sieht viel und spricht wenig, weil er immer alleine in der Gegend herumsitzt." (Beschreibung eines Handlungsreisenden, der viel in der Gegend herumfährt und dabei alleine im Auto sitzt.)

A zu B: *„Aber du hast doch montags immer dienstags."* B hatte gesagt, er hätte diesen Montag Sprechstunde; B wusste aber, dass A die normalerweise dienstags hat.

Kreatives Hören lässt die Fantasie spielen, bis sich für beide Gesprächspartner Sinn ergibt. Für die ersten beiden Beispiele hatten wir Dialoge zwischen Kindern und Erwachsenen gewählt. Ein ähnliches Gefälle ergibt sich im Gespräch zwischen Laien und Experten oder oft auch zwischen Kunden und Verkäufern. Viele Firmen und Vertriebler haben Folgendes berichtet: *„Wenn sich ein Kunde für unsere Produkte interessiert, es dann aber letztlich nicht zu einem Abschluss kommt, dann haben wir in der Nachverfolgung festgestellt: Wir hatten nicht gut genug zugehört."*

2 Sprache und Denken

2.1 Semantik: Die Lehre von der Bedeutung

Der Bundespräsident nahm an dem Festakt einer Universität teil. Es waren Sicherheitsbestimmungen erlassen worden, die für den akademischen Sektor unüblich und ungewohnt waren. Am Eingang zum Auditorium Maximum hielt der Türsteher einen Besucher an, und es kam zu folgendem Dialog:

Aufseher: *Tut mir Leid, aber mit dem Mantel dürfen Sie aus Sicherheitsgründen heute hier nicht rein.*
Besucher: *Das ist kein Mantel. Das ist ein Gehrock.*
Aufseher: *Oh Verzeihung. Bitteschön, und dann eine Treppe nach oben zum Empfang.*

Den Türsteher hatte man klar und deutlich instruiert, niemanden mit einem Mantel in die Nähe des Bundespräsidenten zu lassen. Vom Besucher belehrt, dass das beanstandete Kleidungsstück kein Mantel sei, waren beide zufriedengestellt. Der Besucher hatte mit Erfolg die **semantische** Lösung gewählt. **Semantik** ist die Lehre von der Bedeutung in der Sprache.

Eine häufige Reaktion auf Beschäftigung mit dem Zusammenhang von Sprache, Bedeutungslehre und Denken bei Laien ist: *„Wir haben weiß Gott genügend Sachprobleme, kommen Sie uns jetzt bitte nicht mit diesen akademischen Sprachüberlegungen. Dafür haben wir jetzt weder Zeit noch Geld."* Wirklich? Viele unserer Probleme kommen als Sachprobleme verkleidet, sind aber zu einem großen Teil Phänomene der Sprache. Bei der Diskussion über die Abschaffung des 13. Schuljahres wählen die Befürworter Formulierungen wie:

a)
- *„den Lehrplan entrümpeln",*
- *„Bildungsballast abwerfen",*
- *„verschlanken",*
- *„alte Zöpfe abschneiden".*

Und die Gegner bevorzugen Ausdrücke wie:

b)
- *„Ausverkauf der Bildung",*
- *„Standards senken".*

Welchen Verlust an Information nehmen die „*Ist-doch-egal-wie-wir-das-nennen*"-Vertreter hin, wenn sie meinen, das wären doch nur Worte und ihnen ginge es hier schließlich um die Sache!

Bis zu welchem Grad sind die Formulierer der a)- bzw. b)-Variante noch imstande, offen zu denken und zu verhandeln? Können sie nach solchen sprachlichen Bekenntnissen ihre Meinung noch leicht und ohne Gesichtsverlust ändern? Wir wollen hier der Frage nachgehen, ob und inwieweit wir durch die Wahl der Formulierungen von a) oder b) beeinflusst werden, und zwar sowohl als Sprecher wie auch als Hörer dieser Wortwahl. Würden Menschen, die gleichgültig gegenüber dem Zusammenhang von Sprache und Denken sind, sich nicht doch zu wundern beginnen, warum die anderen bereits nach zehn Sekunden wüssten, welcher Fraktion der Sprecher der (a)-Formulierungen angehört? Haben die Wörter „*Bildungsballast*" und „*Ausverkauf der Bildung*" für alle an der Diskussion Beteiligten dieselbe Bedeutung? Wer nicht gleich zu Beginn der Kommunikation semantische Fragen klärt, tappt in einem gedanklich-sprachlichen Dunkel. Wir sollten daher unser Bewusstsein schärfen, um einerseits nicht unreflektiert Opfer unserer Sprache und der Sprache der anderen zu werden und um andererseits die Sprache möglichst effektiv in den Dienst unseres Denkens und unserer Kommunikation zu stellen.

Alles höhere Denken geschieht in Sprache. Wo liegt der Nutzen dieses gedanklichen Werkzeugs? Stellen Sie sich vor, es gäbe kein Wort für das Bündel an Verhaltensweisen und Einstellungen, das wir mit dem Wort „Minderwertigkeitskomplex" bezeichnen. Wie endlos lange müssten wir reden, ehe beide Gesprächspartner langsam ihre Vorstellungen zur Deckung brächten und den Eindruck gewönnen, sie sprächen von denselben Phänomenen. „Minderwertigkeitskomplex" als Begriff ist eine Abstraktion. Ein Begriff sieht ab von dem konkreten Merkmalsbündel, wie wir es zunächst an Herrn X und dann an Frau Y beobachtet haben. Wir müssen uns auch nicht mehr ständig vergegenwärtigen, ob dieses oder jenes Verhaltensmuster unter diesen Begriff fällt oder nicht. Zwei Therapeuten können sich mit dem Satz: „*Sie leidet an einem Minderwertigkeitskomplex*" in fünf Sekunden verständigen und daraus mögliche Behandlungsmaßnahmen ableiten.

> Begriffsbildung vereinfacht die Verständigung, macht sie wesentlich effizienter und entlastet durch die Abstraktion das Denken auf dem einen Gebiet, um Denkpotenzial auf anderen Gebieten freizusetzen.

Wenn wir beobachten, dass immer mehr Pflanzen eingehen, dann brauchen wir Abstraktionen zur Theoriebildung, die wir dann wiederum zu praktischen Lösungen benötigen. Nehmen wir an, wir stellen fest, dass nur eine Baumart davon betroffen ist, dann benennen wir diese und sprechen z. B. von „Ulmensterben" und suchen unter dieser Gattung nach Ursachen. Bemerken wir hingegen ein solches Sterben bei allen Holzpflanzen, so sprechen wir von „Waldsterben" und suchen dort nach Ursachen und Lösungen. Der Abstraktionsprozess liegt darin, dass wir von dem jeweils konkreten Einzelfall absehen. Es spielt beim umweltbedingten Waldsterben keine Rolle, ob es dieser oder jener Baum ist, nicht einmal ob es eine Birke oder Eiche ist. Wir abstrahieren alles (d. h. wir „ziehen alles ab"), was für die Definition von „Baum" nicht nötig ist. Darin besteht die Denkentlastung durch Sprache. Je verfeinerter unser Begriffssystem, desto effizienter das Denken.

> Das Denken in unserer Muttersprache ist für uns so natürlich geworden, dass wir uns des Anteils der Sprache am Denkprozess nicht immer bewusst sind.

... Vom „Büroschlaf" zum „Powernapping" – von „Kriegsopfern" zu „Kollateralschäden" ....

Die Worte „Büroschlaf" und „Beamtenschlaf" haben einen äußerst negativen Beigeschmack. Unzählige Witze prangerten diese „Unsitte" der Beamten an, denn die könnten ja gar nicht betriebswirtschaftlich denken bzw. handeln. Bis dann Forscher herausfanden, dass auch in der Wirtschaft die Müdigkeit nach dem Mittagessen nicht ein Beamtenphänomen ist, sondern ein anthropologisches, und dass die Leistungsfähigkeit am Nachmittag auch bei Nicht-Beamten nachließ. Die Lösung war: Dreißig Minuten schlafen und sich dann mit frischer Kraft und voller Leistungsfähigkeit an wichtige Aufgaben machen. Anstatt sich nun bei denen zu entschuldigen, die genau das schon immer erkannt und durchgeführt hatten, erfand man ein neues Wort: „Power Napping" (s. Aktuell 2002 = „leistungsfördernder Pausenschlaf am Arbeitsplatz"). „Power" heißt „Kraft, Macht, Energie". Wir sagen jetzt nicht mehr: *„Wenn ich den Baumann, diesen Penner, noch einmal beim Büroschlaf erwische...!"*, sondern die moderne Führungskraft flüstert durch die Glastür: *„Pssst! Baumann ist beim Powernapping. Und übrigens, Lehmann, ich mache mir Sorgen. Habe Sie lange nicht Powernapping machen sehen. Haben Sie keine wichtigen Herausforderungen mehr in Ihrem Arbeitsbereich?"*

Sind wir der Meinung, die neue Wortschöpfung „Kollateralschäden" sei von den Verteidigungsministerien aus stilistischen Gründen gewählt worden, etwa weil sie meinten, in den Kriegsberichten immer von „Kriegstoten" und „Kriegsopfern" zu sprechen, sei langweilig?

Wenn man alle militärischen Angelegenheiten eines Landes dem **Verteidigungs**ministerium bzw. dem Ministry of **Defence** unterstellt, dann ist es semantisch geschickt und ethisch leichter zu vertreten, wenn man statt *„den Gegner in seinem Gebiet angreifen"* von *„Defence in depth"* spricht, auch wenn sich beides auf ein und dieselbe militärische Aktion bezieht. *„Verteidigung in der Tiefe"* ist nämlich eine Formulierung, die besser in das Ressort eines Verteidigungsministeriums zu passen scheint als *„Angriff auf den Feind in dessen Territorium"*.

Und statt *„nach der Wende als Dozent entlassen"* wurde die schonendere Formulierung *„aus dem wissenschaftlichen Prozess freigestellt"* verwendet.

Als im August 2008 die nationalen Regelungen für zulässige Höchstwerte der Giftstoffe in Nahrungsmitteln durch europäische ersetzt wurden, sprachen die einen davon, dass in Deutschland nun in Orangen die zulässige Giftstoffmenge sich versechzigfacht habe, und die anderen formulierten: *„Die Harmonisierung der Regelungen vereinfacht die Vergleichbarkeit für den Verbraucher."*

Da wir ständig in Sprache denken, ist es für jeden nützlich, sich im Erkennen der Zusammenhänge von Sprache und Denken zu üben, und zwar einerseits, um das Denken effektiver zu gestalten, und andererseits, um sich vor möglichen Fallen zu schützen, welche die Sprache unserem Gedankengang in den Weg stellt. Packen wir's an.

Einladung zum Sprachdenken
Lesen Sie bitte die folgenden Sätze und notieren Sie sich Ihre Kommentare dazu:

1. Schiller: „Ode an die Freude":
   *„Deine Zauber binden wieder,
   was die Mode streng geteilt,
   alle Menschen werden Brüder,
   wo Dein sanfter Flügel weilt."*

2. Minister: *„Wir werden kurzfristig 240.000 Arbeitsplätze schaffen bzw. erhalten."*

3. *„Natürlich ist der Vorstandsvorsitzende unserer Bank überbezahlt, aber er ist sein Geld wert."*

4. *„Die Weser stellt unter den Flüssen Deutschlands ein einmaliges geologisches Phänomen dar, da sie keine Quelle hat, sondern durch den Zusammenfluss zweier anderer Flüsse entsteht."*

5. *„Nichts ist gewiss."*

6. *„Der Holzfäller war stolz auf seine Axt: Sieben Jahre habe sie ihm treu gedient, und er habe nur dreimal den Stiel und zweimal die Schneide erneuern müssen."*

7. *„Wie sind Wale evolutionär entstanden? Die Vorfahren der heutigen Wale waren vermutlich Huftiere. Vor ungefähr 60 Millionen Jahren lebte eine Gruppe von Säugetieren, die Mesonychiden, an flachen Lagunen. Eine Gattung dieser Säugetiere adaptierte sich, um an das reichliche Nahrungsangebot in den Gewässern in der Nähe seines Habitats zu gelangen. Im Laufe der Zeit wurden sie Meeressäugetiere."*

8. *„Zwei Parallelen treffen sich im Unendlichen."*

9. „Drei Bier ersetzen eine Mahlzeit, und dann hat man noch nichts getrunken."

10. „Wussten Sie, dass ein Knall schneller sein kann als der Schall?"

11. „Ich weiß, dass alle Kreter lügen, denn sie haben es mir selber gesagt."

Sie finden Kommentare zu den Äußerungen in Kapitel 2.8 auf S. 78–80.

2.2 Sprachliche Taschenspielertricks: „umweltfreundlich" = „umweltfeindlich"

Erster Denkansatz: Wenn wir die Wahl haben zwischen einem als „umweltschädlich" bzw. „umweltfeindlich" bezeichneten Produkt und einem sogar amtlich als „umweltfreundlich" bezeichneten, würden wir, wenn's denn finanziell für uns nicht zu große Opfer erfordert, Letzteres wählen. Und wäre die Umwelt ein Wesen, das mit uns menschlich kommunizieren könnte, würde sie „Danke" sagen und uns als ihren Freund bezeichnen, also als einen „Umweltfreund" oder „Naturfreund". Alles in Ordnung. Oder?

Zweiter Denkansatz: *„Erwin ist ein großer Kinderfreund, denn er schlägt Kinder immer mit dem Rohrstock. Erwin ist auch ausgesprochen tierlieb, denn er sperrt sie in enge Käfige und piekt sie dann mit Stöcken."*

Die meisten Sprecher lehnen es ab, diese Äußerungen als sinnvoll einzustufen, da sie Erwins Betragen weder als kinderfreundliches noch als tierfreundliches Verhalten bezeichnen. Ich versuche, sie für Erwin zu gewinnen, indem ich behaupte, alles sei relativ und Erwins Betragen sei doch immerhin kinderfreundlicher und tierlieber als das von Fritz, der jene Wesen viel schlimmer mit Stromstößen, Messerstichen und ätzenden Chemikalien traktiere. Fritzens Verhalten, so wurde entgegnet, sei zwar noch verabscheuenswürdiger, aber das mache Erwins Betragen weder kinderfreundlich noch tierlieb. Wo sie recht haben, haben sie recht. Ich gebe mich in meiner Argumentation geschlagen, beschließe, meinen anfänglichen Irrtum durch eine Sprachanalyse aufzuklären:
 Es gibt Adjektive, die sich bei Fragen und Vergleichen anders verhalten als „lieb" und „freundlich". Die Adjektivpaare „freundlich – unfreundlich", „umweltfreundlich – umweltschädlich", „schön – hässlich", „groß – klein" sind **Antonyme**, d. h. sie bezeichnen jeweils das Gegenteil des anderen. Man kann daher sagen: *„A ist nicht groß: Im Gegenteil, es ist klein."* Aber im Gegensatz zu „freundlich" vs. „unfreundlich / feindlich / schädlich" kann die Antonymie „groß – klein" in Fragen und Vergleichen aufgehoben werden. Die Äußerungen *„Wie groß ist A?"* und *„A ist größer als B"* implizieren beide nicht: *„A ist groß."* Auf die Frage kann man nämlich antworten:

„*A ist sehr klein*", und den Vergleich kann man auch folgendermaßen widerspruchsfrei formulieren:

„*Sie sind zwar beide äußerst klein, aber A ist doch noch ein bisschen größer als B.*"

In der Frage „*Wie groß ist A?*" bildet „*groß*" die sogenannte **unmarkierte Form**, weil sie – ganz im Gegensatz zu „*Wie klein ist A?*" – nichts über die Größe von A voraussetzt. Das erkennt man an Folgendem: Wenn sich zwei Angebertypen treffen und der eine sagt: „*Ich hab mir eine neue Villa gekauft*" und der andere fragt: „*Wie klein ist sie denn?*", dann ist das eine Beleidigung, denn die Frage mit „*klein*" setzt voraus, dass der Fragende die Villa tatsächlich für klein hält. Das steht im Gegensatz zu der Frage „*Wie groß ist die Villa?*", denn diese Frage setzt weder „*groß*" noch „*klein*" voraus, sondern man erbittet mit ihr lediglich Information über z. B. die Zahl der Zimmer und Quadratmeter. Bei „spät" und „früh" ist Ersteres die unmarkierte Form, weil „*Wie spät ist es?*" nicht voraussetzt, dass es tatsächlich schon spät ist.

„freundlich – feindlich", „lieb – gemein" und „nützlich – schädlich" haben weder in der Frage noch im Vergleich eine unmarkierte Form. Bei dem offiziell und amtlich verliehenen Prädikat „umweltfreundlich" macht man sich nun unsere Vertrautheit mit dem sprachlichen Mechanismus der unmarkierten Formen missbräuchlich zunutze.

a) „*Zugegeben, unser Auto ist nicht groß, aber allemal größer als das der Firma X.*"

Und analog dazu formuliert man zunächst noch zaghaft:

b) „*Zugegeben, unser Waschmittel ist nicht umweltfreundlich, aber allemal umweltfreundlicher als das der Firma X.*"

Nachdem es gelungen ist, „umweltfreundlich" und sein Antonym „umweltschädlich" in dieselbe Kategorie zu tun wie die Antonyme „groß" und „klein" – also in eine Kategorie, in die sie gar nicht gehören –, kann man jetzt schon etwas dreister formulieren:

c) „*Unser Waschmittel ist das umweltfreundlichste, das zurzeit auf dem Markt ist.*

Umformuliert, ohne die semantischen Regeln zu brechen, heißt das:

d) *Alle anderen Waschmittel sind noch umweltschädlicher als unseres.*

Der sprachliche Trick zum Einfangen unserer Gedanken pflegt zu klappen, und wir bilden uns ein, umweltfreundlich zu handeln, wenn wir die Natur mit dem Rohrstock schlagen, denn wir könnten noch ganz anders! Das Paradoxe an dem jetzigen Sprachgebrauch ist, dass nur schädliche Stoffe das Prädikat „umweltfreundlich" erhalten. Die Wasserwerke machen nicht mit „umweltfreundlichem" Wasser Reklame, weil Wasser ja bekanntlich nicht umweltschädlich ist. Die Paradoxie lässt sich durch folgendes Beispiel illustrieren: Man wird schwerlich Umweltschutz-Auszeichnungen dafür erhalten, dass man – auf eigene Kosten, versteht sich – besonders viele mit dem blauen Engel oder als „umweltfreundlich" ausgezeichnete Wasch- und Holzschutzmittel in die Bäche schüttet. Denn bei dieser Aktion würde schon eher erkennbar: „Umweltfreundlich" ist tatsächlich umweltfeindlich.

Er und sie sitzen gemütlich abends beim Fernsehen ihrer Lieblingssendung:
Sie: *Es ist zwar gerade sehr gemütlich, aber du hast dir doch dieses umweltfreundliche Auto mit dem umweltfreundlichen Benzinverbrauch gekauft, und das steht nun einfach da unten rum. Meinst du nicht auch, Schatz, du solltest der Umwelt zuliebe nicht noch einmal um den Block fahren?*
Er: *Hmm, eigentlich ... na ja, recht hast du schon. Ok, ich zieh mir Schuhe an.*
Nach einer halben Stunde kommt er zurück.
Er: *Weißt du, wenn man erst mal dabei ist, fühlt man sich richtig gut. Ich hab der Umwelt zuliebe drei Runden um den Block gedreht.*
Sie: *Super. Und ich hab noch zweimal unsere Wäsche gewaschen, während du weg warst.*
Er: *Ääh, hattest du die nicht schon gewaschen?*
Sie: *Na klar, aber wir haben doch jetzt dieses umweltfreundliche Waschmittel, und das nützt der Umwelt ja wenig, wenn's im Karton bleibt, Dummerle.*
Da schaut Frau Umwelt zum Fenster herein, sichtlich kränker als zu Beginn der Sendung, und sagt: *„Das wäre jetzt aber wirklich nicht nötig gewesen!"*

Das als „umweltfreundlich" Bezeichnete schadet also regelmäßig der Natur, und die Bezeichnung selber wirkt einlullend und denkhemmend.

Sollte jetzt jemand einwenden, na ja, ist ja ganz witzig, diese semantische Analyse, aber Sie werden doch zugeben, dass umweltfreundliche Produkte besser sind als umweltschädliche, dann erwidere ich darauf: *„Ich habe den Unterschied noch nicht begriffen."* – *„Also gut, dann sag ich's noch einmal in Ihrer Sprache: Sie werden doch zugeben, dass weniger umweltschädliche Produkte besser sind als stärker umweltschädliche Produkte."* – *„Ohne Zweifel"*, konzidiere ich, *„aber nur dann, wenn sie nicht bis hin zur Klimakatastrophe durchgezogen werden."* Um das zu veranschaulichen, lade ich Sie nun zu dem folgenden Gedankenspiel ein.

Die Passagiere auf dem leckgeschlagenen Schiff
Pro Stunde fließen zehn Tonnen Wasser durch zahlreiche Lecks in der Außenbordwand. Bei 100 Tonnen Wassereinbruch schwimmt das Schiff noch, aber es ist nicht mehr zu retten, weil bei 100 Tonnen Wasser die Holzladung in den nächsten fünf Stunden dermaßen aufquillt, dass der hölzerne Schiffsrumpf birst. Der „point of no return" ist also nach zehn Stunden und 100 Tonnen Wassereinbruch erreicht. Der sich dann anschließende Sinkprozess dauert fünf Stunden. Wenn wir

nichts unternehmen, haben wir also alle noch 15 Stunden zu leben. Was machen die einzelnen Gruppen?

- Da das Schiff starke Schlagseite nach Backbord hat, stimmen einige dafür, alle Passagiere sollten zum Ausgleich nach Steuerbord laufen.
  Das entspricht dem Vorschlag einer Regierungspartei, die meint: *„Damit kommen wir bis zur nächsten Legislaturperiode erst einmal ohne großen Aufwand durch."*
- Einige versuchen, die Lecks abzudichten. Sie stellen aber rasch fest, dass sie nicht ausreichende Mittel haben, dem enormen Wasserdruck von allen Seiten etwas entgegenzustellen.
  Das sind Leute mit dem guten Lösungsansatz, man müsse das Übel bei der Wurzel packen. Auf die Umwelt bezogen heißt das, wir bauen weniger Kraftwerke und schränken den Benzinverbrauch ein. Leider müssen wir feststellen, dass für jedes Kraftwerk, das wir einsparen, die Chinesen drei neue in Betrieb nehmen und dass sie mit immer mehr Autos immer mehr Kilometer fahren. Leider haben wir keinen Einfluss auf das Reich der Mitte. Aber die Hände in den Schoß legen ist auch keine Lösung.
- Einige spielen im Casino weiter, weil sie gerade ein verdammt gutes Blatt haben.
  Das sind Egoisten, die weder systemisch, global noch langfristig denken können.
- Einige klettern in den höchsten Mastkorb.
  Das entspricht denjenigen, die sagen: *„Wenn der Meeresspiegel um fünf Meter steigt und ich jetzt ein Haus sechs Meter über dem Meeresspiegel kaufe, dann habe ich bald eine wertsteigernde Immobilie mit Meeresblick am Strand."*
- Ein Mann geht in inniger Verklärtheit durch die Kabinen und knipst die Lichter aus.
  Das ist der Mensch, der nur noch bei Tageslicht die Berichte über Klimakatastrophen liest, um sie so zu vermeiden.
- Andere versuchen, Wasser aus dem Schiff zu pumpen. Sie stellen fest, dass zu jedem Zeitpunkt zehnmal so viel Wasser eindringt, wie sie herauspumpen können. Sie geben aber nicht auf und jeder, der sich besonders emsig an der Pumpe betätigt, erhält den blauen Engel dafür.
  Das sind die Leute, die sagen: *„Aber etwas mehr Wasser aus dem Schiff zu pumpen ist doch besser, als etwas weniger rauszupumpen."* Sprachlich eleganter wird das verkauft als: *„Es ist uns gelungen, in der zweiten Stunde die Auspumpmenge um 3 % zu steigern. Die Schiffsführung plant, bis zur dreißigsten Stunde die Auspumpmenge um jeweils 4 % pro Stunde zu steigern."* Das kann zwar keiner der Passagiere in Litern ausrechnen, was aber auch unter Wasser keine Rolle mehr spielen wird.
- Einige sagen: *„Wir müssen erst einmal herausfinden, warum wir so viele Lecks im Schiff haben."* Sie stoßen schnell auf die Ursache: Viele Passagiere hatten Feuer im Schiffsrumpf gemacht, um sich daran zu erwärmen. Dadurch entstehen aber große Löcher im Schiffsboden. Man kann die Leute nicht überzeugen, davon Abstand zu nehmen, denn sie behaupten zu Recht, sie würden sonst frieren. So einigt man sich darauf, kleinere Feuer als bisher zu entfachen mit kleineren

Löchern im Schiffsrumpf. Man beschließt, dies als „seenotrettende" Maßnahme zu bezeichnen und all denen, die sich daran halten, eine Plakette zu verleihen. Das entspricht den „umweltfreundlichen" Maßnahmen für nicht ganz so umweltschädliche wie zuvor.

Und mit dieser letzten Gruppe sind wir bei dem durch Sprache verursachten Denkfehler. Wenn wir endlos viel Zeit hätten, wäre jedes „weniger umweltschädlich" besser als „noch umweltschädlicher". Aber bei Schiffen, die sinken, ist es keine erfolgreiche Strategie, eine Tätigkeit, die weiterhin zum Sinken führt, als „rettende" Maßnahme zu deklarieren. Bei überschaubaren, nichtkomplexen Situationen erkennen wir dies leichter:

....

Wenn jemand hinter einem Zug herläuft, der mit viel größerer Geschwindigkeit davonfährt, als er je laufen kann, werden wir ihn nicht ermuntern können, schneller zu laufen, mit der Begründung, er erkämpfe sich einen wesentlich geringeren Abstand zum Zug im Vergleich zu denen, die gar nicht laufen. Er wird angesichts der sichtbaren Aussichtslosigkeit seines Bemühens aufgeben und nicht einmal dann weiterlaufen, wenn wir ihm eine Plakette für „zielerreichungsfreundliches Bemühen" in Aussicht stellen.

Sind die Verhältnisse hinlänglich komplex, dann lassen wir uns durch sprachliche Taschenspielertricks wie *„Nicht ganz so umweltschädlich ist umweltfreundlich"* gerne besänftigen. Das Schiff schwimmt ja noch. Wenn Politiker versprechen: *„Wir werden den CO_2-Ausstoß bis 2025 um 15 % reduzieren"*, dann hat das nur dann Sinn, wenn nach allen Erkenntnissen der Fachleute bis 2025 unter diesen Umständen der „point of no return" noch nicht erreicht ist. Andernfalls ist es lediglich eine „umweltfreundliche" Maßnahme.

2.3 Gehirnschoner – Erster Teil: Die Schonung der Gehirne anderer

a) *„Es gibt keine Alternative."*
b) *„Es handelt sich hier um Sachzwänge."*
c) *„Das muss man einfach so sehen."*

Warum wird die Aufforderung an andere, nicht mehr nachzudenken und schon gar nicht kritisch nachzudenken, in einem Buch über Kommunikation behandelt? Gehört das nicht eher in den Bereich der Psychologie und der Politik? Wir sprechen hier von dem Bemühen, wie *Sprache* andere Menschen vom Denken abhalten soll. Der kommunikative Trick besteht darin, diese Aufforderung **indirekt** zu formulieren, wie in den drei oben angegebenen Zitaten. Sie sind Formulierungen, die in

Form moderner Beschwörungsformeln das Nachdenken verhindern sollen. Drückte man statt dieser Formeln dieselbe Botschaft **direkt** und explizit aus, würde sie so lauten:

„Denken hilft euch hier gar nicht. Hört auf damit. Lasst es gut sein. Beunruhigt euch nicht. Ich übernehme das Denken für euch."

Solche direkte Kommunikation erregt eher Widerspruch als die indirekte. Man muss sich freilich immer darüber klar werden, *wessen* Gehirn geschont werden soll. Denn im Munde von Agitatoren und cleveren Politikern werden diese Formeln zur Meinungsmanipulierung benutzt mit der Botschaft: *„Überlasst uns das Denken, wir machen das gerne für euch und nehmen euch ebenso gerne Entscheidungen ab."* Werden die oben zitierten Äußerungen hingegen unter Gleichgesinnten – wie z. B. am Stammtisch – gebraucht oder mantraähnlich in Selbstgesprächen aufgesagt, dann sind sie Beruhigungsformeln, mit denen sich der Sprecher immer wieder zu vergewissern versucht, dass er im Grunde nur aus Klugheit und Lebenserfahrung nicht nachdenkt. Aber einerlei ob man sich selber vom Denken fernhält oder andere, immer gilt der Grundsatz: Schoner sind gut für Bildschirme, aber nicht für's Gehirn.

• • • Ein wissenschaftlicher Exkurs • • • • • • • • • • • • •

Das Fundament der Informationstheorie lautet „Meaning implies choice", oder anders ausgedrückt: Eine sprachliche Einheit trägt nur dann Information in einem Satz, wenn es eine denkbare Alternative zu ihr gibt.

- In dem Satz *„Sie hat schönes glattes langes blondes..."* geht keine Information verloren, wenn das letzte Wort, nämlich *„Haar"*, im Verkehrslärm untergegangen ist. An diesem Punkt des Satzes liegt tatsächlich der seltene Fall vor: **Es gibt keine Alternative.**
- Jemand fragt Sie: *„Hast du mal ein Tempotaschentuch für mich?"*, aber Sie haben die letzte Silbe nicht genau verstanden. Würden Sie im Ernst nachfragen: *„Ein Tempotaschen was?"*
- Sie fahren mit einem Freund in einer Einbahnstraße, die eine Biegung nach rechts macht. Hinter Ihnen zwingt Sie ein Lastkraftwagen durch dichtes Auffahren zum Weiterfahren. Nur zwei Idioten würden jetzt über mögliche Fahrtrouten diskutieren, denn: Es gibt keine Alternative. Hier handelt es sich tatsächlich um einen Sachzwang.

Von genau solchen Erfahrungen wollen Meinungsmanipulatoren profitieren. Wenn es keine Alternativen gibt, ist jedes Nachdenken, Argumentieren und Diskutieren etwas für palavernde Problemträger, für Leute, die lieber reden als denken, die Statik der Dynamik vorziehen, für Menschen, die nie eine Entscheidung treffen, wenn's doch auch ein Versatzstück aus der Phrasenkiste tut.

Das Tina-Prinzip

Margaret Thatchers Spitzname war „Tina", was ein Akronym aus ihrem Lieblingssatz darstellt: *„There is no alternative."* Da Politiker und Politikerinnen in westlichen Demokratien schlecht gegen den verfassungsmäßig verankerten Grundsatz der Meinungs- und Gedankenfreiheit verstoßen können, dürfen sie nicht wie die Gedankenpolizei in George Orwells Roman „1984" unerwünschtes Mitdenken als „Verbrechendenk" untersagen. Sie nehmen daher Zuflucht zu diesen Beschwörungsformeln, die rasch liturgischen Charakter annehmen. Die Liturgie ist der immer wiederkehrende Teil im Gottesdienst, den die Gemeinde ohne Spielraum für individuelle Gestaltung und ohne Alternative singt, wie z. B. „Halleluja" und „Amen". Wenn das nächste Mal Ihre Meinung manipuliert werden soll durch den denkhemmenden Spruch: *„Es gibt keine Alternative"*, dann sagen Sie doch einfach *„Amen"*, um zu zeigen, dass Sie mit dem Denkverbot einverstanden sind.

Im Jahre 1994, nur noch zwei Monate vor den Wahlen zum Europäischen Parlament, inmitten heißer Richtungsdebatten über europäische Legislative, lautete die Überschrift in „Das Parlament", einer Wochenzeitschrift der deutschen Bundesregierung:

„Die EU am Scheideweg:
‚Zur europäischen Einigung gibt es keine Alternative'
Europessimismus ist Mode. In Frankreich und anscheinend auch in Deutschland und anderen Mitgliedstaaten der Europäischen Gemeinschaft."

Der Autor, Monsieur Pflimlin, entlarvt sich durch seine eigenen Formulierungen, denn die ersten beiden Zeilen sind ein Widerspruch in sich. Überdies ist es das Wesen einer parlamentarischen Wahl in westlichen Demokratien, dass die Wähler eine Alternative haben bis hin zu ihrem Recht, nicht zur Wahl zu gehen, um ihrem Unmut Ausdruck zu verleihen. In einer Zeitschrift mit dem Namen „Parlament" wünscht man sich zum Denken anregende, Pluralismus respektierende Beiträge statt Appelle, das Denken doch bitte Pflimlin zu überlassen.

Als zwei Jahre später die Einführung der Gesamteuropäischen Währung diskutiert wurde, sagte der damalige Bundespräsident Herzog in einem Interview in „Die Woche" (14. Juni 1996): *„Die Debatte ist gefährlich."* Er warnte dann alle politischen Parteien davor, die Einführung des Euro nicht zu einem Wahlkampfthema zu machen. Gleich zwei Appelle, das Für und Wider nicht in einem demokratischen Diskurs gedanklich zu durchdringen.

Es dreht sich hier nicht darum, welche Meinung die richtige ist. Selbstverständlich ist es völlig legitim, leidenschaftlich eine Sache zu verfechten und Prioritäten zu setzen. Aber zu behaupten, es gäbe keine Alternativen, ist entweder Meinungsmanipulation, die einer Demokratie unwürdig ist, oder ein Mangel an Fantasie und Fachwissen.

Gehen wir die oben zitierten Formulierungen der Reihe nach durch. Wie reagiert man auf *„Es gibt keine Alternative"*? Man kann zunächst fragen, ob der Sprecher meint, alle anderen Möglichkeiten seien schlechter und kämen für ihn nicht in Frage.

Dann wäre der Satz gleichbedeutend mit: *„Für mich gibt es keine echte Alternative."* Das ist vertretbar, und man kann sich rasch darauf einigen zu sagen: *„Gut, bei Ihrer Interessenlage gibt es für Sie eine klare Priorität. Da meine Erwartungshaltung anders ist, bevorzuge ich Alternativen, die es für mich durchaus gibt."* Man kann den Sprecher aber auch fragen, ob eine solche Äußerung nicht Mangel an Fantasie sein könne, besonders dann, wenn man ihm verdeutlicht, man selber wäre in der Lage, ein Dutzend denkbare Alternativen aufzuzählen. Man kann ihn – und das wäre dann die letzte Trumpfkarte – auch schmunzelnd fragen, ob er wüsste, warum Thatchers Spitzname „Tina" war. *„Sie hat damit"*, so fährt man erläuternd fort, *„gerade bei ihren Parteianhängern viel Erfolg gehabt. Die Opposition meinte natürlich immer, es gäbe Alternativen, und die Journalisten und Politikwissenschaftler ja sowieso. Aber auf den Parteitagen wurde beim Tina-Prinzip immer geklatscht."*

Eine Variante des Tina-Prinzips sind Gemeinplätze in Form von Spruchweisheiten, wie sie Großmutter in gehäkelter Form überm Plüschsofa aufzuhängen pflegte. Der Großmeister dieser Technik war Helmut Kohl. Er liebte Sätze der folgenden Art:

a) *„Es geht hier um eine für alle Beteiligten gerechte Lösung."*
b) *„Die Beiträge müssen im Rahmen des Möglichen bleiben."*
c) *„Es kommt jetzt darauf an, besonnen zu handeln."*

Um zu erkennen, was diesen Äußerungen gemeinsam ist, sollte man sich in die Rolle eines Oppositionssprechers versetzen und versuchen, sich durch spontane Repliken von den eben zitierten Forderungen abzusetzen. Vielleicht von allen dreien mit:

d) *„Nein, wir von der Opposition vertreten ungerechte Privilegien im Rahmen des Unmöglichen, die wir gerne überstürzt umsetzen."*

Man sieht schnell ein, zu den Altbundeskanzler-Weisheiten gibt es keine Alternative. Wenn es zu Sentenzen keine denkbare Alternative gibt, dann sind sie in der Regel banal und sollten als Sprüche in gehäkelter Form einen Platz über Omas Sofa finden.

An Omas Spruchweisheiten erinnert auch das Heraufbeschwören **archaischer Bilder**, vorzugsweise in Zusammenhang mit Tina-Formeln: *„Die Kassen sind leer. Es ist einfach kein Geld da. Das muss man einfach so sehen."* Aber wo leben wir denn? Steigt da der Minister mit einer Fackel in ein mittelalterliches Gewölbe hinunter, schließt mit einem großen Schlüssel eine riesige Truhe auf, stemmt den schweren Deckel hoch, leuchtet hinein und sagt zu seinem Schatzmeister: *„Die Truhe ist leer. Das muss man einfach so sehen."* Ist das die Diskursebene, auf die wir uns in einer modernen Finanzpolitik herablassen wollen? Haben unsere *„Die Kassen sind leer"*-Formulierer nichts von Anleihen, Umfinanzieren, Geld drucken, Steuern und Beiträge erhöhen gehört? Man kann sich aus guten Gründen gegen solche Maßnahmen entscheiden, aber diese sollten diskutiert werden, anstatt die archaischen Denkmuster von leeren Truhen zu verwenden. Es ist unsere Aufgabe, insbesondere die der Journalisten, solche Formulierungen zu entlarven, statt in einem Interview mit den Mächtigen sich für das Gespräch zu bedanken und dabei wie Mowgli zu gucken, wenn Sir Hiss ihn hypnotisiert.

Sachzwang ist ein klassisches Beispiel für das Tina-Prinzip, denn es bedeutet, dass der Sprecher aufgrund der Sachlage keine Alternativen, also keine Verhandlungsmöglichkeit, sieht. Die Verwendung des Begriffes „Sachzwang" sagt mehr über den Sprecher aus als über die Lage, denn es illustriert entweder seinen Mangel an Fantasie und Kreativität, oder aber es ist der Versuch, den Adressaten eine Zwangsweste gegen Denken anzulegen: *„Uns sind die Hände gebunden. Es handelt sich hier um Sachzwänge."* Fazit: Ende der politischen Handlungsspielräume und argumentativer Lösungen. Aber: Nichts ist schwerer, als auf dem Gebiet der Wirtschafts-, Gesellschafts-, Bildungs- und Finanzpolitik Beispiele für Sachzwänge zu finden.

Versuchen Sie, drei Beispiele für Sachzwänge zu finden. Klimawechsel? Verkehrsstau durch hohes Verkehrsaufkommen? Leere Kassen? Rentenkassenbelastung durch immer mehr langlebige ältere Menschen? Arbeitslosigkeit? Sind Sie der Meinung, dass es Fachleute gibt, die eine Beteiligung an Expertenkommissionen zu diesen Themen ablehnen würden unter Hinweis auf Sachzwänge, die jedes Nachdenken darüber überflüssig machten?

Angela Merkel hat ihre Lösung der Griechenlandkrise als „alternativlos" bezeichnet. Eine Jury von Sprachforschern und Sprachforscherinnen wählte dieses Wort zum Unwort des Jahres 2010. Es war ebenfalls und von anderen Politikern auf ihre eigene Sicht von Stuttgart 21, den Ausbau des Frankfurter Flughafens und die Gesundheitsreform angewendet worden. In der Begründung zur Wahl des Unwortes sagte der Sprecher der Jury, Horst Dieter Schlosser: „Das Wort suggeriert sachlich unangemessen, dass es bei einem Entscheidungsprozess von vornherein keine Alternative und damit auch keine Notwendigkeit der Diskussion und Argumentation gebe."

> Um Denken zu schulen, muss man sich zunächst von sprachlichen Zwangswesten befreien. Hierin besteht ein wesentlicher Beitrag der Rhetorik zur Argumentations- und Gesprächskultur.

2.4 Die Botschaft der Verpackung: *„Ist es Ihnen scheißegal oder ist Ihnen beides recht?"*

Die Sprachwissenschaft trifft eine nützliche und praxisbezogene Unterscheidung zwischen „Sätzen" und „Proposition".

a) *„Sven verkaufte sein Fahrrad an Ilona."*
b) *„Ilona kaufte Svens Fahrrad von ihm."*

a) und b) sind beides Aussagesätze. In der mündlichen Kommunikation sind es überdies auch noch zwei verschiedene Äußerungen. Was ist den beiden gemeinsam? Sie haben denselben Wahrheitsgehalt. Damit ist gemeint: Man hält entweder beide für wahr oder beide für unwahr, aber man kann nicht sagen, a) stimmt, aber b) entspricht nicht der Wahrheit. Um das ausdrücken zu können und um somit auch die Aufmerksamkeit auf dieses Phänomen lenken zu können, definieren wir:

> Zwei Äußerungen, die denselben Wahrheitsgehalt haben, liegt ein und dieselbe *Proposition* zugrunde.

In diesem Fall ist die Proposition von a) und b): Es hat eine kommerzielle Transaktion zwischen Ilona und Sven stattgefunden, wobei sein Fahrrad als Ware für einen vereinbarten Geldbetrag an Ilona überging. Betrachten wir nun folgende Äußerungen:

Der Sprecher bringt zum Ausdruck, d. h., seine Proposition lautet:

Ich habe bei der Wahl zwischen zwei gegebenen Alternativen keine Präferenzen

- Iss mir scheißegal
- Iss mir wurscht
- Ist mir egal
- Das ist mir beides recht

eine Proposition mit **vier** Ausdrucksvarianten

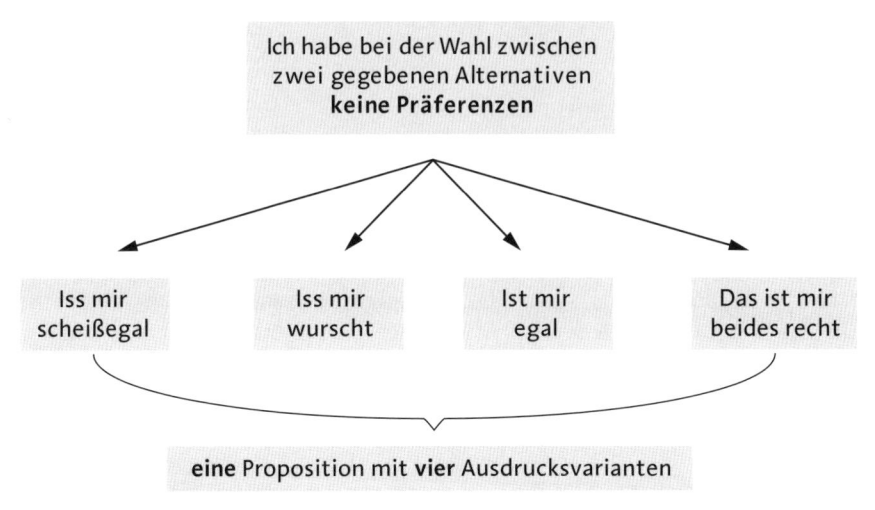

Abb. 2.1: *Proposition*

a) „*Iss mir scheißegal.*"
b) „*Iss mir wurscht.*"
c) „*Ist mir egal.*"
d) „*Das ist mir beides recht.*"

Diesen Äußerungen a) bis d) liegt dieselbe Proposition zugrunde: Der Sprecher bringt zum Ausdruck, dass er bei der Wahl zwischen zwei gegebenen Alternativen keine Präferenzen hat. Dennoch liegen Welten zwischen diesen Äußerungen. Die Wahl zwischen den vier Möglichkeiten mag situationsbedingt sein. Natürlich kann es angemessen sein, wenn ein hochverärgerter Käufer, dessen Geduld wegen der schlechten Behandlung am Ende ist, der unter Zeitdruck und dem Druck von wiederum seinem Kunden steht, sagt: „*Iss mir scheißegal, **wie** sie die Ware hierherkriegen, aber morgen früh brauch ich die!*"

Würde hingegen der Bundespräsident bei einem Empfang auf uns aufmerksam werden und uns zu einem vertiefenden Gespräch auf Schloss Bellevue einladen und uns Montag oder Dienstag als mögliche Termine anbieten, würden die Formulierungen a) bis c) nicht in Frage kommen. Wir würden sogar – wenn es unser Terminkalender irgendwie erlaubt – noch höflicher antworten:

e) *„Beide Termine sind mir recht. Welcher wäre für Sie der bessere?"*

Wir können das grafisch wie in Abbildung 2.1 darstellen. Aus der Unterscheidung zwischen der einen zugrunde liegenden Proposition und den verschiedenen Ausdrucksvarianten ergeben sich folgende **Erkenntnisse für die Praxis**:

1. Das wichtigste Ziel in der Kommunikation besteht darin, sich immer der Alternativen bewusst zu sein. Eine **bewusst getroffene Wahl** ist besser als

- ein Zufallsgriff in die Vokabelkiste und ist kommunikativ erfolgreicher als
- die gewohnheitsmäßige Bevorzugung einer Formulierung, ohne dass sich der Sprecher seiner Sprechwirkung bewusst wird.

2. Die Wahl der Formulierungen zwischen a) bis e) kann **situationsbezogen, themenbezogen** und **partnerorientiert** getroffen werden.
3. Beispiel e) betont die gesprächspartnerbezogene Perspektive. Sie fördert gleichzeitig die **Persönlichkeitsentwicklung** des Sprechers. Variante b) ist ichbezogen und drückt Gleichgültigkeit aus. Aber Gleichgültigkeit in Bezug auf was? Welche Botschaft von b) kommt bei dem Gesprächspartner (als Zuhörer) an? Er wird nicht nur die Proposition heraushören (= keine Präferenz), sondern er wird diese Formulierung als fehlendes Interesse am Verhandlungsgegenstand und als geringe Wertschätzung gegenüber ihm selbst ansehen.
4. Wer immer nur eine der Möglichkeiten von a) bis c) in seinem Repertoire hat, ist durch sein sprachliches Sortiment seinem Gesprächspartner (also dem „Kunden seiner Mitteilung") gegenüber im Nachteil.
5. Die Wahl der Formulierung ist auch immer eine Aussage über den Sprecher selber und persönlichkeitsformend. Wer zehnmal am Tag sagt: *„Iss mir wurscht"*, der *wird* wurschtig. Und da er auch von Gesprächspartnern als ein wenig differenzierender Mensch behandelt wird, wirkt sich seine Formulierung durch die Reaktion der anderen verstärkend auf die Identität mit dem Merkmal „Wurschtigkeit" aus.
6. Die Bevorzugung der Variante e) ist nicht mit Kostenaufwand verbunden.

> Eine Grundsatzüberlegung
> Bei diesen Abwägungen geht es *nicht um „richtig" oder „falsch"*, sondern um *„angemessen"* und *„unangemessen"* und um *die Sprechabsicht „nützlich" oder „hinderlich"*.

Die Sprache leistet sich niemals den Luxus völlig überflüssiger Formulierungen im Repertoire. Bei zwei Alternativen wird man immer einen Unterschied finden, wo die eine angemessener ist als die andere. Fluchen, wie z. B. *„Es ist mir so was von scheiß-e-gal!"*, wird in unserem polysystemischen Ansatz nicht der Zensur unterworfen, da Fluchen zum „Dampfablassen" in der richtigen Situation eine nützliche Funktion hat. Oder wenn zwei Freunde beim Autofahren rasch eine Entscheidung treffen müssen über links rum oder rechts rum, kann der eine sagen: *„Iss wurscht."* Dadurch gibt er nämlich zu verstehen: *„Also damit brauchen wir uns jetzt wirklich nicht aufzuhalten"*, ohne befürchten zu müssen, der andere fühle sich nicht wertgeschätzt. e) ist keine gute Option für eine sehr junge Frau als Chefin, wenn sie befürchten muss, dass einige alte Hasen ihre Autorität in Frage stellen. Denn e) vermittelt ein sehr großes Entgegenkommen, und das würde genau bei denjenigen Untergebenen, die ständig kleine Machtspiele nötig haben, den falschen Eindruck erwecken, dass es im Grunde doch sie wären, die den Laden hier schmeißen.

Fazit: Worauf es in unseren Überlegungen und Übungen ankommt, ist

- die Schärfung des Bewusstseins und
- die Fähigkeit, Alternativen zu erkennen,
- sie ins aktiv nutzbare Sprachrepertoire zu übernehmen,
- die Fähigkeit zu schulen, zwischen Alternativen zu wählen,
- die Sprechwirkung zu optimieren,
- durch Differenzierung die Persönlichkeit zu entwickeln.

Verbale Strategien: Negativ – positiv
Eine Proposition, mehrere Formulierungsalternativen

Formulieren Sie die folgenden Texte bitte von negativen in positive Äußerungen um, wobei Sie die Proposition so wenig wie möglich verändern. Sollten Sie sich hierbei einige inhaltliche Freiheiten nehmen, so ist auch das eine gute Übung. Der Sinn der Übung besteht in der Anwendung der Erkenntnisse, die weiter oben unter 1 bis 6 dargelegt wurden, also im Wesentlichen in Folgendem:

- Die Perspektive des Gesprächspartners übernehmen und erst dann eine Formulierung suchen.
- Nicht in Versatzstücken reden, sondern kommunizieren.
- Eine positive Einstellung übernehmen.

Beispiel 1
„Ausgepackte Ware ist vom Umtausch ausgeschlossen" wird umformuliert in: *„Gerne tauschen wir Ihre unausgepackte Ware um."* Beiden Ausdrucksvarianten liegt eine einzige Proposition zugrunde.

Beispiel 2
Stellen Sie sich vor, Sie sind Vortragender bei einer Roadshow, und einer der Anwesenden ist nur gekommen, weil ihn sein Chef dazu beordert hat. Er kam angesichts seines hohen Arbeitsvolumens auf die letzte Minute und hatte keine Zeit mehr, ein wichtiges Telefongespräch zu führen und draußen noch genussvoll eine Zigarette zu rauchen, wie er das sonst gerne tut, um sich zu entspannen und mental auf Ihr Seminar einzustimmen. Sie beginnen mit den Worten: „Bitte keine Handys und nicht rauchen während meines Seminars." Der erwähnte Teilnehmer wird sich persönlich „abgewatscht" vorkommen: „Na super, da bin ich ja goldrichtig hier; ich wollte ja sowieso nicht kommen!"
Stattdessen können Sie in Ihrer Begrüßung sagen: „Selbstverständlich werden wir immer nach einer Stunde eine Pause von 15 Minuten machen für Handys, Kaffee, Rauchen, Beinevertreten sowie Gespräche mit anderen Experten Ihres Faches. Und vergessen Sie bitte nicht, Ihre Handys in der Pause wieder anzustellen, falls Sie in der folgenden Stunde wichtige Nachrichten erhalten haben."

Und jetzt sind Sie dran, sich in positiven Formulierungen zu üben:

1. „Es gibt ‚Elterngeld', das jungen berufstätigen Ehepaaren maximal zwölf Monate lang 67 % des Einkommens einbringen soll, im Höchstfall 1.800 Euro monatlich. Das ist inzwischen Konsens. Gestritten wird über ein Detail, das es in sich hat, die ‚Vätermonate': **Paare müssen sich die Erziehung teilen, um die Förderung zwölf Monate lang zu erhalten. Bleibt nur ein Elternteil zu Hause, fließt das Elterngeld höchstens zehn Monate lang.**"

Formulieren Sie bitte den fettgedruckten Text um.

2. Eine Führungskraft über die Entwicklung der letzten zwanzig Jahre im Konzern: „Die Prozesse sind schwer zu überblicken, schwer zu ändern ... und es sind zu viele Leute an zu vielen Themen dran ... es ist alles unübersichtlich geworden mittlerweile."

3. „Hab ich mich klar und deutlich ausgedrückt?"

4. „Haben Sie schon bei der Bank angerufen?" – **„Wann hätt' ich das denn machen sollen?!"**

Formulieren Sie bitte den fettgedruckten Text um.

5. „Es gibt fünf bis sechs angehende Gymnasiasten in dieser Klasse, die den Unterricht in den meisten Fällen tragen und somit ein wenig ausgebremst werden müssen, damit die Schwächeren und eher introvertierten Kinder auch zu Worte kommen können."

6. „Ich bin gegen die Abschaffung des 13. Schuljahres, denn die Schüler brauchen in dem Alter noch Schonräume."

7. A: *Ein tolles Maiwetter: Frisches Grün und rote Blüten und strahlend blauer Himmel!*
   B: *Ja schon, aber wir brauchen Regen.*
   A: *Da gebe ich Ihnen recht, aber da wir eh' keinen Einfluss auf das Wetter haben, können wir es doch jetzt genießen.*
   B: *Nein, ganz im Gegenteil, ich mache mir große Sorgen, denn wenn es jetzt nicht regnet, dann müssen wir den Garten ständig sprengen, und das kostet ein Heidengeld, also ich sag schon jeden Morgen zu meinem Mann: „Bleib bloß liegen, es regnet schon wieder nicht."*

Formulieren Sie bitte die Äußerungen von B um.

8. „Wir sind der kleinste Betrieb / die kleinste Behörde in diesem Sektor. Bedingt durch die Kleinheit haben wir natürlich nicht dasselbe breite Angebot wie unsere größeren Konkurrenten."

9. „Wir haben uns verzettelt. Wir sind so eine Art Hans Dampf in allen Gassen."

10. „Möchten Sie lieber Dienstag oder Mittwoch an meinem Seminar teilnehmen?"
– „Och, pff, das is mir im Grunde wurscht."

11. Der Chef zu einem Bewerber, den er sehr gerne für seine Firma gewinnen möchte: *„Sie bekommen knapp vier Wochen Urlaub."*

12a. „Mama, darf ich noch lesen, bis ich einschlafe?" – „Ja, aber keine Minute länger."

12b. „Ist ein Glas Milch am Tag schädlich, wenn man es nicht trinkt?"

12c. „Vitamins are fatal to you if you don't eat them."

Lösungsvorschläge und Kommentare zur Übung finden Sie in Kapitel 2.8 ab S. 80

2.5 Die Semantik der Recheneinheiten

In den vorangegangenen Abschnitten des Kapitels über Sprache und Denken ist darauf hingewiesen worden, dass wir nicht einfach die Dinge und Probleme so sehen, wie sie sind, und dass wir sie dann erst in Sprache kleiden: Die Sprache gestaltet unsere Weltsicht, unsere zwischenmenschlichen Beziehungen und unsere eigene Persönlichkeit maßgeblich.

Es wird zwischen **soft skills** und **hard skills** unterschieden, wobei die Mathematik als Prototyp der „hard skills" gilt. Die „soft skills" mögen ja bei Räucherstäbchenseminaren ihren Platz haben, so wird häufig eingeräumt, aber die Welt der Zahlen ist objektiv, und *„da kommen Sie uns jetzt bitte nicht mit Semantik. Es ist mir wurscht, wie Sie Schulden nennen, ob rote Zahlen oder gelbe, mir geht es hier um Fakten, Fakten, Fakten."* Spielt Sprache im Reich der Zahlen, Technik und Physik tatsächlich keine Rolle? Wenn die Wichtigkeit unserer Sprache an allen Bereichen des Denkens betont werden soll, dann sind die Zahlen ein guter Prüfstein.

2.5.1 Recheneinheiten und Wissenschaftlichkeit

Vor zehn Jahren schrieb eine Zeitschrift aufgrund der Erkenntnisse von Futurologen:

„In den kommenden zehn Jahren wird sich das Wissen der Menschen mehr als verdoppeln."

Können wir aus der heutigen Sicht diese damalige, vor einem Jahrzehnt gemachte Prognose bestätigen? Natürlich nicht, denn wie quantifizieren wir das Wissen der Menschheit? Nehmen wir einmal an, den Astronomen waren vor zehn Jahren 40 Millionen Sterne bekannt, jetzt also 80 Millionen. Hat sich das Wissen verdoppelt? Oder haben sich aus dem Informationsgewinn automatisch neue Erkenntnisse über die Gravitation der Sterne untereinander und über die Dichte der stellarischen Bevölkerung des Weltraumes ergeben mit Rückschlüssen auf andere Galaxien und dunkle Materie? Oder: Mit welcher Recheneinheit messen wir den Erkenntniszuwachs einer Dissertation über „Mögliche Einflüsse von Goethes Liebschaften auf ‚Faust II'"?

Wir können aus *„in zehn Jahren"* gefahrlos *„in fünf Jahren"* und aus *„verdoppeln"* risikolos *„versiebenfachen"* machen, denn wenn es keine Einheit gibt, nach der das Gesamtwissen der Menschheit zu quantifizieren ist, dann ist eine solche Aussage bedeutungslos. Es gibt viele Sätze, die im Gewande der Wissenschaftlichkeit dahergeschritten kommen, aber keiner Sprachanalyse standhalten, weil ihnen keine Kriterien der Operationalisierbarkeit mitgeliefert werden. Mit **Operationalisierbarkeit** sind Handlungsanweisungen zur Nachvollziehbarkeit gemeint. Es gehört zum Gebiet der Semantik zu fragen, unter welchen Bedingungen eine Aussage Sinn haben kann. Ein berühmtes Beispiel ist die Frage:

„Wie lang ist die Küste von Norwegen?"

Ich kann jetzt ein Lineal an die Landkarte anlegen, die gerade Strecke von Süden nach Norden messen und die Strecke auf dem Maßstab ablesen. Aber da bleiben die Fjorde unberücksichtigt. Also fahre ich auf der Karte mit einem Rädelmesser in jeden Fjord hinein und lese die Entfernung ab. Bei einem größeren Maßstab mit mehr Verzweigungen würde ich zu einer viel größeren Strecke gelangen. Und wenn ich die Strecke als Wanderer in der Wirklichkeit abschritte, wäre das Resultat ein viel höheres. Und ein kleiner Käfer, der die Grenze zwischen Land und Wasser viel genauer abkrabbelte usw. usw.

Ein beliebter Trick der Pseudowissenschaft besteht darin, sinnlose Angaben durch „exaktere" Daten beeindruckender zu machen. Wenn ich also sage: *„Nach neusten wissenschaftlichen Erkenntnissen* (jetzt um Gottes Willen keine Quelle angeben) *verdoppelt sich im kommenden Jahr das Wissen der Menschheit um 15,36 %"*, dann vermuten wir dahinter exakte Messverfahren und klar definierte Einheiten. Diesen Effekt machen sich die Zitierer der „7-38-55 Formel" der Face-to-face-Kommunikation zunutze. Sie besagt Folgendes:

„7 % der Information werden durch den Text/die Worte vermittelt, 38 % durch die Stimme und 55 % durch die Körpersprache."

Bitte nehmen Sie diese Formel auf keinen Fall Ernst! Machen Sie sich den Spaß und googeln Sie, blättern Sie in Self-Help-Books, überall tritt Ihnen diese Zauberformel entgegen. Darin sehen wir zuallererst einmal wieder den Nachteil des monosystemischen Ansatzes. Kann diese Formel immer die gleiche Gültigkeit besitzen, also für das mit hoher Stimme zu einem zehn Monate alten Kind gesagte *„Hallobidubiduu"* ebenso wie das in mittlerer Sprechstimmlage gesagte *„Nach der vierten Ampel halblinks"*? Gilt die Formel ebenso für das bei Mondschein auf der Parkbank gehauchte *„Schön, nicht wahr, Bärchen?"* wie für eine Vorlesung über Integralrechnung?

Wir hatten in der Einführung überdies festgestellt, dass der Hörer immer der stimmlichen Botschaft und nicht der Botschaft der Worte glaubt, wenn es eine Diskrepanz zwischen diesen beiden gibt. Wie rechnen wir das gegeneinander auf? Und stellen Sie sich jetzt bitte folgende Frage: Wie definiere ich eine Informationseinheit, die mich bei der Äußerung von *„Nach der vierten Ampel halblinks"* auf 7 % Textinformation kommen lässt?

Einige der Zitierer dieser Formel meinen, es wäre ja auch gar nicht die Information, die hier quantifiziert werden sollte, sondern es ginge um die Wirkung des Sprechers auf die Hörer. Die Wirkung der Körpersprache einer unglaublich erotischen Frau auf Männer ist also – wissenschaftlich erwiesen – genauso hochprozentig wie die eines 60-jährigen Beamten auf die gleiche Gruppe. Interessant. Wusste ich nicht. Und was die Anwendung betrifft, werden wir jetzt in allen Seminaren zur mündlichen Kommunikation nur noch 7 % der Zeit auf Wortwahl und Stil verwenden. Oder? Amüsant ist, dass die Zahlen der „7-38-55 Formel" die gleichen blieben, einerlei ob damit eine Aussage über die Information als Recheneinheit oder die Wirkung auf den Gesprächspartner als Recheneinheit gemacht werden sollte. Das zeugt von Beliebigkeit dadurch, dass die Formel in den zitierten Formulierungen nicht nachvollziehbar ist.

7-38-55
Die „7-38-55 Formel" geht auf eine 1967 von Mehrabian durchgeführte Studie mit Ein-Wort-Äußerungen zurück. Da wurde z. B. das Wort „yes" in verschiedenen Stimmlagen und Intonationskurven gesprochen, und die Hörer sollten urteilen, ob es bei allen Beispielen denselben Grad an Zustimmung für sie signalisierte. Eine sorgfältig durchgeführte Studie mit extrem begrenztem Aussagewert für andere Gesprächssituationen. Mehrabian selber hat nie Anspruch auf Allgemeingültigkeit erhoben. Aber Zahlen sind halt so verführerisch „wissenschaftlich".

„Der Mensch behält von dem, was er sieht xx %, was er hört yy % und von dem, was er liest zz %."

Setzen Sie für xx, yy, und zz irgendwelche Prozentzahlen ein. Sie werden mit Sicherheit eine Versuchsperson, eine Informationsquelle und eine Situation finden, die Ihre Zahlen plausibel erscheinen lässt.

Fazit: Selbst Zahlen mit sieben Stellen hinter dem Komma täuschen nur wissenschaftliche Exaktheit vor, wenn die Bedeutung der Einheiten, die sie berechnen, nicht klar definiert ist.

Wie sind die Einheiten definiert? Sind sie operationalisierbar definiert? Was muss ich tun, um die Aussagen zu verifizieren bzw. zu falsifizieren, d. h. zu beweisen bzw. zu widerlegen?

Der Klärungsprozess der Einheiten gehört in den Bereich der Semantik, also der Lehre von der Bedeutung der Sprache.

2.5.2 Recheneinheiten als Denkhilfe und als Manipulation

Student: *Wie stehen denn so die Chancen, die Prüfung zu bestehen?*
Prüfungsamtsleiterin: *Jeder zweite Student fällt durchs Examen.*
Student: *Könnten Sie mich dann bitte als Ersten oder Dritten auf Ihre Liste setzen?*
Prüfungsamtsleiterin: *So war das nicht gemeint. Ich drück's mal anders aus: Jeder halbe Student fällt durch.*
Student: *Das find ich wesentlich gerechter als die andere Lösung, jeden zweiten durchfallen zu lassen.*

Dieses Beispiel soll veranschaulichen, dass wir uns zwar einerseits der Abstraktheit der Recheneinheiten bewusst sind, denn natürlich wissen wir, dass rechnerisch „0,5 Studenten" dasselbe bedeutet wie „jeder zweite Student", aber dennoch bleiben wir dem Konkreten verhaftet, denn die Formulierung *„jeder halbe Student"* widerstrebt uns. Wenn wir abgebaute Überstunden in Arbeitsplätze umrechnen, dann tun wir dabei so, als wäre es dasselbe wie die Umrechnung von Meilen in Kilometer. *„Zwanzig Meilen sind 32,18 km"* ist korrekt, und zwar *per definitionem*. Es handelt sich hier um analytische Aussagen.

Definition
Analytische Aussagen sind solche, deren Wahrheitsgehalt durch Betrachtung der Aussage selber ermittelt werden kann, also ohne Kenntnis der realen Umstände. Beispiel: *„Ein Junggeselle ist ein unverheirateter Mann"* = wahr. *„Ich habe gestern den Junggesellen Thorsten mit seiner Frau getroffen"* = falsch. Um die letzte Aussage als unwahr einzustufen, braucht man nicht Thorsten zu kennen.

> **Synthetische Aussagen** sind solche, deren Wahrheitsgehalt nur durch Wissen von der Realität bestimmt werden kann. Beispiel: *„London ist die Hauptstadt von Frankreich."*

Sprachlich interessant werden Aussagen, bei denen analytisch und synthetisch vermischt wird:

a) *„Wenn wir bei einer gesetzlich festgelegten Arbeitswoche von 39 Stunden 5.000 Überstunden pro Woche in diesem Konzern abbauen, dann schaffen wir Arbeitsplätze für 128 neue Mitarbeiter und Mitarbeiterinnen."*

Wenn das eine analytische Aussage wäre, die sich ähnlich wie die Umrechnung von Meilen in Kilometer ergibt, könnten wir sagen *„5.000 geteilt durch 39 ergibt 128"*. Korrekt. So gesehen betrachten wir die Aussage als eine analytische. Aber so funktioniert die reale Welt nicht. Denn die Konzernleitung wird Überlegungen anstellen, wie sie durch Rationalisierung, Optimierung und Automatisierung wenigstens einen Teil der bisherigen 5.000 Überstunden kompensieren kann, ohne die volle Zahl der errechneten 128 Mitarbeiter bzw. Mitarbeiterinnen einstellen zu müssen. „128 Arbeitsplätze" ist eine Recheneinheit. Es handelt sich hier um ein sprachliches Konstrukt, das eine hilfreiche Denkerleichterung ist und durch die Konkretisierung *„Mitarbeiter"* zur Veranschaulichung beiträgt.

Betrachten wir allerdings die obige Aussage nicht mehr als eine analytische, sondern **durch Einbeziehung der realen Welt als eine synthetische**, dann erkennen wir, dass a) umformuliert werden muss in

b) *„Angenommen, jede Einheit von 39 Arbeitsstunden würde in einen neuen Arbeitsplatz (mit Urlaub, Fehlzeiten durch Krankheit etc.) umgewandelt, wie viele Arbeiter würde unser Konzern dann bei einem Abbau von 5.000 Überstunden einstellen müssen, wenn alles andere unverändert bliebe?"*

Der Konjunktiv drückt aus: Ich weiß, dass die Arbeitswelt so nicht funktioniert, aber ich brauche diese Recheneinheit als Denkhilfe, um mich dem Problem besser annähern zu können. In der Aussage a) ist es der Indikativ (*„dann schaffen wir"* statt Konjunktiv *„dann würden wir rein rechnerisch"*), der eine analytische Aussage als eine synthetische verkaufen möchte. Das ist keine Denkhilfe, sondern Denkmanipulation. Sofern man sich des Unterschieds zwischen analytisch und synthetisch bewusst ist, lauern keine Gefahren in Aussagen der Strukturen von a) und b). Nehmen wir dazu ein weiteres Beispiel:

....

Diese Windkraftanlage erzeugt xxxx Megawatt und versorgt somit yy Haushalte mit Strom.
Wenn man sich eine Vorstellung von der Leistung einer Windkraftanlage machen will und sich zum besseren Verständnis der Megawatt-Zahl die Leistung in

„versorgte Haushalte" umdenkt, dann ist eine solche Rechnung hilfreich. Ehe man aber nun ein paar 100.000 Euro für den Bau eigener Windkraftanlagen investiert, wird man sehr wohl Erkundungen einziehen über den Standort und die zu erwartenden Windstärken, über Anlauf- und Abschaltgeschwindigkeiten, Einspeisungsverordnungen und vieles andere mehr.

••• Funny Money •••••••••••••••••••••••

Im amerikanischen Vertrieb gibt es den Ausdruck „**funny money**" für folgende Rechnungsaufstellung:

„Dieser hochwertige Teppich hat eine Lebensdauer von garantiert 20 Jahren. Sie werden 20 Jahre jeden Tag Ihre Freude daran haben. Ihr Kleiner hier ist dann schon längst auf dem College. Und das bekommen Sie, warten Sie, ich rechne das mal rasch aus für Sie... das bekommen Sie bei uns für 95 Cent pro Tag. Dafür bekommen Sie noch nicht einmal einen Kaffee. Außer bei uns, natürlich. Möchten Sie noch einen?"

Das klingt doch als Einstieg in die Verhandlung über dieses wirklich schöne Stück ganz anders als:

„Dieser Teppich kostet 7.000 Dollar."

Zum Abschluss dieses Abschnittes über die Welt der angeblichen Fakten, Fakten, Fakten im Bereich finanzieller Transaktionen ein kleiner *linguistischer Exkurs*: Es gibt viele Wörter, die **polysemantisch** sind, d. h. die zwei eng verwandte, aber dennoch unterschiedliche Bedeutungen haben. „Sparen" z. B. kann heißen „Geld zurücklegen"

Abb. 2.2: *„The more you buy, the more you save."*

oder „weniger Geld ausgeben als erwartet (beim Mengenrabatt z. B.)". In der Werbung wird oft darauf spekuliert, dass wir als Kunden nicht sorgfältig trennen, wenn man uns sagt:

„Je mehr Sie von diesem Artikel kaufen, desto mehr sparen Sie."

Nachdem ein Kunde von diesem Angebot Gebrauch gemacht hat, könnte es zu folgender Unterhaltung kommen:

Er: *Ich hab 100 Euro gespart!*
Sie: *Toll, wollen wir uns davon einen neuen Staubsauger kaufen?*
Er: *Ähm, also weißt du, als ich gestern 100 Euro gespart hab, musste ich einen Kredit über 1.000 Euro aufnehmen, um so viel zu sparen. Verstehst du?*

2.6   Die Suche nach dem Sprachschatz

Ein Vater gab auf dem Sterbebett seinen drei Söhnen als Vermächtnis auf den Weg, im Garten sei ein verborgener Schatz. Kaum war der Alte gestorben, da gruben die Drei den Garten um und um, aber sie fanden keinen Schatz. Sie stellten jedoch fest, dass fortan alles, was sie in diesem Boden anpflanzten, besonders gut gedieh. Da verstanden sie die Botschaft: Der Schatz war nicht vergraben, er entstand erst durch das Graben.

Wir haben es in dieser Geschichte mit zwei verschiedenen Schätzen zu tun. Die drei Söhne gingen zunächst von einem vergrabenen Schatz aus, der – ob man ihn nun findet oder nicht – immer so im Garten vorhanden ist, wie er nun einmal beschaffen war. Die andere Art von Schatz, die der Vater im Sinn hatte, entsteht erst durch das Graben. Sie ist ein Produkt des Umgrabens. Analog dazu können wir sagen, die Sprache kann etwas bezeichnen, was schon da war, oder aber sie kann einen Begriff schaffen, d. h. wir können mit der Sprache eine Einheit konstruieren, die es ohne Sprache nicht gab.

Lassen Sie uns zunächst noch bei den Recheneinheiten verweilen und überlegen, mit welcher Art von Sprachschatz wir es zu tun haben. Wir hatten in der Einführung zu diesem Buch darauf hingewiesen, dass die Verwendung des bestimmten Artikels bei Recheneinheiten eine endliche Summe impliziert:

„Die zehn Gebote."
„Die zwei Geschlechter."

Die zehn Gebote der Bibel sind ein fester Bestandteil des christlichen Denkens, und kein Theologe könnte sich einen Namen machen, indem er stolz verkündet, dieses

Modell gehe auf ihn zurück. Ebenso wenig könnte ein Mediziner sich Hoffnung auf den Nobelpreis machen, wenn er verkündet, er sei auf die brillante Idee gekommen, die Menschen in weiblich und männlich zu unterteilen. Viele Autoren und Autorinnen verwenden den bestimmten Artikel, um zu suggerieren, dass ihre Einteilung die einzige und die erschöpfende ist:

„Die zehn Regeln des erfolgreichen Verhandelns."
„Die drei Regeln für kreatives Denken."
„Die sieben Regeln für Persönlichkeitsentwicklung."

Das ist Manipulation durch Sprache, die ich für besonders verwerflich halte, wenn die Autoren vorgeben, uns im Umgang mit der Sprache zu schulen und unser Sprachbewusstsein zu schärfen. Es handelt sich bei diesen Formulierungen um die Sprache der Stagnation, um Gehirnschoner, und zwar um die Schonung der Gehirne anderer. Das ist erfolgreich bei Lesern, denen nicht an lebenslangem Lernen gelegen ist, sondern die lieber eine *„ein-für-alle-mal"*-Regel an die Hand bekommen. Dies ist die Sprache von Autoren und Lesern, die monosystemisch vorgehen: Sieben Regeln für alle und alles unter allen Bedingungen – und wenn ich die beherrsche, brauche ich mich nie wieder umzustellen, nie wieder Neues zu lernen. Es sollte aber unter unserer intellektuellen Würde sein, uns gerade bei Lernprozessen über Sprache und Denken manipulieren zu lassen. Viele Bücher zu diesem Thema sind erfolgreich, nicht **obwohl** sie falsche Aussagen machen, sondern **weil** sie falsche Aussagen machen. Die falsche „7-38-55 Formel" ist so unglaublich erfolgreich, weil sie falsch ist. Sie vermittelt das trügerische Gefühl: „Jetzt habe ich mit wissenschaftlicher Exaktheit *alle* Face-to-face-Kommunikationen erfasst", und ich muss mich nicht mehr ständig neu fragen: *„Als wer spreche ich zu wem aus welchem Anlass und mit welchem Ziel?"*

2.7 *Ihre* Sprache und *Ihr* Denken

Wir haben bereits einige Zusammenhänge von Sprache und Denken behandelt. Die wichtigste Frage für Sie als Leser bzw. Leserin ist nun: „Und wie funktionieren diese Zusammenhänge bei mir selber? Bin ich mir des Anteils der Sprache an meinen eigenen Denkprozessen bewusst?" Wie kann nun ein Autor in einem Buch diese individuelle Frage für Sie persönlich beantworten? Das ist möglich, wenn Sie jetzt mitarbeiten. Sie werden in den Übungen Fragen zu beantworten haben. Ob Sie diese Fragen richtig oder falsch beantworten, ist zweitrangig. Der Sinn der Übungen besteht darin, dass Sie bei den Lösungsversuchen sehr viel über Ihre eigenen, ganz persönlichen Denkprozesse und Lösungsstrategien erfahren. Um daraus wirklichen Nutzen zu ziehen, ist es wichtig für Sie, dass Sie jetzt mit Bleistift und Papier alle die Fragen, die Sie an den Text und dann an sich selber stellen, und alle Ihre Lösungsversuche und Lösungsstrategien und zum Schluss Ihre Antworten notieren, ehe Sie weiterlesen. Sie berauben sich eines Spaßes und wichtiger Erkenntnisse über sich selbst, wenn Sie „schummeln".

„Unter der Laterne suchen"
1. Zwei Brüder spielten in derselben Mannschaft Fußball. Der eine war rechter Außenverteidiger und der andere linker. Die beiden Brüder sind am selben Tag geboren. Und damit ist derselbe historische Tag gemeint. Es ist also nicht gemeint, der eine am 1. April 1960 und der andere am 1. April 1961, sondern beide wirklich am selben Tag, nämlich am 1. April 1960.

Beantworten Sie jetzt bitte folgende Frage: Ist es unter allen Umständen nicht richtig zu behaupten, dass die beiden keine Zwillinge sind?

2. *Warum vertauscht ein Spiegel rechts und links, aber nicht oben und unten?*

Haben Sie sich alle Ihre Sprachdenkschritte – einschließlich jener, die Sie wieder verworfen haben – notiert? Dann, und dann erst lesen Sie bitte die Kommentare zur Übung (ab S. 84) Warum erst dann? Weil, wie gesagt, der Nutzen für Sie nicht darin besteht, rasch eine Antwort zu erhalten, sondern in der Bewusstmachung Ihres eigenen Sprachdenkens.

„Sie haben ein Problem ..."
Bei den folgenden Problemstellungen kommt es für Sie darauf an, eine sprachliche Lösung zu finden. Also nicht: *„Wenn er nicht genug Geld hat, kann er es sich ja von der Bank leihen"*, denn das wäre ein Vorschlag, der sich nur an der Sache orientiert.

1. Sie haben eine kleine Porzellanfabrik gegründet auf einem kleinen Grundstück in beengten Räumlichkeiten. Ihre Kreditmöglichkeiten sind dabei bis an den Rand der Schmerzgrenze völlig ausgeschöpft. Sie haben nur ein einziges Laufband, und wenn auf dem die rote Serie gefertigt wird, können Sie nicht auf die blaue umstellen. Sie haben nur einen einzigen winzigen Lagerraum. Sie bieten gute Qualität, können aber nicht wie die großen Konkurrenten immer von jedem Set rasch nachliefern, wenn z. B. Kunden nachbestellen, weil eine Tasse kaputtgegangen ist oder weil sie von der grünen Serie das Vierer-Service zu einem Sechser-Service ausweiten möchten.

2. Sie sind arbeitslos und besitzen kein Kapital. Nun erben Sie von Ihrem Onkel, der Kleinbauer war, acht Hektar bewaldetes Land am See in traumhafter Lage. Allerdings steht auf dem Grundstück nur eine Scheune, bei der das Dach zur einen Hälfte eingestürzt ist. Wegen der Lage könnten Sie reiches Urlaubsklientel gewinnen, aber da sich Ihr Grundbesitz im absoluten Naturschutzgebiet befindet, ist eine Bebauungsgenehmigung ausgeschlossen, weswegen Sie kein Hotel darauf errichten können und keine Teerstraße bauen dürfen. Die Verkehrsanbindung ist auch miserabel. Daher ist der Verkaufswert für das Land lächerlich gering.

3. Ihre Firma kann die Frühstückspackung nicht mehr zum selben Preis anbieten, muss aber bei Erhöhung des Preises befürchten, dass die preisbewusste Kundin mit festem Budget für ihre Nahrungsmittel die Marke wechselt.

4. Sie sind Sendeleiter der beliebten und wöchentlich stattfindenden Sendung „Gespräch am Mittag". Ihr vorgesehener Stargast hat kurzfristig abgesagt, Sie müssen aber das Programm ankündigen, denn die Programmzeitschriften haben in einer Viertelstunde Redaktionsschluss.

Kommentare und Lösungen zu dieser Übung finden Sie in Kapitel 2.8 ab S. 87

2.8 Kommentare und Lösungsvorschläge zu den Übungen in Kapitel 2

••• Kommentare zur Übung: Einladung zum Sprachdenken •••••••••••••••••

1. *„Deine Zauber binden wieder, was die Mode streng geteilt, alle Menschen werden Brüder, wo Dein sanfter Flügel weilt."* (Schiller: „Ode an die Freude")

„Alle Menschen?" Werden die Frauen auch Brüder? Oder sind sie keine Menschen? Schillers Ode ist der sprachliche Ausdruck der Denkweise seiner Zeit, weit vor „political correctness" und „Gender studies". In der Ode heißt es: *„Wem der große Wurf gelungen, eines Freundes Freund zu sein, wer ein holdes Weib errungen, mische seinen Jubel ein."* Es ist die Sprache eines Mannes, der sich an Mitmänner richtet, aber nicht an alle Mitmenschen.

2. Minister: *„Wir werden kurzfristig 240.000 Arbeitsplätze schaffen bzw. erhalten."*

Frage: Welche Minimalbedingungen muss der Minister erfüllen, damit sein Versprechen als gehalten gilt? Er muss in einer nicht genau bezeichneten Zeitspanne (*kurzfristig* = 1 Woche? 1 Jahr?) mindestens dafür sorgen, dass keine Arbeitsplätze verloren gehen. Er braucht keinen einzigen zu schaffen. Seine Wortwahl *„bzw."* lässt diese Möglichkeit zu.

Vergleichen Sie dazu die wenig informative Aussage in einer Enzyklopädie zu der Schlacht bei Waterloo: *„Die Franzosen verloren während der Schlacht 35.000 Tote und Verwundete."* Man kann daraus nicht ableiten, wie viele Soldaten gefallen sind. Eine solche Formulierung *„35.000 Tote und Verwundete"* ist nur dann sinnvoll, wenn die Frage war: *„Wie viel Soldaten standen Napoleon nach Waterloo nicht mehr zur Verfügung?"* Antwort: *„35.000 waren ausgefallen durch Tod oder Verwundung."*

3. *„Natürlich ist der Vorstandsvorsitzende unserer Bank überbezahlt, aber er ist sein Geld wert."*

Das Wort „*überbezahlt*" kann zwei Dinge bedeuten: a) *„Wir zahlen ihm zu viel Geld."* Dann ist dieser Satz ein Widerspruch in sich selbst. b) *„Rein tariflich gesehen erhält er mehr, als ihm zusteht, aber wenn wir berücksichtigen, welchen wirtschaftlichen Aufschwung wir genommen haben, dann ist er diese tarifliche Überbezahlung wert."*

4. *„Die Weser stellt unter den Flüssen Deutschlands ein einmaliges geologisches Phänomen dar, da sie keine Quelle hat, sondern durch den Zusammenfluss zweier anderer Flüsse entsteht."*
Dies ist kein geologisches Phänomen. Man hätte ohne Probleme den einen Wasserlauf von der Mündung bis zur Nordsee „Fulda" nennen können (oder „Werra").

5. *„Nichts ist gewiss."*
Ein beliebtes Beispiel aus der Sprachphilosophie. Wenn der Satz wahr ist und wir nichts mit absoluter Gewissheit als wahr und wirklich erkennen können, dann ist Satz 5 gewiss wahr ... und negiert sich somit selber.

6. *„Der Holzfäller war stolz auf seine Axt: Sieben Jahre habe sie ihm treu gedient, und er habe nur dreimal den Stiel und zweimal die Schneide erneuern müssen."*
Natürlich hat der Holzfäller immer eine Axt zur Verfügung gehabt. Aber die sprachliche Form *„sie habe ihm treu gedient"* geht von der falschen Voraussetzung aus, dass das, was er jetzt in den Händen hält, die alte treue Axt von vor sieben Jahren sei: eine Axt, von der vielleicht schon seit sechs Jahren nichts mehr übrig ist.

7. *„Wie sind Wale evolutionär entstanden? Die Vorfahren der heutigen Wale waren vermutlich Huftiere. Vor ungefähr 60 Millionen Jahren lebte eine Gruppe von Säugetieren, die Mesonychiden, an flachen Lagunen. Dieses Säugetier adaptierte sich, um an das reichliche Nahrungsangebot in den Gewässern in der Nähe seines Habitats zu gelangen. Im Laufe der Zeit wurde es zu einem Meeressäugetier."*
In Satz 6 begegneten wir dem Phänomen, wie unsere Sprache dem Denken Identität vorgaukeln kann. Wenn man sich mit Kindern über Beschreibungen der Evolution wie in 7. unterhält, bemerkt man, dass sie sich die Evolution einer Gattung immer so vorstellen wie die Entwicklung eines Individuums vom Ei über die Raupe zum Schmetterling. Überprüfen Sie durch kritische Fragen an sich selber: Sind Sie sich beim Lesen von 7. ständig über die gedanklichen Abkürzungen bewusst? Wenn zwei Elterntiere ein Jungtier mit genetischer Veränderung (Mutation) zur Welt bringen, dann hört die ursprüngliche Tierart nicht auf zu existieren. Es sind nicht die Eltern, die sich langsam adaptieren, um von Landlebewesen zu Meerestieren zu werden, sondern jedes durch Mutation entstandene Lebewesen, das sich fortpflanzen kann, ist Urmutter / Urvater einer neuen Gattung.

8. *„Zwei Parallelen treffen sich im Unendlichen."*
Nehmen wir an, zwei von der Erde ausgehende Linien treffen sich beim Alpha Centauri. Sie sind *fast* Parallelen, denn dieser Stern ist verdammt weit weg, aber letztlich laufen sie doch zusammen, denn die Entfernung ist endlich. Wo ist das

Unendliche? Es kommt – per definitionem (also durch sprachliche Regelung) – nie. Satz 8 ist die ungewohnte Formulierung der Aussage: *„Zwei Parallelen treffen sich nie."*

9. „Drei Bier ersetzen eine Mahlzeit, und dann hat man noch nichts getrunken." Und natürlich gehört zu jeder Mahlzeit selbst beim diätbewusstesten Esser noch ein Getränk. Wie wär's denn mit zwei oder drei Bierchen?

10. *„Wussten Sie, dass ein Knall schneller sein kann als der Schall?"* Selbstverständlich ist jeder Knall eine Form von Schall.

11. *„Ich weiß, dass alle Kreter immer lügen, denn sie haben es mir selber gesagt."* Nehmen wir an, alle Kreter lügen tatsächlich immer. Und wenn sie dann behaupten: *„Wir lügen immer"*, dann ist das natürlich nicht wahr, denn sie lügen ja immer. Also sagen sie die Wahrheit. Alles klar?

••• Lösungsvorschläge zur Übung: Verbale Strategien: Negativ – positiv •••••••••••••••••••••••

Anders als bei Rechenaufgaben klassifizieren wir die Lösungen nicht in „richtig" oder „falsch". Wenn Sie in unseren Vorschlägen nicht Ihre Variante finden, bedeutet das keineswegs, Ihre Formulierung wäre „falsch".

1. *„Paare müssen sich die Erziehung teilen, um die Förderung zwölf Monate lang zu erhalten. Bleibt nur ein Elternteil zu Hause, fließt das Elterngeld höchstens zehn Monate lang…"*
Dazu hieß es in „Die Zeit", Nr. 18; April 2006:

„Die CDU-Bundestagsabgeordnete Michaela Noll… findet den Streit um die Vätermonate gut. Noch besser hätte sie es allerdings gefunden, wenn die Regierung die Vätermonate anders verkauft hätte, als zusätzlichen Bonus statt als Verpflichtung. ‚Jetzt kommt es bei den meisten so an, dass bestraft wird, wer sie nicht nimmt', sagt Noll."

Und die „Süddeutsche Zeitung", Nr. 101, S. 2; 3. Mai 2006 berichtete:

„Selbst CSU-Generalsekretär Markus Söder konnte sich ein Grinsen nicht unterdrücken, als er seine Formel präsentierte. Und unter den Journalisten, die ins Willy-Brandt-Haus zur Pressekonferenz gekommen waren, löste sie lautes Spottgelächter aus. Denn für alle war offenkundig, dass es sich bei der Rechnung um eine Art politischen Taschenspielertrick handelte. Und doch sollte sich diese Rechnung als die etwas drollige Zauberformel erweisen, mit der CDU und CSU und SPD den bisher wohl größten Streit in der Koalition abwenden konnten. Söders Formel lautete schlicht: ‚Zwölf minus zwei ist eine Sanktion. Zwölf plus zwei ist ein Bonus.'"

2. *„Die Prozesse sind schwer zu überblicken, schwer zu ändern... und es sind zu viele Leute an zu vielen Themen dran... es ist alles unübersichtlich geworden mittlerweile."*
Wenn einem die Zuhörer wohlgesonnen sind, dann mag das von der Sache her begründet sein. Wenn kommunikative Spannungen entstehen, muss man sich vor dem kommunikativen Paradoxon hüten (s. Kap. 4), denn diese Formulierungen *könnten* dann ausgelegt werden als:

(a) *„Er ist seit 20 Jahren dabei und meint, früher war alles besser."*
(b) *„Er meint wohl, ein paar Leute könnten ruhig entlassen werden."* (vgl. *„zu viele Leute"*)
(c) *„Für ihn sind die Dinge unübersichtlich geworden.*
Vorschlag: Es ist besser von *„Vielfalt, Diversifikation und Spezialisierung"* zu sprechen als von *„Unübersichtlichkeit"*. Oder *„Veränderungsprozesse erfordern von uns Führungskräften heute mehr Sachkompetenz, Einblick in die Unternehmensstrukturen und mehr Kommunikation..."* Das wertet sowohl die Firma als auch den Sprecher/die Sprecherin selber auf.

3. *„Hab ich mich klar und deutlich ausgedrückt?"* erweckt die Erwartung zu einem Gehorsamsbekenntnis.
Vorschlag: *„Hab ich mich verständlich ausgedrückt?"*, *„Ist das so für Sie nachvollziehbar?"*

4. *„Haben Sie schon bei der Bank angerufen?"* – *„Wann hätt ich das denn machen sollen?!"*
Vorschlag: *„Das hab ich mir auf meiner Agenda für 15.30 vorgemerkt."* Die Antwort ist positiv, enthält nichts von Entschuldigung oder gar Schuldgefühl. Das Elegante an ihr ist, dass sie dem Chef implizit zu verstehen gibt, die Sprecherin hat alles unter Kontrolle, und wenn sie nicht so oft unterbrochen würde, könnte sie mit ihrer Agenda schon viel weiter sein.

5. *„Es gibt fünf bis sechs angehende Gymnasiasten in dieser Klasse, die den Unterricht in den meisten Fällen tragen und somit ein wenig ausgebremst werden müssen, damit die Schwächeren und die eher introvertierten Kinder auch zu Worte kommen können."*
Kann es das Ziel eines Milliardenprojektes „Bildung" sein, die Elite auszubremsen? Vorschlag: *„Es gibt fünf bis sechs angehende Gymnasiasten in dieser Klasse, die den Unterricht in den meisten Fällen tragen. Diese hochmotivierten Schüler könnten in Paararbeit mit den Schwächeren und eher introvertierten Kindern eingesetzt werden, damit auch diese Gruppe aktiv in Dialoge eingebaut wird und Erfolgserlebnisse hat, wenn sie das gemeinsam Erarbeitete vorstellen darf."* (Zugegeben: Dieser Vorschlag enthält ein wenig mehr als nur eine Umformulierung.)

6. *„Ich bin gegen die Abschaffung des 13. Schuljahres, denn die Schüler brauchen in dem Alter noch Schonräume."*
Dies ist die Sprache der Fossilierung und Stagnation (s. Kap. 3). Das 13. Schuljahr ist mit hochqualifiziertem Lehrpersonal zu teuer als Schonraum, und mit 19 Jahren

sind junge Menschen intellektuell extrem leistungsfähig. Vorschlag: *„... die Schülerinnen und Schüler profitieren in diesem Alter sehr stark von individuellen Entfaltungsräumen und Möglichkeiten zur Kreativität, an die Erwachsene unter Umständen nicht denken würden."*

7. Vorschlag: B: *„Ja, fantastisch. Ich stelle mir schon vor, welchen Wachstumsschub und welche Blütenpracht jetzt noch ein warmer Frühlingsregen über Nacht bewirken würde."*

8. *„Wir sind der kleinste Betrieb / die kleinste Behörde in diesem Sektor. Bedingt durch die Kleinheit haben wir natürlich nicht dasselbe breite Angebot wie unsere größeren Konkurrenten."*
Vorschlag: Nicht auf die negativen Züge aufmerksam machen! Stattdessen reden von: *„Überschaubarkeit"*; *„kurzen Wegen"*; *„rasche, unbürokratische Abwicklung"*. *„Wir haben individuelle Kontakte, nicht die Anonymität der Masse."* Sie könnten noch hinzufügen: *„Wir haben das größte Wachstumspotenzial in unserer Branche."*

9. *„Wir haben uns verzettelt. Wir sind so eine Art Hans Dampf in allen Gassen."*
Vorschlag: *„Wir haben für alle Ihre Wünsche eine individuelle Lösung."*
„Wir erfüllen Kundenwünsche. Testen Sie uns: Wir laden Sie ein, unser Angebotsspektrum zu erweitern."
„Durch Diversifizierung und Spezialisierung. Das heißt nicht: Für jeden etwas. Sondern: Für jeden Kunden das Beste."
„Wir bieten Gesamtlösungen an und sind daher vielseitig und flexibel."

10. *„Möchten Sie lieber Dienstag oder Mittwoch an meinem Seminar teilnehmen?"* – *„Och, pff, das is mir im Grunde wurscht."*
Sie haben gut mitgearbeitet. Richtig. Vorschlag: *„Mir sind beide Tage sehr recht. Welcher wäre aus Ihrer Sicht der bessere?"*

11. *„Sie bekommen knapp vier Wochen Urlaub."*
Vorsicht, denn „knapp" hat immer die Grundbedeutung von „leider nicht ganz so viel wie die Ziel- bzw. Wunschvorstellung". Deshalb nicht *„knapp vier Wochen"* oder gar *„noch nicht einmal vier Wochen"* sondern: *„Wir bieten Ihnen bereits im ersten Jahr 26 Tage Urlaub."*

..........☺..

12a. *„Mama, darf ich noch lesen, bis ich einschlafe?" – „Ja, aber keine Minute länger."*
Dies ist die Antwort einer Mutter, die immer das letzte Wort haben will und die Angst hat, die Kontrolle zu verlieren. (Es soll auch solche Chefs geben.) Vorschlag: *„Du möchtest dich in den Schlaf lesen? Hmm ja, dann träumt man immer besonders schön, nicht wahr. Hast du denn auch ein Buch, von dem du gerne träumst? Wollen wir zusammen ein schönes Träumbuch für dich aussuchen?"*

12b. *„Ist ein Glas Milch am Tag schädlich, wenn man es nicht trinkt?"*
Vorschlag: *„A pint of milk a day
keeps the doctor away."*
Schleswig-Holsteins Kühe raten:
*„Ein Glas Milch am Tag
macht dich groß und staak."*

12c. *„Vitamins are fatal to you if you don't eat them."*
Vorschlag: *„Vitamins: the elixir of life."*

• • • Anwendung von „Negativ und Positiv" • • • • • • • •

1. Mehr hören: Informationsgewinn
Je besser wir mit sprachlichem Wissen ausgerüstet zuhören, desto mehr Information gewinnen wir. Wenn ein Kunde bei der Entscheidung über die zwei Ausführungen von Angebot A sagt: *„Iss mir egal"*, aber bei seiner Entscheidung über die beiden Ausführungen von Angebot B formuliert: *„Das ist mir beides recht"*, dann kann ich daraus Rückschlüsse ziehen auf seine Gewichtung. Ich wäre ein schlechter Käufer bzw. Berater, wenn ich in der Verhandlung für die beiden Alternativen von Angebot A ebenso viel Zeit wie für Angebot B aufwendete. Das ist der Unterschied zwischen „den Kunden langweilen" und „den Kunden beraten".

2. Effektiver sprechen
Wir können lernen, in unserem Gehirn einen Hebel umzustellen, und zwar von

(a) egozentrisch, vergangenheitsbezogen und problembeherrscht
   zu
(b) alterozentrisch (auf den Gesprächspartner ausgerichtet), zukunftsbezogen und lösungsorientiert.

Vor Umschalten des „mentalen" Hebels sagt der Sprecher zum Kunden:

„Der neue Katalog ist leider nicht rechtzeitig fertig geworden (= Problem; Vergangenheit), *der Drucker hat da Probleme* (Botschaft: Ich kann nix dafür: ichbezogen), *Sie können ja vielleicht mal wieder reinschauen* (Botschaft: Wenn Sie jetzt gehen, brauch ich nichts mehr zu tun. Und tschüs.)."

Die Alternative dazu ist:

„Gut dass Sie hier sind, denn ich kann Ihnen jetzt schon Angebote machen, die noch gar nicht im Netz stehen. Sie haben also die freie Wahl, volle Verfügbarkeit und absolute Priorität."

Und entscheidet sich der Kunde nicht hier und jetzt zum Kauf, dann haben wir da noch eine Trumpfkarte, nämlich die zur aktiven Kundenansprache:

„Und noch eine gute Nachricht: In wenigen Tagen erscheint unser Katalog, in dem Sie alles finden, wofür Sie sich eben interessierten. Darf ich Sie anrufen, wenn der Katalog für Sie bereitliegt?"

3. *Die eigene Persönlichkeit entwickeln*
Sie können sich durch das Umstellen des sprachlichen Hebels in Ihrem Bewusstsein zum Nulltarif zu einem glücklicheren Menschen und interessanteren Gesprächspartner machen.

Kommentare zur Übung: „Unter der Laterne suchen"
1. *Zwillinge oder nicht?*
Ob die beiden in derselben Mannschaft Fußball spielen und als was, ist natürlich für ihren Verwandtschaftsgrad unwichtig. Der Sinn dieses Kapitels besteht darin, auf die Bedeutung des Zusammenhangs zwischen Sprache und Denken aufmerksam zu machen. Es scheint alles dafür zu sprechen, dass die beiden Brüder Zwillinge sind. Daher konzentrieren sich die Überlegungen auf die Frage: Gibt es eine mit dem Text vereinbare Interpretation, die die Möglichkeit zulässt zu sagen: *„Die beiden sind nicht Zwillinge"*?

Lösungsversuche:
a) *„Sie brauchen ja nicht Brüder voneinander zu sein."*
   Guter Versuch, aber so funktioniert die Sprache nicht. *„Zwei Brüder spielen in einer Mannschaft"* impliziert immer *„Brüder voneinander"*.
b) Jetzt folgen in der Regel sehr subtile Überlegungen zu Gentechnologie, künstlicher Befruchtung, die letztlich alle wieder verworfen werden, u. a. deswegen, weil es 1960 alle diese Möglichkeiten noch nicht gab.

Nehmen wir an, Sie gelangen zu dem Schluss, es gibt keine andere Möglichkeit: Die beiden sind Zwillinge. Und jetzt stellen Sie fest, wie ungeschickt die Frage mit ihrer doppelten Verneinung gestellt ist: *„Ist es unter allen Umständen nicht richtig zu behaupten, dass die beiden keine Zwillinge sind?"* Müssen Sie bei Ihrem Ergebnis mit „Ja" oder „Nein" antworten? Dies ist ein Beispiel für Sprache und Denken: Jeder muss bei dieser Frage lange nachdenken, um für ein schon feststehendes Ergebnis die richtige Antwort zu geben. Viele Fragebogen enthalten solche Beantwortungserschwerer: *„Gibt es in Ihrem Haushalt wirklich keine Kinder, die nicht vor dem Stichtag geboren sind?"* – *„Ähhhmm..."* Wir stellen unsere Frage daher um: *„Müssen die beiden Zwillinge sein?"*

Die Antwort darauf ist *„Nein"*, denn es gibt folgende Möglichkeit: **Die beiden sind zwei von Drillingen.** Ha, ha, haaa, werden Sie sagen, sehr witzig. Aber der Sinn dieser Denkaufgabe bestand nicht darin, Sie reingelegt zu haben, sondern er bestand in der Schärfung des Bewusstseins für Sprache. Wenn wir immer nur in den Bereichen denken, die wir für sprachunabhängige Realitäten halten, reden und denken wir sehr häufig aneinander vorbei.

2. **Warum vertauscht ein Spiegel rechts und links, aber nicht oben und unten?**
Dies ist ein Buch über Kommunikation. Es geht uns daher hier nicht primär um die richtige Lösung, sondern um die in der Face-to-face-Kommunikation eingeschlagenen

verbalen Strategien. Wir haben hier die häufigsten Antworten in dem Ringen um Lösungsversuche gesammelt. Vergleichen Sie diese bitte mit Ihren eigenen, die Sie sich in Kapitel 2.7 gemacht haben.

a) *„Tut der Spiegel ja gar nicht. Er bildet ja nur genau jeden Punkt gegenüber ab."*
Der zweite Teil der Aussage ist richtig, aber er beantwortet die Frage nicht. Wenn man keine Lösung weiß, ist es sehr verführerisch zu behaupten, da liege auch kein Problem vor, denn dann darf ich ja aufhören zu denken. Nun hatte sich aber Rembrandt als junger Mann einmal vor dem Spiegel selber portraitiert und dann festgestellt, dass er sich fälschlich als Linkshänder konterfeit hatte. Er übermalte die Arme und war nun Rechtshänder. Da er sich nicht versehentlich auf dem Kopf stehend gemalt hatte, war er der Meinung, er sei Opfer der Tatsache gewesen, der Spiegel vertausche rechts und links, aber nicht oben und unten. Rembrandts Versehen ist mit „Tut der Spiegel ja gar nicht" noch nicht erklärt.

b) *„Also das ist jetzt natürlich Physik und Optik. Hat das nicht was mit Einfallswinkel und Ausfallswinkel zu tun?"*
Eine absolut richtige Überlegung. Sie ist lediglich eine andere Formulierung als die von a) und beantwortet immer noch nicht die Frage.

c) *„Das hängt mit der Achse des Spiegels zusammen."*
Also wenn wir einen Standspiegel auf die Seite legen, dann vertauscht er nicht mehr rechts und links?

d) *„Das hängt damit zusammen, dass unsere Augen nebeneinanderliegen, also wir haben ja ein rechtes und ein linkes Auge."*
Also wenn Rembrandts Augen übereinander angeordnet gewesen wären, oder wenn er – wie ein Zyklop – nur eins gehabt hätte, dann hätte er sich im Spiegel als Rechtshänder gesehen???

e) *„Also es ist ja im Grunde nichts anderes, als wenn ich um den Spiegel herumginge und mir dann selber als mein Doppelgänger gegenübersäße."*
Dieser Ansatz ist nützlich, weil er die Lösungsstrategie operationalisierbar macht. Das heißt, er gibt Handlungsanweisungen nach dem Prinzip: „Wenn ich x mache, dann geschieht y." Also gut, in diesem Gedankenexperiment des Um-den-Spiegel-herum-Gehens sitzt nun mein Doppelgänger mir gegenüber. Ist er Links- oder Rechtshänder? Er bleibt genau das, was ich bin. Er ist also **nicht** mein Spiegelbild.

Nehmen wir einmal einen Fingerhandschuh mit unterschiedlichen Flächen für Handrücken und Innenfläche. Wir können sofort an dem Daumen erkennen, ob es der linke oder rechte ist. Wenn wir ihn jetzt umstülpen von innen nach außen, dann wird aus einem Handschuh für die rechte Hand einer für die linke. Machen wir nun dasselbe Experiment mit einer dünnen Gummimaske, bei der das rechte Auge eine Piraten-Augenklappe hat. Wenn ich jetzt bei dieser biegsamen Maske die vorstehende Nase tief und immer tiefer eindrücke, dann stülpe ich schließlich die ganze Maske um (ähnlich wie den Handschuh). Und diese Umwandlung ist es, die analog zur Spiegelung ist, denn aus dem Piratengesicht mit Augenklappe rechts ist nun ein Gesicht mit der Klappe links geworden. Durch das Umstülpen habe ich rechts und links vertauscht, aber nicht oben und unten.

Also: *Warum vertauscht das Umstülpen einer Gesichtsmaske rechts und links aber nicht...* bitte nicht wieder von vorn, sagen Sie. Nun gut, hier die Lösung: Umstülpen und Spiegelung haben gemeinsam, dass von ein und demselben Blickwinkel aus betrachtet, rechts rechts bleibt. Das Spiegelbild nimmt eben nicht wie mein um den Spiegel herumwandernder und sich zu mir drehender Doppelgänger seine rechte Hand mit auf die andere Seite. Meine rechte Hand bleibt rechts. Aber wenn ich jetzt die Perspektive wechsele, dann ist mein Spiegelbild aus seiner Sicht Linkshänder.

Denn jetzt erkennen wir, warum die Lösung des Phänomens eine **sprachliche Angelegenheit ist: „links" und „rechts" sind definiert als die beiden Seiten vom Betrachter aus gesehen**, wohingegen „oben" und „unten" nicht so definiert sind. Deshalb sagen wir auch immer: *„Der Palast hat an der Frontseite zwei Säulen. Wir treffen uns an der linken der beiden Säulen, also wenn du aus dem Palast herauskommst."* Aber wir sagen nie: *„Der Palast hat zwei Balkons an der Frontseite. Und ich meine den oberen der beiden. Also wenn du aus dem Palast herauskommst, nicht wenn du auf ihn zugehst."*

Mein Geografielehrer war auch zu Recht ungehalten, wenn ich sagte: *„Holland ist links von Deutschland."* *„Holland ist im Westen von Deutschland"*, pflegte er zu sagen, *„ob es hingegen links oder rechts ist, hängt davon ab, ob du von Norden nach Süden oder umgekehrt fährst."* Der Vorteil der Definition von „Westen" und „Osten" liegt genau darin, dass sie beobachterunabhängig vorgenommen wird.

Die sprachliche Erfassung dieses Spiegelphänomens ist eine von vielen Annäherungen an die kommunikative Fähigkeit zum Perspektivenwechsel, die auch uns in den Kapiteln 3 und 4 beschäftigt hat.

Warum heißt diese Übung „Unter der Laterne suchen"? – Das beruht auf folgendem Witz:

Spät nachts sieht ein Spaziergänger einen Mann in gebückter Haltung etwas unter einer Laterne suchen. *„Kann ich Ihnen helfen?"* – *„Oh ja bitte, ich habe meine Schlüssel verloren."* Nach einer halben Stunde intensiven gemeinsamen, aber vergeblichen Suchens fragt der Spaziergänger: *„Sind Sie denn sicher, dass Sie die Schlüssel genau hier verloren haben?"* – *„Nein"*, erwidert der andere, *„aber da hinten ist es so dunkel, da findet man eh' nichts."*

Mit anderen Worten: Die meisten Menschen suchen bei dem Zwillings- und dem Spiegelproblem nach biologischen und physikalischen Lösungen, obwohl es sich hier um sprachliche Phänomene handelt. Es ist naiv anzunehmen, die sorgfältige Analyse all dessen, was es in der Sprache zu klären gilt, ehe wir überhaupt anfangen, Maßnahmen zu ergreifen, wäre auf wenige erbauliche, aber kaum praxisrelevante Beispiele beschränkt.

Worin besteht die Nutzanwendung der Bewusstmachung von Sprache und Denken?

Wir sind gut darin, in der realen Welt nach Möglichkeiten und Lösungen zu suchen. Wir sind *zu* gut darin geworden, denn wenn uns ein sprachliches Problem in den Weg läuft, fangen wir an, die Lösung in der realen Welt zu suchen.

... Lösungsvorschläge zur Übung: „Sie haben ein Problem..."

Die sprachlichen Lösungen bestehen darin, aus den in der Aufgabe erwähnten Nachteilen einen Vorteil herauszuformulieren.

1. Sie haben eine kleine Porzellanfabrik...
Lösungsvorschlag: Sie finden eine Marktlücke in der Exklusivität. Viele Käufer suchen ein Hochzeitsgeschenk z. B. für ihre Lieblingsnichte. Das ermöglicht Ihrem Verkäufer folgende Argumentation gegenüber dem Kunden:

„Ich glaube, da habe ich genau das Richtige für Sie. Wir haben hier eine Garantiert Limitierte Edition des blauen Services: Eine wunderbare Ausführung, die mit einem Zertifikat ausgegeben wird, das Ihnen die Exklusivität bescheinigt. Eine wirklich einmalige Ausgabe: Genau das Richtige für ein Hochzeitsgeschenk, denn da möchte man ja nicht irgendeine Serienproduktion kaufen, die Ihre Nichte dann überall woanders auch vorfindet. Da wird jede Einladung zum Essen ein einmaliges Erlebnis."

Oder anders ausgedrückt:

„Sollte Ihnen mal was zerbrechen, dann gibt's keinen Ersatz, und zwar garantiert keinen Ersatz. Für diese Garantie gestatten wir uns, einen kleinen Aufschlag zu nehmen."

2. Sie sind arbeitslos und besitzen kein Kapital. Nun erben Sie von Ihrem Onkel, der Kleinbauer war, acht Hektar bewaldetes Land am See in traumhafter Lage...
Lösungsvorschlag: Also alles nur finanzielle Nachteile? Eben nur, wenn Sie es so formulieren. Stattdessen können Sie sich an Topmanager und Businesstycoons wenden:

„Sie leiten ein riesiges Unternehmen. Sie sind verantwortlich für viele, viele Mitarbeiter. Aber kennen Sie Ihr Potenzial, kennen Sie Ihre Grenzen wirklich? Operieren Sie nicht ständig in einem Raum, der Sie vor den wirklichen Herausforderungen schützt, durch Ihre Stellung, Ihr Vorzimmer, Ihre Macht? Ich biete Ihnen ein einmaliges Erlebnis an, wie es heute keinem Manager mehr geboten wird: Erfahren Sie Ihre Grenzen. Ein Überlebenstraining exklusiv für Topmanager. Von Freitag bis Montagmorgen. Ich garantiere: Keine Heizung, keine Betten; keine Küche. Sie können versuchen, Fische mit den Händen oder selbst gebastelten Spießen zu fangen. Sie können versuchen, ein Feuer zu entzünden, und zwar ohne Hilfsmittel der Zivilisation. Wenn Sie hungrig sind und Glück haben, werden Sie Sauerampfer finden. Sie werden frieren, nass werden und hungern. Wenn Sie es schaffen, wird Ihr Leben nie wieder dasselbe sein. Sie werden vor dem Hintergrund

dieses einmaligen Erlebnisses allen Herausforderungen mit einer inneren Sicherheit begegnen, die Sie auf Freunde und Gegner ausstrahlen."

Oder anders ausgedrückt:

„Von mir kriegen Sie garantiert nichts. Aber das hat natürlich seinen Preis. Umsonst ist so eine Garantie nicht zu haben. Für 5.120 Euro zuzüglich Mehrwertsteuer sind Sie dabei."

Und nach dem Überlebensseminar stehen die Tycoons mit einem Glas Champagner in der Hand am Kamin und berichten: *„Ich sage euch, es war die Hölle. Am Sonnabend dachte ich, ich schaff es nicht, aber als zwei von uns aufgaben, sagte ich mir: Zu der Sorte hast du nie gehört. Du schaffst es. Am Montagmorgen stand ich mit zerrissener Kleidung und bärtig an der Rezeption des Crowne Plaza. Die machten Augen, als ich kommentarlos sagte: ‚Sie haben eine Reservierung für Dr. Beckermann.' Keine Erklärung, keine Entschuldigung, denn mein neues Leben hatte schon angefangen."*

3. Ihre Firma kann die Frühstückspackung nicht mehr zum selben Preis anbieten ...
Lösungsvorschlag (der übrigens nicht erfunden ist): Sie gehen zu einem Ernährungswissenschaftler und fragen den, ob Ihr Cereal in der Zusammensetzung gesund sei. Er analysiert es und kommt zu dem Ergebnis: Nein! *„Aber weniger davon zu essen, ist doch dann gesünder, nicht wahr?" – „Das kann man so sagen."* Und nun tun Sie weniger in die Packung und schreiben zum alten Preis darauf: *„Neu: Das Frühstück für Diätbewusste nach Prof. Dr. ökotroph. XY"*

4. Sie sind Sendeleiter der beliebten und wöchentlich stattfindenden Sendung „Gespräch am Mittag" ...
Lösungsvorschlag: Sie kündigen natürlich nicht an: *„Bei Redaktionsschluss der Programmzeitschriften war es uns noch nicht möglich, einen Ersatz für den Stargast XY zu finden."* Denn das lenkt die Aufmerksamkeit auf das Negative. Das TV-Publikum soll ja den Eindruck erhalten, dass sich jeder unglaublich geehrt fühlt, bei Ihnen auftreten zu dürfen, und lieber seine rechte Hand geben würde, als abzusagen. Also geben Sie bekannt: *„Achtung! Nächsten Mittwoch ‚Gespräch am Mittag' mit Überraschungsgast!"* Das erhöht die Spannung, und Sie haben Zeit gewonnen.

3 Sprache und Persönlichkeitsentwicklung

3.1 Sprechmuster als Physiognomie des Geistes

> Die Kernthese dieses Kapitels lautet:
> (A) Verhalten prägt die Persönlichkeit.

Um die Konsequenzen dieser These richtig einzuschätzen, müssen folgende Punkte erkannt werden:

1. Verhalten ist änderbar.
Wenn man Deutschen erzählt, dass amerikanische Kassiererinnen im Supermarkt die Kunden anlächeln, mit einem freundlichen „Hi" begrüßen, sie fragen: „And how are you today?" und sie mit einem „Have a nice day!" verabschieden, dann wird darauf oft erwidert: „Das machen die doch nur, weil ihnen das der Chef befiehlt und sie überwacht werden." Das ist aber für die persönlichkeitsbildende Komponente nur von zweitrangiger Bedeutung. Eine gestresste, nicht angelernte Kassiererin sagt Folgendes: „Den Bierkasten nicht auf das Band stellen; hab ich doch heut schon zehn Mal gesagt. Hatten Sie Leergut? Nee? Kann ich ja nicht wissen. Ham Sie's nicht kleiner?" Sie wird nie ein Lächeln von den Kunden erhalten, und das prägt ihr Menschenbild. Und ihr Menschenbild ist Teil ihrer Persönlichkeit.

Wenn sie aber nach einem Training im Rahmen innerbetrieblicher Fortbildung ihr Verhalten ändert, wird sie schon nach wenigen Wochen berichten: „Ich habe Kunden, die kennen mich mit Vornamen und stellen sich immer an **meiner** Kasse an. Wenn ich die auf der Straße treffe, halten die an und machen einen Schwatz mit mir. Ist schon ein toller Job, so viele nette Leute kennenzulernen."

2. Nichts prägt unsere Persönlichkeit so stark wie unser Verhalten in mündlicher Kommunikation.
2a. Die Hörerperspektive
Wir werden von anderen in allererster Linie nach unserem sprachlichen Verhalten beurteilt. Persönlichkeitsverändernde Sprechweisen kann man lernen. Das Training des Sprechstils ist immer Persönlichkeitsentwicklung.

Erinnern wir uns an ein Beispiel aus Kapitel 2: Wenn Sprecher A zwei Alternativen angeboten werden, antwortet er immer mit: „*Ist mir egal.*" Sprecher B antwortet in solchen Situationen: „*Danke. Mir ist beides sehr recht.*" Wenn das nur eine kleine Formsache sein sollte, warum wird dann A immer „Wurschtigkeit" vorgeworfen und B immer ein echtes Interesse am Gesprächspartner zuerkannt?

2b. Die Sprecherperspektive
Wer also immer sagt: „*Ist mir egal*", der wird „wurschtig" und egozentrisch. Wer aber antwortet: „*Danke. Mir ist beides sehr recht*", wer sich also diese Formulierung *zu eigen macht*, der wird dadurch rücksichtsvoll und partnerbezogen. Von Noel Coward stammt folgende Geschichte:

Er war in seinem eigenen Haus von Gästen unglaublich gelangweilt. Er meinte, ohne eine kleine Pause das nicht länger ertragen zu können. Unter dem Vorwand, er habe Kopfschmerzen und müsse eine halbe Stunde ruhen, zog er sich nach oben in sein Schlafzimmer zurück und… nahm eine Kopfschmerztablette!

> Wenige Menschen haben so viel Selbstironie und Selbsterkenntnis wie Noel Coward. Die Botschaft für uns ist: Man kann nicht sein Leben lang gegen seine eigenen Formulierungen anleben.

3. Auf keinem Gebiet des menschlichen Verhaltens klaffen Selbstbild und Fremdbild so weit auseinander wie auf dem Gebiet der Stimme und der Sprechmuster.
Zu dem Bild, das wir von uns selber haben, und dem, das sich andere von uns machen, möchte ich Sie zu folgender Überlegung anregen. Jeder von uns kennt Angeber. Der Menschentyp „Angeber" ist ausgesprochen negativ definiert. Warum gibt es dann so viele Angeber? Kennen Sie einen Angeber, der sich selber als einen solchen einstufen würde? Halten Sie sich selber für einen Angeber? Die Botschaft von Punkt 3 ist, es lohnt sich, das Selbstbild mit dem Fremdbild zur Deckung zu bringen, oder anders ausgedrückt: Wir müssen lernen, durch unsere Kommunikation so auf Gesprächspartner zu wirken, wie wir es beabsichtigen.

> Unsere Kernthese war „Verhalten prägt die Persönlichkeit". Die alternative These dazu ist:
> (B) Wir haben eine Persönlichkeit (bzw. einen Charakter oder eine Identität). Und unser Verhalten ist Ausdruck dieser Persönlichkeit.

Diese These besagt, jemand verhält sich z. B. still und wenig kommunikativ, *weil* er eine introvertierte Persönlichkeit hat. Auch für sie spricht vieles, denn es soll nicht geleugnet werden, dass Individuen unterschiedliche Anlagen haben. Diese These verstärkt in uns das Statische, insbesondere wenn sie vereint wird mit der Forderung: „Bleibe authentisch!" Wenn Menschen sich zu ihrer Identität und zu Authentizität bekennen, um damit ihre Tugenden und ihre Verlässlichkeit zu stärken, so ist das durchaus positiv zu bewerten. Der Nachteil dieser Sichtweise ist, dass sie demotivierend auf den Willen zur Persönlichkeits*entwicklung* wirkt. In diesem Kapitel wird dargelegt, wie sich viele Menschen dahinter verstecken, um sich nicht der Herausforderung einer Persönlichkeitsveränderung stellen zu müssen.

Die umgekehrte Sichtweise – die neuerdings von allen wissenschaftlichen Disziplinen Verstärkung erhält – besagt, dass es unmöglich ist, das Verhalten zu ändern, ohne gleichzeitig die Persönlichkeit zu verändern. Oder positiv formuliert: Jedes unter fachkundiger Anleitung vorgenommene Verhaltenstraining ist auch eine Persönlichkeitsbildung.

Ich möchte Sie nun davon überzeugen, dass die Beziehung zwischen dem nicht beobachtbaren Charakter und dem beobachtbaren Verhalten des Individuums nicht immer so beschaffen ist, dass Verhalten lediglich Ausdruck meines Selbst ist. Es handelt sich nicht um eine Einbahnstraße, sondern um einen in beide Richtungen begehbaren Weg. Wer meint, man lacht nur dann, wenn man fröhlich ist, dem wird u. U. das Lachen schnell vergehen. Viel effektiver ist die Annahme: „Lachen macht fröhlich." Wir können lachen oder – kommunikativ ausgedrückt – die Schwellenenergie zum Lachen senken, *damit* sich die Fröhlichkeit einstellt.

....

Ich saß einmal mit einer Gruppe von Chinesen in einer Kneipe am selben Tisch. Ich verstand kein Wort. Aber jedes Mal, wenn sie ausgelassen lachten, lachte ich mit. Am Anfang nur, weil ich es peinlich fand, in Gegenwart lachender Menschen ein ernstes Gesicht zu machen. Aber sehr schnell wurde ich fröhlich und wartete mit Freude auf die nächste Lachsalve, von der ich mich anstecken ließ. Die Chinesen erkannten rasch, dass ich kein Wort ihrer Sprache verstand, und amüsierten sich nun ihrerseits köstlich darüber, dass ich mitlachte, ohne den verbalen Grund ihrer Fröhlichkeit zu kennen. Ich verbrachte einen der geselligsten und ungetrübtesten Kneipenabende meines Lebens.

Hätte ich mir gesagt: „Ich bin nicht fröhlich oder belustigt, denn ich verstehe kein Wort, also lache ich auch nicht", hätte ich dem fröhlich *machenden* Verhalten keine Chance gegeben. Ich hatte ursprünglich nicht etwa deshalb gelacht, weil ich fröhlich war, sondern ich hatte diese Mimik zunächst lediglich aufgrund meiner gesellschaftlichen Norm gewählt, die besagt, dass es unhöflich ist, in einer lachenden Gruppe ein ernstes Gesicht zu machen. Das von mir gewählte Verhalten löste dann die Stimmung aus, die in anderen Fällen die Ursache des Lachens ist.

....

Machen Sie bitte folgenden Versuch: Wenn Sie ganz alleine sind, schließen Sie sich ins Badezimmer ein und stellen Sie sich vor den Spiegel. Und nun geben Sie sich durch Mimik, Gestik und Körperhaltung das Aussehen des blödesten Trottels, den Sie sich vorstellen können. Lassen Sie den Kiefer schlaff herunterhängen, nehmen Sie die Zunge weit nach vorn, so dass sie immer sichtbar mit ihrem vorderen Rand ganz auf der Unterlippe liegt. Ziehen Sie die Mundwinkel ein wenig nach unten und lassen Sie die Oberlider lasch und müde halb herunter und die linke Schulter herabhängen. Wenn Sie nun zu reden beginnen, sprechen Sie bitte viel zu laut für den kleinen Raum, aber dennoch „*mid nä gans laschn Aatikulasion*". Sind Sie so weit? Gut: Dann wägen Sie jetzt bitte in einem Kurzvortrag das Für und Wider des finalen Rettungsschusses ab, wobei Sie bitte besonders auf die heiklen Punkte des Schutzes der Bevölkerung vor Terroristen und die demokratisch verbürgten Rechte des Individuums auf Leben und Würde eingehen. Auf geht's.

Bei den Probanden, die bereit waren, sich vor einem Beobachter ernsthaft auf dieses Experiment einzulassen, war immer wieder festzustellen: Es geht nicht. Entweder überkam sie das Lachen, oder ihre Argumente waren deutlich weniger subtil, als es ihrem sonstigen Vortragsstil entsprach, oder die Äußerungen gewannen inhaltlich an Substanz, aber synchron dazu strafften sich Mimik, Gestik und Artikulation.

> Es ist fast unmöglich mit der Mimik eines Trottels und der Stimme eines Schreihalses subtile Gedanken zu äußern.

Die Konsequenzen daraus sind weitreichend. Eine mürrische Miene erschwert es, positive Gedanken zu hegen. Die Physiognomie der Menschen – also ihr Gesichtsausdruck – sollte der jeweiligen Situation angemessen sein. Aber achten Sie bei Ihrem nächsten Stadtbummel einmal darauf, wie viele Menschen mit dem verfestigten Gesichtsausdruck der Verdrossenheit durch das Leben laufen. Ihre Lieblingsthemen sind Krankheit, schlechtes Wetter und Verteuerung. Glauben Sie, dass diese Menschen sich zu einer mürrischen Physiognomie entschlossen haben und sich dessen bewusst sind?

Es geht hier um die Erkenntnis der beiden Richtungen: Unser Denken kann unser Verhalten steuern. Und unser Verhalten steuert unsere Gedanken. Georg Christoph Lichtenberg (1742–1799) hat die Beeinflussung der Gedanken durch das Verhalten einmal so ausgedrückt:

„Als ich mich etwas ermüdet fand, stützte ich mich auf meinen Tisch. Weil dieses die Lage ist, in welcher ich gemeiniglich an mich selbst denke, so nahmen meine Gedanken jetzo diesen Zug wieder."

Lassen Sie uns diese Beobachtung jetzt auf die Sprache der Menschen übertragen. Der Philosoph Schopenhauer sagte: „Der Stil ist die Physiognomie des Geistes." In Stil und sprachlichen Mustern – also in der Physiognomie des Geistes – manifestieren sich

- z.B. die Gewohnheit, Sätze nicht zu Ende zu bringen:

„Könnten Sie mal bitte das Fenster, weil sonst, denn einige haben ja die Jacken, danke, ehe wir dann zur Tagesordnung, hier vorne ist noch ein, ja und links auch",

- oder die Gewohnheit, die Frage nach dem Befinden als die Aufforderung zum Klagen zu begreifen:

A: *Wie geht's?*
B: *Och, muss ja. Letzte Woche hatten die Kinder 'ne Erkältung, und diese Woche dachte ich, ich krieg auch eine, also irgendwas ist ja immer. Ist ja auch ein Scheißwetter.*
A: *Aber es ist doch trocken und klar und bei uns blühen schon ...*
B: *Ja aber viel zu kalt für die Jahreszeit.*
A: *Heute Mittag hatten wir 18 Grad!*
B: *Ja schon, aber der Umschwung kam zu schnell.*
A: *Ich hab mich gefreut, als es heute so schön wurde.*
B: *Neee, da weiß man ja morgens gar nicht mehr, was man anziehen soll.*

Eine Gesprächskultur, in der Jammern die Norm ist, schafft Jammerlappen. Gesprächspartner, die nicht überlegen, welche Information für den Partner interessant, wichtig und nützlich sein könnte, beherrschen keine Gesprächskultur. Bis vor wenigen Jahren stellte die britische Begrüßung den Höhepunkt einer Gesprächskultur dar:

A: *How do you do?*
B: *How do you do?*

Das hieß: Wir haben uns jetzt beide höflich nach dem Befinden erkundigt und durch die Nichtbeantwortung der Frage zu verstehen gegeben, dass wir das gegenseitige Interesse daran für gering halten und beide lieber über Interessanteres sprechen möchten. (Das ist natürlich zu unterscheiden von Gesprächen, bei denen wir Grund zur Besorgnis über den Gesundheitszustand haben.) Daran schließen sich Fragen an, welche die meisten Menschen nicht stellen, geschweige denn beantworten könnten:

- Wie oft diskutieren Sie, welche Persönlichkeit man hinter Ihrer Sprache vermutet?
- Welche sprachlichen Muster haben im Laufe Ihres Lebens Ihre Persönlichkeit geprägt?
- Verfügen Sie über die Kompetenz, aus den sprachlichen Mustern Ihrer Gesprächspartner Rückschlüsse auf deren Einstellung zur Arbeit, zur Lebensführung und zu anderen Menschen zu ziehen?
- Welche sprachlichen Muster behindern Ihr Denken, welche fördern es?
- Erkennen Sie Widersprüche zwischen inhaltlich ausformulierten Meinungen zu einem Projekt und den impliziten Signalen (wie Stimme, Körpersprache und sprachlichen Mustern)?
- Wann hat Ihnen das letzte Mal jemand gesagt, wie er/sie Ihre Stimme findet?
- Wie oft stellen Sie sich die Frage: „Würde ich mich selber gerne mit mir unterhalten, wenn ich nicht ich wäre?"

Jeder Mensch sollte als Führungskraft, Kollege, Berater, Partner, Elternteil oder Lehrer in der Lage sein, sich in dem Spiegel der eigenen Sprache zu betrachten.

Kommunikative Kompetenz besteht darin,

- sich mit den Ohren der anderen hören zu können;
- die sprachlichen Mittel bewusst in einer Form einzusetzen, die den eigenen Absichten nicht zuwiderläuft, sondern sie verstärkt, und
- Antennen zu entwickeln für alle Signale der Gesprächspartner im Sinne der Maximierung des Informationsgewinns.

Geist und Gesinnung sind am effektivsten über die gewählten Kommunikationsmittel zu beobachten. Führungskräfte können es sich nicht leisten, für die Physiognomie des Geistes anderer blind und taub zu sein.

Die Vorbedingung zur Persönlichkeitsbildung ist die Bewusstmachung des sprachlichen Verhaltens. *„Ich habe keine Zeit"* ist die Aussage über ein Faktum, auf das ich keinen Einfluss habe. Ich formuliere damit meine Prioritäten in der Form eines Sachzwangs. Das ist unter zwei Umständen angebracht. Zum einen als sprachliche Abkürzung, denn bei Terminplanung mit anderen müssen nicht immer alle Gründe angegeben werden. Ein kurzes *„Am Fünften hab ich keine Zeit"* enthält alle Information, die für diesen Zweck nötig ist. Und zum anderen ist die Formulierung als Sachzwang wesentlich höflicher bei Verabredungen und Einladungen als *„Ich habe keine Zeit für dich"*.

In der Persönlichkeitsentwicklung ist es aber nützlich, sich immer die gedankliche Ergänzung bewusst zu machen. Denn man unterliegt sonst der Formulierung als Sachzwang und glaubt, überhaupt nicht mehr Herr der eigenen Zeit zu sein. Statt *„Ich habe keine Zeit, zum Arzt zu gehen"* (und wenn ich Dauerschäden davontrage, ist das eben die Folge des Sachzwangs) sollte man es sich selber umformulieren in: *„Ich nehme mir jetzt nicht die Zeit, zum Arzt zu gehen, denn ich setze mir andere Prioritäten."* Sprecher, die Sachzwangsformulierung bevorzugen, wie z. B. *„Ich habe keine Zeit, zum Arzt zu gehen, denn ich bin unentbehrlich"*, sollten sich folgenden Spruch über den Schreibtisch hängen: *„Der Friedhof ist voll von unentbehrlichen Menschen."*

Wir beginnen dieses Kapitel daher mit den wichtigsten und gleichzeitig am leichtesten zu verändernden Sprachmustern von einerseits Beharrung, Statik und Fossilierung, andererseits von Dynamik und Entwicklung.

3.2 Gehirnschoner – Zweiter Teil: Die Schonung des eigenen Gehirns

3.2.1 *Fossilierung des Geistes*

a) *„Alle Politiker sind korrupt. Da kann mir einer erzählen, was er will."*
b) *„Hast du schon vom Bioprodukt-Skandal gehört?"* – *„Jeden Tag was Neues: Gestern Krebs durch Pestizide, heute Bio-Skandal, morgen Gefahr durch genmanipulierte Nahrung: Lass mich in Ruhe, dann kann man ja bald überhaupt nichts mehr essen."*

Vor rhetorischen Manipulationsversuchen durch andere kann man sich schützen. Beendet jemand anderes seine Rede mit „*Da kann mir einer erzählen, was er will*", so kann ich erwidern: „*Nur damit ich es richtig verstehe: Für Sie sind Bestandsaufnahme und Diskussion ein für allemal beendet. Sollten jetzt neue Fakten zu Tage gefördert werden, würden Sie Ihre Meinung dennoch nicht ändern. Also lassen Sie uns über's Wetter sprechen.*"

Viel gefährlicher sind die selbst verordneten Gehirnschoner. Benutze ich nämlich selber diese Redewendung, dann ist „*Da kann mir einer erzählen, was er will*" gleichbedeutend mit: „*Von mir perlen Gegenargumente ab wie Wassertropfen von einem gut gefetteten Entenschwanz. Ich habe mich imprägniert gegen Argumente: Ich höre nämlich gar nicht mehr zu. Meine bisherige Lebenserfahrung und mein jetziges Wissen reichen locker für den Rest meines Lebens. Ich habe meinem Gehirn die Schlafmütze aufgesetzt.*" Es ist der Pfad der geistigen Gruftis. Sie lieben Redewendungen wie

„*Das muss ich mir nicht mehr antun.*"

Es ist das „*nicht mehr*", das sie entlarvt. Sie freuen sich ab fünfzig auf die Pensionierung und all das, was sie *nicht* mehr tun werden.

Mit der Formulierung aus b) „*Lass mich in Ruhe, dann kann man ja bald überhaupt nichts mehr essen*" meint der Sprecher: „*Wenn denn aus meiner Warte keine Wahrheit zu gewinnen ist, dann brauche ich mich auch nicht weiter zu bemühen.*" Das entlastet das Gehirn, lässt es aber gleichzeitig atrophieren wie unbenutzte Muskeln.

Neue Daten sammeln, Zuhören, Nachdenken, Diskutieren und Überprüfen von Hypothesen ist nicht nur gewinnbringend, sondern prägt auch die Persönlichkeit. Mit wem würden Sie denn lieber Gespräche führen? Mit dem „*Da kann mir einer erzählen, was er will*"-Typ, der damit die Schneckenfühler der Informationsgewinnung einzieht, oder mit jemandem, der alle Antennen ausfährt und der daher nicht nur ein guter Zuhörer ist, sondern auch jemand, der uns ständig mit neuer Information und kreativen Ansätzen sowie Fragestellungen bereichert?

Viele Menschen benutzen als gewohnheitsmäßig angenommenes Sprechmuster „*Die beiden verwechsle ich immer*" oder „*Ich kann mir das nicht merken*", als ob den Fehler *immer* zu machen, Nachsicht erzwinge. Durch bloße Umformulierung kann man sich selber effektiver machen. Statt „*Ich kann mir das nicht merken*" kann man in einer ersten Stufe fragen: „*Warum kann ich mir das nicht merken?*", um dann lösungsorientiert weiterzuformulieren: „*Wie kann ich mir das merken?*"

....

Ein Schiffsjunge sagte: „*Ich verwechsele immer die Positionslampen. Ich kann mir das einfach nicht merken, welche davon grün oder rot ist.*" – „*Von dieser Unterscheidung hängen aber auf den Wasserstraßen die Leben vieler Menschen ab*", erwiderte der Kapitän und haute dem Schiffsjungen eine runter. „*Ich habe dich damit nicht bestraft, sondern dich aus didaktischen Gründen geohrfeigt. Denn schau* mal, die meisten Menschen sind Rechtshänder wie ich selber. Ich habe dir also mit meiner rechten Hand auf deine linke Wange geschlagen. Und die ist jetzt rot, wie auch beim Schiff die linke Positionslampe. Man kann sich alles merken, wenn man sich nicht das Gegenteil einredet."

3.2.2 Sprachliches Beharrungsvermögen in dynamischen Zeiten oder: Der Versuch, die Zeit stillstehen zu lassen und sich vor Entwicklung zu „schützen"

• • • The Red Queen •

„Wer in meinem Land auf der Stelle bleiben will," so sagt die rote Königin in Lewis Carrolls „Alice im Wunderland", „muss ständig schneller laufen." Dieses Prinzip erklärt die Evolution von Jägern und Gejagten: Wenn die Gazellen durch evolutionäre Veränderungen zu schnelleren Lauftieren wurden, mussten die Geparden auch schneller werden – oder aussterben. Mit „auf der Stelle bleiben" ist gemeint „denselben Abstand wahren". Was haben denn Gazellen und Geparden gewonnen, wenn der Wettlauf bei nunmehr höherer Geschwindigkeit genauso anstrengend und mit dem gleichen Abstand verläuft wie vorher? Das ist nicht die Frage. Weder in der Evolution noch in der Welt geschäftlichen Wettbewerbs kann man sich darauf einigen, alles beim Alten zu lassen. Es braucht nur eine Gepardenart schneller zu laufen, und schon sind die Gazellen vom Typ „Lass mich in Ruhe, dann kann man ja bald überhaupt nichts mehr essen" die fette und leichte Beute der sich entwickelnden Jäger.

Die Evolution steht nie still. Nur wer nach dem Prinzip der roten Königin handelt, überlebt. In Geschäftswelt und Wissenschaft ist paradoxerweise Routine die Ausnahme und Changemanagement die Regel. Für die Geschäftswelt gilt: Kunden und Konkurrenten laufen immer schneller. Wer verhindern will, dass sie ihm davonlaufen und er das Nachsehen hat, der muss auch ständig beschleunigen und im Idealfalle Wünsche antizipieren bzw. wecken, ehe der Kunde selber draufkommt. „Was nicht vorwärtsgehen kann, schreitet rückwärts." (Goethe)

Und dennoch gibt es ein Heer von Menschen, die ihre Hacken in den Boden stemmen. Sie tun dies sprachlich, und da Sprache unter ihrer Wahrnehmungsschwelle liegt, bemerken sie das Trojanische Pferd in den Mauern ihres Kopfes nicht. Sie wollen es auch nicht wahrnehmen, da der innere Feind schwer zu bekämpfen ist. Sie schützen sich mit der Begründung: „Wir haben weiß Gott schon genügend reale Probleme, nun kommen Sie mir bitte nicht noch mit sprachlichen." Sprachliche Beharrungsformeln behindern dynamische Entwicklungen. Man hüte sich vor Menschen, die von sich selber sprechen, als redeten sie über Steinstatuen:

„Ich bin ja ein Mensch, der ...
a) ... gar nicht mit der Hektik des vorweihnachtlichen Geschäfts umgehen kann."
b) ... vor elf Uhr nicht in Gange kommt."
c) ... von Technik nichts versteht."

Diese Redewendungen machen das Individuum zu etwas Statischem und wirken Veränderungsprozessen entgegen. Sie bedeuten: Es gibt viele Arten von Menschen, und ich gehöre nun einmal zu dieser Kategorie. Wenn uns ein Frosch sagte: *„Ich bin ein Lebewesen, das mit Trockenheit nicht fertig wird"*, würden wir ihm nicht mit Rhetorik und Persönlichkeitsentwicklung kommen. Wir würden nicht sagen: *„Komm, sei kein Frosch. Einen trockenen Sommer wirst du doch wohl überstehen können!"*, sondern wir würden akzeptieren, dass er zu dieser Art Spezies gehört. Genau dahinter verstecken sich die *„Ich bin ein Mensch, der…"*-Formulierer.

Stellen Sie sich vor, Sie haben einen Stand für Schokoladenweihnachtsmänner und suchen einen Verkäufer. Der Bewerber mit der Formulierung *„Ich bin ja ein Mensch, der gar nicht mit der Hektik des vorweihnachtlichen Geschäfts umgehen kann"* redet sich erfolgreich aus dem Kreis der Bewerber heraus. Mit einer Bewerberin, die sagt: *„Ich habe zwar wenig Erfahrung mit vorweihnachtlicher Hektik, aber ich versuch's. Haben Sie Tipps für mich?"*, kann man ins Gespräch kommen: *„Ok, dann nehmen wir nicht mehr 2,05 Euro wie geplant, sondern zwei glatte Euro, denn das Wechseln hält auf. Von allen Seiten werden Ihnen nun die Weihnachtsmänner aus der linken Hand gerissen und in die rechte bekommen Sie zwei Euro. Die Käufer drängeln sich vor mit der Entschuldigung: ‚Ich hab's passend.' Nehmen Sie rasch jede angebotene Münze. Zeit ist Geld. Ihr Geld, denn wir beteiligen Sie am Gewinn. Sagen Sie anstelle von ‚Hektik' jetzt immer: ‚Vorweihnachtliche Umsatzsteigerung'. Der Laden brummt. Wir beide machen das Geschäft des Jahres. Noch Fragen?"* Vergleichen Sie folgende Aussagen:

a) *„Ich bin ein Mensch, der von Technik nichts versteht, aber mein Chef schickt mich jetzt auf einen Techniklehrgang."*
b) *„Ich versteh nichts von Technik, aber mein Chef schickt mich jetzt auf einen Techniklehrgang."*

Testen Sie Ihre Reaktion darauf. Satz a) wird von Zuhörern in der Regel kommentiert mit: *„Und was soll der Blödsinn?"*, wohingegen die Reaktion auf Äußerung b) ist: *„Na, dann wird's schon werden."* Der Chef in a) wird vom Sprecher so dargestellt, als wolle er aus einem Frosch ein in Trockenheit lebendes Tier machen, während der in b) jemand ist, der die betriebliche Fortbildung ernst nimmt. Betrachten Sie jetzt die Äußerung:

„Ich bin ja Wassermann."

Es dreht sich in dieser Erörterung nicht darum, ob wir an Astrologie und Horoskope glauben oder nicht. Auch sei zugestanden, dass jeder sein eigenes Sternzeichen kennt. In diesem Buch interessiert nur der kommunikative Aspekt: Was will uns jemand mitteilen, der häufig auf sein Sternzeichen verweist? Vermutlich glaubt der Sprecher, wir hätten jetzt eine zumindest grobe Vorstellung von seinen Eigenschaften, wie sie ihm durch die Geburtsstunde in die Wiege gelegt wurden. Solche Äußerungen sagen uns: *„Wenn Sie jemanden mit diesen Aufgaben betrauen wollen, dann müssen Sie schon einen Widder suchen. Ich bin ja Wassermann."* Der ständige Verweis auf das Sternzeichen mit den dadurch angeblich in die Wiege gelegten unveränderlichen

Eigenschaften bestärkt die statische Sichtweise eines Individuums. Wenn sich ein Sprecher hunderte von Malen gesagt hat: *„Ich bin Wassermann"*, dann stimmt es jedes Mal ein bisschen mehr, denn – wie gesagt – man kann nicht ständig gegen seine eigenen Formulierungen andenken und anleben.

Ist man sich über dieses Phänomen im Klaren, dann kann man jetzt polysystemisch vorgehen und fragen: Wann sind die *„Ich bin ein Mensch, der…"*-Formulierungen von Vorteil, wann von Nachteil? Sie sind von Vorteil, wenn man sie zur Stabilisierung positiver Einstellungen nutzt, wie in: *„Ich bin ein Mensch, auf den man sich verlassen kann / der immer zu seinem Wort steht."* Von Nachteil sind sie, wenn man sich selber formuliert als

„Ich bin kein Prüfungsmensch."

Der Nachteil besteht in der Fossilisierung. Die Implikation *„Da kann man nix machen"* wirkt entwicklungshemmend im Gegensatz zu: *„Ich mache gerade einen Kurs zum Umgang mit Prüfungsangst."* Die vermeintlichen Vorteile sind: *„Wenn ich schlecht abschneide in der Prüfung, liegt das natürlich nicht an meiner mangelnden Kompetenz."*

••• Das Cäsar-Prinzip •••••••••••••••••••••

Verwandt mit der Formulierung *„Ich bin ein Mensch, der…"* ist das von vielen Politikern benutzte Cäsar-Prinzip, in der das „Ich" gleich ganz ausgelassen wird. Cäsar schrieb in „Der gallische Krieg" von sich selber in der dritten Person. Das hat den Vorteil, dass man sich hemmungslos loben kann, ohne unbescheiden zu wirken. Beliebt ist die Formulierung:

a) *„Mit dem gegenwärtigen Außenminister ist das nicht zu machen"*,

gesprochen von dem gegenwärtigen Außenminister. Er betrachtet sich von außen: So ist der eben. Statik pur.

b) *„Jeder, der mich kennt, weiß, dass ich mich für soziale Gerechtigkeit einsetze."*

Diese Aussageform hat den Vorteil, dass der Sprecher das Urteil anderer wiedergibt, auf das er – in aller Bescheidenheit – großen Wert legt. Außerdem benutzt er mit *„wissen"* ein faktives Verb, das immer die Wahrheit des Gesagten voraussetzt (s. Kap. 2 „Sprache und Denken"). Diese Formulierung soll Charakterfestigkeit, Zuverlässigkeit und Berechenbarkeit ausdrücken. Das ist legitim und sinnvoll. Wenn das Cäsar-Prinzip allerdings überstrapaziert und zur Gewohnheit wird, birgt es die Gefahr in sich, dass der Sprecher sich als etwas Statisches sieht und darstellt. *„So ist der eben."* Hält mich aber ein Verkehrspolizist an, weil ich bei Rot über die Kreuzung gefahren bin, verschlägt es wenig, wenn ich ihm sage: *„Jeder, der mich kennt weiß, dass ich Verkehrsvorschriften befolge. Sie irren sich also offensichtlich."*

••• „ich – du – man": Egozentrieren vs. Generalisieren •••

Das Personalpronomen „ich" bezieht sich auf den Sprecher, „du" auf den Angeredeten, und „man" bezieht sich verallgemeinernd auf eine ganze Gruppe, wie z. B. in:

„Ich habe verstanden, warum du sagst, man soll nichts unterschreiben, was man nicht sorgfältig gelesen hat."

Aber das sind nur die prototypischen Verwendungsweisen dieser Pronomen.

> *Definition*
> **Prototoypischer Gebrauch** meint all jene sprachlichen Verwendungen, die den Muttersprachlern spontan einfallen und die sie in Beispielen anführen. Bittet man Deutsche, ganz spontan ein Werkzeug und ein Musikinstrument zu nennen, so sagen sie mit statistisch überwältigender Mehrheit „Hammer" und „Geige". „Schraubzwinge" und „Serpent" wären nicht falsch, aber eben nicht prototypisch. Bittet man einen Muttersprachler um ein Beispiel für einen einfachen deutschen Satz, so sagt er vielleicht: *„Ich habe ihr das Paket geschickt"*, aber ohne Kontext nie: „Geschickt habe ich ihr das Paket (ob sie's erhalten hat, weiß ich nicht)."
> In diesem Abschnitt ist es wichtig, sich zu vergegenwärtigen, dass „ich", „du" und „man" in den oben erwähnten unterschiedlichen Verwendungen im Bewusstsein der Sprecher als prototypische Verwendungsweisen und Bedeutungen dieser Pronomen verankert sind.

Der tatsächliche Gebrauch ist viel komplexer. In der gesprochenen Gegenwartssprache wird immer häufiger „man" statt „ich" und „wir" benutzt:

a) *„Man sieht sich"* statt *„Wir sehen uns"*.
b) *„Man kam sich näher"* statt *„Wir kamen uns näher"*.
c) *„Man gönnt sich ja sonst nichts"* statt *„Ich gönne mir ja sonst nichts"*.
d) *„Ja, man hat dann schon manchmal Freistellung beantragt, um sich um den Sohn kümmern zu können"* statt *„Ja, ich habe dann schon manchmal Freistellung beantragt, um mich um meinen Sohn kümmern zu können"*.

Hören Sie sich jetzt bitte das Hörbeispiel 20 auf Ihrer CD an.

Sie haben gleich am Anfang tiefes Einatmen nach *„Also ich"* gehört. Ein deutliches vokales Signal dafür, dass die Sprecherin dieses Thema für wichtig, komplex und schwierig in der Darstellung ansieht. Wir wollen uns aber bei dieser Passage auf die Analyse der Personalpronomen beschränken. Die Sprecherin wechselt zwischen „ich" und „man", zwischen allgemeinen und ichbezogenen Aussagen. „Ich gehöre zu denen" ist die Verknüpfung ihrer individuellen Erfahrung mit denen einer großen Gruppe, mit der Implikation: Das war damals eben so. Am Ende dieser Passage sagt sie etwas über sich selber: „*Ich hab festgestellt, dass die Tatsache, dass ich etwas älter war als die anderen, dass ich das viel leichter verkraftet habe.*" Dann aber verallgemeinert sie die persönliche Aussage mit der Beobachtung: „*Ich glaube, man wird da einfach, ja, zäher, wenn man älter wird.*" Dieser Übergang könnte das „man" der Bescheidenheit sein: Ich bilde mir nichts auf meine damalige bessere Leistung ein, denn es handelt sich hier um eine Frage der Lebensphase.

Der Grund, weshalb diese Passage an den Anfang des Abschnittes über „ich – du – man" gestellt ist, liegt darin, dass die Sprecherin sich an einer Stelle verspricht. Dazu muss man wissen: Es ist Marianne Koch, also eine extrem gewandte Rednerin mit hervorragender Rhetorik und viel Medienerfahrung. Die betreffende Stelle lautet: „*…wobei man meistens vielleicht eine Stunde geschlafen hab.*" Sie verwendet als Subjekt das allgemeine Pronomen „man", und als Prädikat nimmt sie dazu die Form, die zur ersten Person „ich" passt. Jetzt könnte man präskriptiv vorgehen und sagen: „Falsch. Es muss heißen entweder ‚Man hat' oder ‚Ich habe'." Viel interessanter ist aber die Beobachtung, wie eng im heutigen Deutschen diese beiden Pronomen zusammengehören. Marianne Koch spricht von ihrer eigenen Biografie, bemüht sich dabei gleichzeitig um Verallgemeinerung, und verschmilzt „man" und „ich". In grammatisch unzulässiger Form? Gewiss, aber gerade solche Brüche sind oft sehr informativ. Hier gibt uns eine exzellente Rhetorikerin damit einen Einblick in ihr Bewusstsein und ihre Erzählhaltung, der uns ohne diesen „Versprecher" nicht gewährt worden wäre. Hören Sie sich jetzt bitte diese Stelle noch einmal an.

Jede Sprache verändert sich ständig, und darüber soll hier nicht lamentiert werden. Dieses Kapitel ist dem Zusammenhang zwischen Sprache und Persönlichkeitsentwicklung gewidmet, und deshalb wenden wir uns ganz bestimmten Sprechmustern zu – nämlich demjenigen Einschleichen des verallgemeinernden Pronomens „man" in den „ich"-Bereich, das sich wie Mehltau leise und unbemerkt ausgebreitet hat in persönlichkeitsprägende Formulierungen.

Gehen wir einmal von folgender Situation aus: Ein Familienvater ist mit seinem Wagen, in dem noch seine zwei Kinder saßen, gegen einen Baum geprallt. Er steigt aus und ruft bei seinem Kunden an, dass er es heute nicht mehr schaffen wird. Erst dann bemerkt er, dass Benzin ausfließt und der Wagen außerdem raucht. Lassen Sie jetzt bitte folgende mögliche alternative Äußerungen auf sich wirken, die alle lange nach dem beschriebenen Unfall hätten gemacht werden können:

1) „*Ich war so verwirrt, dass ich mich zuerst nicht um meine Kinder gekümmert hab.*"
2) „*Man war ja so verwirrt, dass man sich zuerst nicht um seine Kinder gekümmert hat.*"
3) „*Man war ja so verwirrt, dass ich mich zuerst nicht um meine Kinder gekümmert hab.*"
4) „*Du warst ja so verwirrt, dass du dich zuerst nicht um deine Kinder gekümmert hast.*"
5) „*Du bist ja so verwirrt, dass du dich zuerst nicht um deine Kinder kümmerst.*"

In Satz 1) macht der Sprecher eine Äußerung über sich selber. Wir dürfen annehmen, dass er auch die Verantwortung für sein Verhalten übernimmt und dass dieser Satz vielleicht sogar ein Schuldbekenntnis ist. Warum benutzt ein anderer Mensch in der gleichen Situation „man" (Satz 2) statt „ich"? Wohlgemerkt, es war außer dem Sprecher und seinen beiden Kindern niemand beteiligt. Ist das lediglich eine Modeerscheinung der Sprache? Ich habe viele Versuche mit Sprechern dieser „man"-Verwendung angestellt. Wenn sie im Anschluss an Sätze wie 2) gefragt wurden „Sie meinen ‚Sie waren so verwirrt'", reagierten die Sprecher meist aggressiv und nicht mit „Ja natürlich, wer denn sonst?" Das heißt, sie hatten durchaus ein Gespür für den Unterschied einer verallgemeinernden Aussage und einer Ich-Aussage. Satz 2) ist ein Beispiel für **sprachliche Bestrebungen um Beharrung** und ein **Appell an Solidarisierung**.

Die Formulierung appelliert an die Zustimmung der Gesprächspartner. „**Man** *war ja so verwirrt*" soll zum Ausdruck bringen:

2a) „*Das ist doch menschliche Natur. Das wäre euch allen doch genauso gegangen. So verhält man sich eben in solchen Situationen. Das war nicht meine Schuld, und ich muss jetzt auch an mir nichts ändern.*"

Warum ist es wichtig, sowohl zur Einschätzung der Gesprächspartner als auch zur eigenen Persönlichkeitsentwicklung das Sprachbewusstsein zu schärfen? Weil implizite, stillschweigend vorausgesetzte Annahmen nicht als Botschaft erkannt werden. Machen Sie den Versuch und testen Sie Ihre eigene Reaktion, wenn das, was in den Beispielsätzen 2) und 5) nur implizit mitgemeint ist, nun thematisiert wird:

6) „*Ich war so verwirrt, dass ich mich zuerst nicht um meine Kinder gekümmert hab. Das würde Ihnen doch auch immer so gehen bei einem Unfall, nicht wahr?*"

Jeder Mutter und jedem Vater fällt es hier schwer, aus Höflichkeit zu nicken. Jetzt müsste nämlich die/der Gefragte nicht einfach Empathie für die Verwirrung des Sprechers äußern, sondern sie/er wird explizit dazu aufgefordert, der unterlassenen Hilfestellung für die eigenen Kinder als etwas ganz Natürlichem zuzustimmen. Gehen wir einen Schritt weiter: Würden Sie der Frage in Satz 6) auch im Beisein des Ehepartners und der Kinder zustimmen? Worauf ich hinauswill ist Folgendes: Die Aussagen unter 2), 5) und 6) haben dieselben Bedeutungskomponenten: Allen drei Aussagen ist Folgendes gemeinsam: Verwirrung nach einem Unfall, unterlassene Hilfestellung und die Auffassung, das sei eben menschliche Natur. Da Letzteres – und das ist hier die wichtigste Botschaft – in 2) und 5) nicht explizit gemacht wird, können wir bei diesen beiden Äußerungen so tun, als drückten wir mit Zustimmung lediglich unser Verständnis für den Sprecher aus. Das heißt, wir können uns auf den Standpunkt zurückziehen, wir hätten 2) und 5) als gleichbedeutend mit „*Ich war so verwirrt, dass ich mich zuerst nicht um meine Kinder gekümmert hab*" verstanden, und dann gleichsam nur aus Höflichkeit genickt. Genau davon profitieren die „*man*-statt-*ich*"-Sager. Es ist ihr – leider meist erfolgreicher – Versuch, uns in den Strudel ihrer Verantwortungslosigkeit hineinzureißen, indem sie ständig unterstellen, wir hätten doch soeben zugestimmt, dass ihr Verhalten allgemein menschlicher Natur sei und daher nicht einer Änderung des Verhaltens bedürfe.

Untersuchen wir jetzt einmal näher, warum diese Versuche in Gesprächen meist erfolgreich sind und wählen dazu ein Beispiel aus einem Rhetoriktraining. Einer der Teilnehmer bediente sich häufig folgender Sprechmuster:

1a) *„Man wird ja nach dem Mittagessen immer so müde, dass man sich nicht auf die Arbeit konzentrieren kann. Da unterlaufen einem schon mal Fehler."*
1b) *„Du wirst ja nach dem Mittagessen immer so müde, dass du dich nicht auf die Arbeit konzentrieren kannst. Da unterlaufen einem schon mal Fehler."*

Es muss der Gruppe klargemacht werden, dass es den Gesprächspartnern erschwert wird, dem zu widersprechen, wie z. B. durch Berichte von andersartigen eigenen Erfahrungen. Der Sprecher macht nämlich in Sätzen wie a) und noch stärker in b) eher Aussagen über die menschliche Natur als über sich selber und fordert somit Solidarisierung ein. Wer dem nicht zustimmt, stellt sich *gegen* den Sprecher. Natürlich ist das möglich und legitim, aber Widerspruch zu äußern erfordert die Überwindung einer höheren Schwellenenergie. Mit anderen Worten, Sprechmuster nach a) und b) laufen der Persönlichkeitsentwicklung des Sprechers zuwider. Sie begünstigen das statische Element auf Kosten des dynamischen. Solche Muster kommen in der Verkleidung tiefer Einsichten in die menschliche Natur daher und sind dennoch nur der Versuch, die Fossilierung der eigenen Verhaltensweise zu rechtfertigen.

Es gibt in unserer Gesprächskultur idiomatische Formeln, deren einziger Zweck Zustimmung und Empathie des Angesprochenen ist: *„Man ist ja auch nur ein Mensch."* Es erfordert das bewusste Brechen dieser Regel, wenn der Angesprochene jetzt sagt: *„Ich habe nicht Ihr Mensch-Sein an sich angezweifelt, als ich mich beschwerte, dass Sie jetzt zum zweiten Mal vertrauliche Information aus Versehen per E-Mail ‚an alle' sandten."* Wir kennen diese Muster der konventionalisierten Zustimmung aus dem Small Talk. Jemand sagt beim Begrüßungskaffee einer Tagung: *„Ich habe mich etwas verspätet, weil ich mich verfahren hatte; und es ist ja immer so: wenn man mal einen Polizisten braucht, ist keiner weit und breit zu sehen."* Die erwartete und in diesem Kontext angemessene Antwort ist Zustimmung und auf keinen Fall eine Diskussion darüber, wie viele Polizisten sich eine Stadt denn nach Meinung des Sprechers für Leute ohne Navigationssystem leisten solle (mehr über Small Talk in Kap. 3.2.3).

Von solchen Konventionen profitiert der Formulierer von Sätzen wie 1a) und b). Er wird nun in dem Rhetoriktraining aufgefordert, seine Äußerung in eine Ich-Aussage umzuformulieren. (Wenn der Teilnehmer sich unwillig zeigt, kann betont werden, dass es sich hier um eine *Übung* handelt, an die Aussagen zur Selbstbeobachtung und zum Feedback der Gruppenteilnehmer angeschlossen werden.)

2) *„Ich werde nach dem Mittagessen immer so müde, dass ich mich nicht auf meine Arbeit konzentrieren kann. Dann mache ich oft Fehler. Geht Ihnen das auch so?"*

Jetzt kann eine andere Gruppenteilnehmerin z. B. sagen:

3) *„Ich kenne das Gefühl sehr gut. Ich gehe daher nach dem Essen in der Kantine immer noch einmal um den Block, und dann benutze ich nicht den Lift, sondern geh die Treppen hoch. Auf diese Weise komme ich wieder gut in Gang."*

Dadurch dass 1a) und 1b) durch 2) ersetzt werden, wird das Gespräch befreit aus entweder den seichten Konventionen der Small-Talk-Zustimmung oder dem unangenehmen Argumentieren gegen den offensichtlich Beifall heischenden Sprecher. Nach 2) können mit seinem Einverständnis hilfreiche Anregungen gemacht werden (wie in Beispiel 3).

••• Geändertes Sprechverhalten bewirkt immer auch eine Einstellungsveränderung •••••••••••••••••••

Ich habe in Gesprächen festgestellt, dass die von „man"-Sagern zu „ich"-Formulierern umgeschulten Sprecher bereitwilliger auf kritische Fragen und Veränderungsvorschläge eingehen. Typische Gesprächsmuster sind dann:

A: *Ich war so verwirrt, dass ich mich zuerst nicht um meine Kinder gekümmert hab.*
B: *Was werden Sie denn jetzt tun?*
A: *Na ja, ich denk, ich könnt ja mal vielleicht einen Erste-Hilfe-Kurs machen, damit ich lerne, mit solchen Situationen besser umzugehen.*
B: *Werden Sie es machen?*
A(grinsend): *Ok, Sie haben recht. Ich meld mich an.*

Dieses sprachliche Phänomen kann in Kommunikationstrainings wirkungsvoll angewendet werden. Solche Übungen und das Feedback verlangen vom Trainer sprachwissenschaftlich fundiertes Wissen, denn das Ziel besteht nicht darin, das Pronomen „man" aus der deutschen Sprache zu entfernen. Dieser Weg wird oft von Trainern gewählt, die das zugrunde liegende Prinzip nicht verstanden haben und denen die Erklärung des komplexen Sachverhaltes zu kompliziert ist. Deren Ansatz ist monosystemisch und guruhaft. Er steht einer Nachhaltigkeit im Wege, weil die Teilnehmer nach dem Seminar selbstverständlich ständig mit sehr sinnvollen Gebräuchen von „man" konfrontiert werden, darin keinen Nachteil erkennen und somit die strikte Verbannung des „man" zu Recht in Frage stellen. Sie kehren dann langsam wieder zu den gewohnten Mustern der Prä-Seminarzeit zurück, mit der schulterzuckenden Bemerkung: *„Man kann sich ja nicht vor allem schützen."* Der Trainer muss geschult darin sein, genau jene gewohnheitsmäßig angeeigneten Verwendungen des „man" zu erkennen, die der Persönlichkeitsentwicklung entgegenstehen. Und nur diese gilt es, über den Weg der Einsicht in das eigene Verhalten eingehen zu lassen und dessen Konsequenzen zu verändern. Alles andere ist Sprechtraining für Papageien.

Einige Sprecher wechseln zwischen „man" und „ich": *„Man ist dann konfirmiert worden, und im Konfirmandenunterricht habe ich meine Frau kennengelernt."* Interessant ist aber, dass Sätze wie: *„Man war ja so verwirrt, dass ich mich zuerst nicht um meine Kinder gekümmert hab."* in meiner Datensammlung nicht vorkamen. Es scheint sich demnach so zu verhalten, dass in Äußerungen, welche die Verantwortung zum Ausdruck bringen, die Weichen gleich am Anfang gestellt werden, und zwar **entweder** auf *„So habe ich mich verhalten"* **oder** auf *„Das ist zwar mir passiert, aber es ist doch menschliche Natur, nicht wahr? Da muss mir doch jeder ehrliche Mensch zustimmen."*

• • • Verallgemeinernde „du"-Formulierungen • • • • • • • •

In den folgenden Sätzen ist das *„du"* nicht auf den Gesprächspartner beschränkt (im Gegensatz zum *„du"* in *„Reichst du mir bitte das Salz?"*).

a) *„Du warst ja so verwirrt, dass du dich zuerst nicht um deine Kinder gekümmert hast."*
b) *„Du bist ja so verwirrt, dass du dich zuerst nicht um deine Kinder kümmerst."*

Dadurch dass weder das ausschließlich auf den Sprecher bezogene „ich" noch das ausschließlich auf den Hörer bezogene „du" verwendet wird, werden diese beiden Sätze zu generalisierenden Aussagen. Das Präsens von Satz b) kennen wir aus der Formulierung allgemeingültiger Erkenntnisse wie: *„Die Erde dreht sich um die Sonne."* Daher liegt der Unterschied zwischen a) und b) darin, dass der Satz im Präsens noch stärker die Allgemeingültigkeit der Aussage zum Ausdruck bringen soll und somit noch deutlicher von dem Versagen und der Verantwortungslosigkeit des Sprechers als seiner eigenen Fehlleistung ablenkt. Der Zuhörer wird in Satz b) am stärksten unter Druck gesetzt. Sich bei diesem Satz einer Zustimmung – und sei es nur durch Nicken – zu entziehen, erfordert für den Zuhörer die größte Anstrengung, weil der Appell an die Binsenwahrheit der Aussage so intensiv ist.

Das Raffinierte an Satz b) ist, dass er einen Mangel an Selbstverantwortung und Selbstkritik impliziert, dies aber dem Hörer anlastet, falls dieser widersprechen sollte. Die Implikation ist nämlich: *„Kein ehrlicher, zur Selbstkritik fähiger Mensch wird von sich behaupten, ihm wäre das in meiner Lage nicht auch passiert."* Somit ist die Formulierung von b) eine Variante des Tina-Prinzips mit der Implikation: *„Sei ehrlich: Es gibt keine menschliche Alternative."* Zu Manipulierungsversuchen dieser Art werden auch oft folgende Eröffnungsgambite benutzt: *„Jeder intelligente Mensch"*; *„Kein mitfühlender Mensch wird ..."*. Wenn du anderer Meinung bist, dann bist du eben nicht intelligent bzw. mitfühlend etc.

Zwei Anmerkungen sind noch wichtig für den Gebrauch von „du" anstelle von „man": Zum einen sind in einem Gespräch generalisierende Statements mit „du" gefährlich, denn es kann bei „du" leicht zu Missverständnissen kommen. Sprecher, die sich *„du"*-Formulierungen statt *„man"*-Formulierungen so stark angewöhnt haben, dass ihnen selber der Unterschied zwischen einer Allgemeinaussage und einer Anrede mit „du" nicht mehr bewusst ist, lösen häufig Befremdung seitens des Zuhörers aus.

Sie wollen eine verallgemeinernde Aussage machen und sagen: *"Wenn du so einen Antrag stellst, musst du natürlich vorher gründlich recherchiert haben..."*, und noch ehe sie fortfahren können mit *"...und deshalb habe ich hier schon einmal die wichtigste Information aus dem Internet runtergeladen"*, wird ihre Äußerung empört zurückgewiesen mit den Worten: *"Mach ich doch immer!"* Ein weiteres Beispiel für die Verwendung des generalisierenden „du" und die Wirkung auf den Gesprächspartner:

A: *"Wenn du einen Vortrag über Bankwesen halten willst, musst du dich natürlich auf den neusten Stand der Forschung über Kundenverhalten bringen."*

Danach herrschte Verstimmung, die aber nicht zur Sprache kam. Später, in Abwesenheit von Sprecher A verbalisierte der Angeredete den Kollegen gegenüber seinen Missmut: *"Meint der, mir einen Rat geben zu müssen? Und dann fängt der noch an, mich zu duzen? Hat der jeden Respekt vor mir verloren? Das muss ich mir nicht mehr lange bieten lassen!"* Auch hier kommen wieder zwei Prinzipien zur Anwendung:

1. Die Botschaft ist das, was ankommt.
2. Wenn zwei Kollegen ohnehin nicht gut miteinander auskommen und Hierarchieprobleme haben, dann wird von den zwei Interpretationsmöglichkeiten der „du"-Formulierung die schlechtere, unkooperative vom Hörer aktualisiert. (In Kap. 4.2 gehen wir unter „Das kommunikative Paradoxon" näher auf diese Phänomene ein.)

Sprecher A hat durch die Wahl des „du" nur Nachteile in Kauf genommen und keinen Vorteil erwirkt. Mit Ausnahme von Unterhaltungen unter wohlmeinenden guten Freunden streicht man daher verallgemeinernde „du"-Formulierungen wie in Sätzen a) und b) am besten aus seinem Repertoire.

....

Herr Brahmsche hat bisher bei ACs die Vorstellungsgespräche geleitet. Jeweils sieben Bewerberinnen und Bewerber wurden einzeln und gleichzeitig in sieben Abteilungen interviewt, und zwar immer genau eine Viertelstunde. Danach wechselte jeder Bewerber zur nächsten Abteilung. Es war Brahmsches Aufgabe, dabei auf strenge Einhaltung des Zeitplanes zu achten, um Chaos, Zeitverschwendung und einen schlechten Firmeneindruck bei den Bewerbern zu vermeiden. Aber heute übernimmt ein anderer Kollege diese Aufgabe und Brahmsche weist ihn ein.

"Alle 15 Minuten musst du auf diesen Knopf drücken, dann erhalten die Abteilungen das Tonsignal zum Wechsel. Und nach jedem zweiten Wechsel folgt eine zehnminütige Pause."

Dann fügt er noch einen Rat hinzu. Vergleichen Sie bitte folgende Formulierungen:

a) *„Schreib dir die Uhrzeiten für den nächsten Wechsel auf, das kannst du dir sonst nicht merken."*
b) *„Schreib dir die Uhrzeiten für den nächsten Wechsel auf, dass kann man sich sonst nicht merken."*
c) *„Ich schreib mir immer die Uhrzeiten für den nächsten Wechsel auf, damit ich nicht durcheinanderkomme."*

Soziolinguistischer Exkurs: Schichtenspezifische Sprache: Soziolinguistik ist die Wissenschaft, die sich mit dem Zusammenhang von gesellschaftlichen, schichtenspezifischen Aspekten und sprachlichem Verhalten beschäftigt. Der Gebrauch von „man" für „ich" (und besonders von „du" für „ich") ist in weniger gebildeten Schichten wesentlich häufiger anzutreffen. Solche Phänomene werden in der Soziolinguistik untersucht, die nicht an Bewertung in „richtig" oder „falsch" interessiert ist, sondern die Daten über die Sprechgewohnheiten verschiedener Gesellschaftsschichten sammelt und analysiert. Wir können aus den Ergebnissen dieser empirischen Forschungen Gewinne für den eigenen Sprachgebrauch ziehen, indem wir lernen, welche Sprechgewohnheit gegenüber welchen Gesprächspartnern welche Wirkung haben.
In formellen Situationen können Sie Ihrem Stil leicht ein Upgrade verschaffen, indem Sie häufiger „ich" statt „man" und „du" benutzen, wenn Sie von sich selber sprechen.

So ist z. B. *„Jetzt ist 'ne Last von einem gefallen"* (wobei *„einem"* den Dativ von „man" bildet) eine Sprachebene, die nicht in gehobenere Konversation passt. Ebenso verhält es sich mit der Äußerung: *„Ja, dann hast du da den ganzen Samstag dein Motorrad repariert und dich abgerackert, und dann kommt deine Frau am Sonntag und will den Ausflug lieber mit dem Auto machen."* Mit dieser Formulierung wird hier hauptsächlich an die Verkumpelung des Gesprächspartners appelliert (wie wir in Kap. 3.2.3 über phatische Kommunikation erläutern werden).

• • • „man" für Fortgeschrittene • • • • • • • • • • • • •

Freilich ist in natürlich gewachsenen Sprachen keine Kategorisierung wasserdicht. Es ist daher immer wieder nötig, das Sprachbewusstsein zu schärfen, um Nuancierungen zu erkennen. Ein Mann möchte im Berufsleben einer Frau ein Kompliment machen. Es gibt für ihn die Alternativen a) *„Man fühlt sich bei Ihnen gut aufgehoben"* und b) *„Ich fühle mich bei Ihnen gut aufgehoben".* Es ist durchaus sinnvoll, wenn er sich für die generalisierende Formulierung a) und gegen das Pronomen „ich" in b) entscheidet, um das Innuendo des Flirtens zu vermeiden. Er überlässt es jetzt ihr, ob sie dem Gespräch eine persönlichere Wendung geben möchte oder nicht. Lesen Sie bitte folgenden Text, in dem ein Sprecher seinem Publikum erläutert, wie er seine Daten erhoben hat:

"Bei meiner Arbeit über synchronisierte Filmfassungen wollte ich den Einfluss des deutschen Textes und den der Synchronsprecher statt des englischen Originaltextes und den Stimmen der englischen Schauspieler auf das Kinopublikum testen. Die Frage, von der ich ausging, war: Sprechen wir von demselben Film, wenn wir von der Synchronfassung ausgehen und nicht vom Original. Ich musste dazu natürlich beide Fassungen vergleichen. Als ich zu diesem Zwecke erst die Originalfassung anhörte und danach die synchronisierte, musste ich feststellen, dass dieses Verfahren extrem zeitaufwendig war, denn ich brauchte für jeden zweistündigen Film über vier Stunden Anhörzeit plus Rückspulung und erneuter Anhörzeit besonders wichtiger Stellen. Ich beschloss daher, mit Stereokopfhörern den Film zu sehen und im einen Ohr die Originalfassung und im anderen die deutsche zu hören. Ich war erstaunt, wie schnell man lernt, beide Kanäle gleichzeitig in verschiedenen Sprachen zu verarbeiten."

Sie haben sicher bemerkt, dass der ganze Text in der Ich-Form gesprochen wurde. Mit einer einzigen Ausnahme: dem letzten Nebensatz, der gleichzeitig der wichtigste ist, weil er die Botschaft des gesamten Absatzes enthält. Warum hat der Sprecher diesen Wechsel vollzogen?

Die Antwort ergibt sich, wenn wir den letzten Satz dieses Beispiels mit „ich" statt „man" lesen: *„Ich war erstaunt, wie schnell ich lernte, beide Kanäle gleichzeitig in verschiedenen Sprachen zu verarbeiten."* Selbstverständlich läuft hier der Sprecher Gefahr, für arrogant gehalten zu werden – etwa so, als wollte er fortfahren: *„Ich bin schon ein toller Kerl, aber selbst ich bin oft überrascht, was alles an Intelligenz in mir steckt."* Hier zeigt sich deutlich, dass „man" seine ursprüngliche Bedeutung als Pronomen der Verallgemeinerung noch nicht verloren hat. Mit dem Gebrauch von „man" (noch dazu in Verbindung mit dem Präsens) in *„wie schnell man lernt"* suggeriert der Sprecher, er wäre der Überzeugung, genau so hätte es sich mit jedem im Publikum verhalten. Wenn jetzt jemand unter dem Publikum meint, er sei sich gar nicht sicher, ob er das auch könne, dann ist das seine Meinung, aber nicht die des Redners. Denn dieser wählte eine Formulierung, mit der er nur über ein menschliches Phänomen berichtet, aber nicht über seine eigenen Ausnahmefähigkeiten. Hier wird mit der Formulierung *„wie schnell man lernt"* Bescheidenheit zum Ausdruck gebracht, weil der Sprecher diese Fähigkeit nicht als exklusiv seine eigene herausstellt, sondern sie als etwas allgemein Menschliches bezeichnet.

Fazit und Nutzanwendung der Erkenntnisse aus „man", „du" und „ich": Ruth C. Cohn formuliert in ihrem Buch „Von der Psychoanalyse zur themenzentrierten Interaktion" (2004, 116) unter den Anweisungen für die interaktionelle Arbeitsgruppe als fünfte Regel Folgendes:

Sprich nicht per „man" oder „wir", sondern per „ich". (Ich kann nie wirklich für einen anderen sprechen. Das „man" oder „wir" in der persönlichen Rede ist fast immer ein Sich-Verstecken vor der individuellen Verantwortung.)

Worin unterscheidet sich ihre Methode von der in diesem Buch vorgenommenen Analyse?

1. *Cohns Ansatz ist nicht sprachwissenschaftlich begründet.* Ihre fünfte Regel ist eine sinnvolle Seminarübung, die als Einstieg in die Erhöhung des Sprachbewusstseins eingesetzt werden kann. Eine sprachwissenschaftliche Analyse hingegen geht von der Grundannahme aus, dass sich keine Sprache den Luxus völlig überflüssiger Wörter und Redewendungen leistet. Wenn die Pronomen „ich", „du", „man" und „wir" in bestimmten Kontexten austauschbar sind, dann bringt die Wahl des einen immer einen Bedeutungsunterschied gegenüber den Alternativen mit sich. Alternativen zu haben ist immer besser als über keine zu verfügen. Es kann nicht unser Ziel sein, den Sprecher seiner differenzierenden Alternativen zu *berauben*. Wir sollten ihn sprachlich *bereichern*, indem wir ihm die Unterschiede verdeutlichen und ihn dann darin schulen, seine Sprechmuster der beabsichtigten Sprechwirkung anzupassen. Wenn z. B. ein Sprecher aus sehr gebildetem Milieu sich einem weniger sprachgewandten Gesprächspartner anpassen möchte und dessen häufigere Verwendung von „man" und „du" übernimmt, dann kommt es zu der gewünschten Akkommodation, d. h. Angleichung der Sprechstile. Auf sehr einfühlsame und unaufdringliche Weise gibt er dem Gegenüber zu verstehen: *„Wir beide sprechen dieselbe Sprache. Ich möchte, dass du dich im Umgang mit mir wohlfühlst."*

2. *Cohns Ansatz ist monosystemisch.* Das heißt, die Verwendung von „man" wird als entweder gut oder als schlecht bewertet. Im Unterschied dazu haben wir gesehen, dass „man" z. B. durchaus sinnvoll zum Ausdruck der Bescheidenheit eingesetzt werden kann. Unser polysystemischer Ansatz differenziert zwischen unterschiedlichen Situationen, Gesprächspartnern, Gesprächsthemen und kommunikativen Zielen. Wenn z. B. die kommunikative Absicht in der Vergewisserung der Solidarität, der Empathie und des nachsichtigen Verständnisses gegenüber kleinen Fehlverhalten besteht, dann ist die Verwendung von „wir" sowie die des beide Gesprächspartner einschließenden „du" bzw. „man" angemessen.

3. *Cohns Ansatz ist präskriptiv.* Dadurch wird der Blick oder besser gesagt: das Gehör auf das Vorgeschriebene bzw. Verbotene gelenkt. Diese Methode birgt einen großen Nachteil in sich. Der Zuhörer wird animiert, die Sprechmuster des Gegenübers in „falsch" und „richtig" einzustufen. Sinnvoller ist es, aus den Sprechmustern mit offenen Ohren und offenem Geist den Informationsreichtum herauszuhören, den uns die Gesprächspartner auf allen Kanälen liefern. Sagt ein Gesprächspartner: *„Da rackerste dich ab, da machste Überstunn am laufenden Meter, und dann sagt dir der Kunde soundso, und er hätt sich das überlegt; also da denkste doch, der hat sie nicht mehr alle"*, dann mag es in einer Seminarübung sinnvoll sein zu erwidern: *„Jetzt sagen Sie das Ganze noch einmal mit ‚ich' und deutlicher Artikulation."* Aber reale Kommunikation hat andere Regeln. Ich höre aus der Stimme, der Aussprache und dem *„du"* heraus, dass der Sprecher mich inständig um Verständnis und Anerkennung bittet. Durch Nicken mit Aufnahme seines Sprechrhythmus kann ich ihm zuerst einmal signalisieren, dass diese Botschaft angekommen ist. Erst dann ist er bereit zuzuhören. Jetzt gilt es zu ermitteln, ob der Sprecher hier ausnahmsweise um Streicheleinheiten bittet (Fall erledigt) oder ob er alle seine Misserfolge auf diese Weise herunterspielt und anderen ankreidet.

... Benutzen Sie Ihre Kenntnisse über diese drei Pronomen zu Ihrer eigenen Persönlichkeitsentwicklung ....

Prüfen Sie, wann Sie „man" und „du" statt „ich" sagen. Versuchen Sie herauszufinden, wann Sie diese verallgemeinernden Pronomen wählen, um Gemeinsames zu betonen, und wann Sie diese Pronomen verwenden, um sich der Verantwortung zu entziehen oder um sich der Verpflichtung zu entbinden, an sich selber arbeiten zu müssen. Zwingen Sie sich, in diesen letzteren Fällen zu sagen: „**Ich** *war verwirrt*", „**Ich** *hatte die Übersicht verloren*" statt des entschuldigenden „man" mit dem Appell: „*Das ist doch allgemein menschlich, da kann man nix machen.*" Wählen Sie nicht die „Couch potato"-Sprache, die Sprache der Stagnation, Schlaffheit und Beharrung. Mit der Übernahme des Sprachgebrauchs der Verantwortung ändert sich die Einstellung.

> Jede Führungskraft muss ihre **Sprachbewusstheit erhöhen**, denn die wichtigsten Botschaften liegen oft verschlüsselt im Impliziten. Benutzen Sie Ihre Kenntnisse der drei Pronomen, damit Sie **die verdeckten Botschaften der Gesprächspartner entschlüsseln** können.

Es folgen jetzt Beispiele aus der Praxis.

Ein Bankangestellter für den Privatkundensektor sagt zu seiner Abteilungsleiterin:

„*Man kommt ja in der Urlaubssaison nicht ran an die Kunden. Da musst du dir eben Gedanken machen, was es sonst noch zu erledigen gibt.*"

Wenn seine Chefin jetzt sagt: „*Ja danke, Herr Müller, dann wollen wir uns mal wieder an die Arbeit machen*", ist sie keine gute Führungskraft. Sie kann stattdessen antworten: „*Herr Koplin, Sie sagen, man käme in der Urlaubssaison an die Kunden nicht ran. Das trifft nicht zu. Ich habe die Ergebnisse Ihrer Kollegin, Frau Kreiner, hier vorliegen, die gerade in der Urlaubssaison besonders gute Erfolge in der aktiven Kundenansprache erzielt hat, weil Sie davon ausgeht, dass diejenigen ihrer Kunden, die nicht verreist sind, in dieser Saison mehr Zeit für finanzielle Überlegungen haben als z.B. in der Vorweihnachtszeit. Noch eine Frage: Als Sie sagten: ‚Da musst du dir eben Gedanken machen, was es sonst noch zu erledigen gibt', meinten Sie da mich?*" Herr Koplin sagt mit erhobenen Handflächen: „*Nein, nein, überhaupt nicht, das war nur so allgemein gesagt, also eigentlich mehr an mich, und so.*" – „*Aber woher sollen ich und Ihre Kunden, Herr Koplin, wissen, wie Sie es gemeint haben? Es könnte ja sein, dass Sie einfach etwas vertraulicher werden wollten und mir oder* dem Kunden einen Rat unter Freunden geben wollten. Ich will Ihnen dabei helfen, ähnlich gute Resultate wie die Ihrer Kollegin zu erzielen. Ich halte ein ‚Training on the job' für hilfreich. Nennen Sie mir bitte einen Tag in der nächsten Woche, der für Sie am besten passt."

Viele Sprecher verwenden „man" in Verbindung mit dem Konjunktiv statt „Sie":

„Man könnte da ja jetzt einen Bericht vorlegen."

Solche Formulierungen sind gefährlich. Sie werden sehr leicht als sarkastisch gedeutet und uminterpretiert in: „Jeder mitdenkende Angestellte hätte jetzt einen Abschlussbericht vorgelegt. Es wundert mich, dass Sie nicht selber draufgekommen sind. Wäre doch eine Möglichkeit, oder?" Wenn der Chef nun aber mit diesem Satz eine Anweisung geben wollte, dann ist gerade bei den wenig Mitdenkenden und nie die Verantwortung freiwillig Übernehmenden die Gefahr groß, dass sie die „man könnte"-Formulierung nicht als Anweisung auffassen, sondern sie wörtlich nehmen und ihr einfach zustimmen: „Ja, könnte man machen." Ähnlich reagieren solche Menschen auf Instruktionen im Passiv:

„Da müsste /könnte /sollte jetzt mal ein Bericht vorgelegt werden."

Der Mitarbeiter nickt dem Chef zu. „Recht hat er, das müsste mal einer machen / das sollte mal gemacht werden." Es ist auch hier wieder besser, das verallgemeinernde Pronomen bzw. das Passiv durch direkte Anrede zu ersetzen: „Bis wann werden Sie einen Abschlussbericht vorlegen können, Herr Schnarkel, aus dem wir Erkenntnisse über verbesserte Kundenbetreuung ziehen können?"

Achten Sie bei sich und anderen auf den Wechsel von „ich" und „man", wenn in beiden Fällen der Sprecher selber gemeint ist. Herr Berger berichtet:

„Ich habe gerade vier Wochen Urlaubsvertretung für meinen Kollegen gemacht. Das kann man nicht mehr gut ab."

Als Herr Berger von seiner bereits erbrachten Mehrarbeit berichtet, benutzt er „ich" zum deutlichen Hinweis auf seine Leistung. Als er von der Belastung spricht, der er nicht mehr gewachsen ist (oder die er nicht mehr auf sich nehmen möchte), geht er zum verallgemeinernden „man" über mit der Botschaft, dass Urlaubsvertretung in seinem Alter ganz allgemein nicht zumutbar ist. Eine Führungskraft muss dem nachgehen. „Fühlen Sie sich nicht mehr im Vollbesitz Ihrer Kräfte? Würden Sie sich im Falle einer Beförderung noch neuen Aufgaben gewachsen sehen?" Mit anderen Worten: Herr Berger muss mit seiner Sprache der Beharrung konfrontiert werden. Er muss sich mit den Ohren der anderen hören lernen und begreifen, dass er sich als Auslaufmodell des Betriebs formuliert. In einem Autogeschäft sagt ein Kunde:

„Na ja, ich liebäugele ja schon mit dem Phaeton, aber andererseits möchte man ja auch den Kindern etwas Gutes tun."

Kein Verkäufer darf den Übergang vom „ich" zum „man" überhören. Es könnte sein, dass der potenzielle Käufer den Verkäufer damit nachgerade bittet, ihn doch von der allgemeinen moralischen Verpflichtung zu entbinden, große Summen nicht für eigenen Luxus auszugeben, sondern für die Nachkommen zu verwalten. „Das ehrt Sie", könnte der hinhörende Verkäufer sagen, „*dass Sie so denken, aber mit dem Phaeton schaffen Sie natürlich auch einen größeren und dauerhaften Wert. So ein Wagen ist ja gar nicht kaputt zu kriegen. Und Ihre Söhne sind sicher die Letzten, die ihrem Vater nicht ein wenig Luxus und* **vor allem** *die erhöhte Sicherheit gönnen.*" Es sind die Wechsel von „ich" zu „man", die dem Hörer wichtige Information geben. Lesen Sie die folgende Äußerung und bewerten Sie sie:

Man macht viele Fehler, wenn man aufgeregt ist.

Nachdem Sie spontan auf diesen Satz reagiert haben, beobachten Sie bitte an sich selber im Folgenden den Wechsel der Sprechwirkung in Abhängigkeit von dem Sprecher. Wenn dieser Satz von einem Examenskandidaten vor der Prüfung gesprochen wird, wirkt er wie die Bitte, seine Fehler nicht als Inkompetenz zu bewerten. Er zahlt aber einen hohen Preis dafür, denn gleichzeitig suggeriert er dem Prüfer, dass da wohl bestens ein „Befriedigend" herauskommt. Wird der Satz nach der Prüfung vom Kandidaten gesprochen, wirkt er wie eine Entschuldigung. Wird er nach der Prüfung vom Prüfer geäußert, so drückt er damit Verständnis aus und rechtfertigt eine Note, die nach den tatsächlich gemachten Antworten zu gut ausgefallen ist.

> Eine Weisheit: „Der Mensch ist das Maß aller Dinge."
> Eine Dummheit: „Ich bin das Maß aller Menschen."

Mit dem Spruch der alten Griechen *„Der Mensch ist das Maß aller Dinge"* ist gemeint, dass wir bei Klassifizierungen wie „schön", „nützlich" und „moralisch" immer „für den Menschen" mitmeinen. Das gilt auch für den Aphorismus selber, der meint *„Für den Menschen ist der Mensch das Maß aller Dinge."* „*Ich bin das Maß aller Menschen*" hingegen ist eine Dummheit, und die ist beobachtbar in der Physiognomie des Geistes, nämlich in den Sprachmustern, wie die folgenden Beispiele zeigen.

Eine Versammlung von 40 Leuten ist seit 20 Minuten im Gange, wobei dem Vortragenden sehr viele Zwischenfragen gestellt werden, die dieser gewissenhaft beantwortet. Da meldet sich ein Teilnehmer und sagt zu dem Redner:

„Sie müssen lauter reden, man versteht wirklich kein Wort!"

Er sagt nicht:

„Ich verstehe kein Wort",

sondern spricht für alle Anwesenden. Was glaubt dieser Mensch, haben die anderen die ganze Zeit gemacht? Die Mäuler bewegt wie Goldfische? Sich gewundert, was der da vorn wohl sagen mag? Statt eine generalisierende Aussage zu machen, hätte er sich besser fragen sollen: *„Brauche* **ich** *ein Hörgerät? Sollte* **ich** *mal zum HNO-Arzt gehen? Sollte ich mich besser in die erste Reihe setzen?"*

Viele alte Menschen besuchen Veranstaltungen, um sich fit und jung zu halten und gegen das Altern anzukämpfen. Löblich. Aber wenn diese Alten die Jüngeren in der Kommunikation richtig langweilen wollen, dann beschränken sie ihre Bemerkungen erstens auf altersspezifische Probleme und zweitens verhalten sie sich autistisch, d. h. ausschließlich ichbezogen, formulieren das aber mit Anspruch auf Gültigkeit für die Jungen:

„Man kann nicht auf diesen Stühlen sitzen."
„Es ist zu spät, da kann man sich nicht mehr konzentrieren."
„Man versteht Sie nicht."

> **Sprachphilosophischer Exkurs:** Diese Art, die eigene Wahrnehmung für die einzig mögliche zu halten, indem immer „man" statt „ich" gesagt und gedacht wird, ist die Laienversion des **Solipsismus** (Lateinisch: solo = allein, ipse = selbst). Solipsismus bezeichnet den „erkenntnistheoretische(n) Standpunkt, der nur das eigene Ich mit seinen Bewusstseinsinhalten als das einzig Wirkliche gelten lässt" (Fremdwörterduden). Bei der Laienversion handelt es sich freilich nicht um einen erkenntnistheoretischen Standpunkt, sondern um einen erkenntnisverengenden.

Diese Phänomene sind besonders bei alten Leuten zu beobachten, denn Schwerhörigkeit, Verlust der Geschmacksnerven und das Nachlassen der Kräfte stellen sich so langsam ein, dass es unmöglich ist, sich ihrer ständig bewusst zu sein. Dieses Problem muss sprachlich bewältigt werden.

„Keiner kann mehr Dresdener Christstollen backen wie früher."
„Das Bier wird immer schlechter."
„Kaviar ist auch nicht mehr das, was er mal war."
„Die Menschen von heute sprechen immer undeutlicher."
„Meine Studentinnen werden immer jünger."
„Nicht jetzt! Immer schön eins nach dem anderen. Man kann ja nicht mit zwei Leuten gleichzeitig verhandeln."

All diese Formulierungen sind ganz andere Aussagen als:

„Mir schmeckte der Christstollen / das Bier / der Kaviar früher besser."
„Ich muss mich heute stärker konzentrieren als früher, um die Leute zu verstehen."
„Meine Studentinnen kommen mir heute viel jünger vor."

„Früher war Multitasking meine Stärke. Während ich einen Kunden am Telefon beriet, holte ich Information aus dem Internet und deutete meiner Mitarbeiterin, die reinkam, freundlich durch Mimik und Gestik an, sie möge doch die Rechnung da auf dem Tisch bearbeiten."

Stoppuhren sind nicht mehr das, was sie waren. Früher schaffte jede Stoppuhr meine 100 Meter in 11,9 Sekunden. Heute brauchen selbst die besten Uhren 16 Sekunden dafür."

... Personifikation – Verdinglichung – Sündenbock – Externalisierung

> **Exkurs: Sündenbock**
> „Während man heute, von psychologischen Argumenten beeinflusst, häufig von einem gesellschaftlichen Phänomen spricht, wonach sich schuldige Personen dadurch zu befreien suchen, dass sie die Schuld dem ‚Sündenbock' übertragen, findet sich der Sündenbock des Alten Testamentes im kultischen Zusammenhang. Am großen Versöhnungstag wird ein Ziegenbock ausgelost, der dem Wüstendämon Asasel ausgeliefert wird (3. Buch Mose). Der Hohepriester legt beide Hände dem lebenden Bock auf den Kopf und überträgt ihm so die Sünden. Diese soll der Bock, der in die Wüste getrieben wird, um dort umzukommen, mit sich forttragen." (Die Bibel von A–Z, o.J.)

Wir müssen drei Varianten des Sündenbock-Syndroms unterscheiden:

1. das psychologische Argument („Jetzt hat man endlich einen Sündenbock gefunden"),
2. das kultisch-rituelle, wie beim Versöhnungsfest, und
3. den Sündenbock, der sich in verschiedensten Verkleidungen in die Sprache eingeschlichen hat.

Bei den ersten beiden Varianten ist es gerade die Bewusstmachung des Phänomens, die im Vordergrund steht. Wollten wir sarkastisch sein, könnten wir zum Ritual des Versöhnungsfestes sagen: „*Super. Sündigt drauflos, ladet alle Sünden auf den Ziegenbock und ab in die Wüste mit ihm. Und nun fangen wir frei von Schuld noch mal von vorne an.*" Wenn wir es so weltlich formulieren, ist es freilich unter unserer intellektuellen Würde (wenn schon nicht unter unserer moralischen), denn es ist zu durchsichtig. Bei der dritten Variante besteht der Trick darin, Redewendungen mit demselben Effekt der ersten beiden anzuwenden, ohne sie als billigen Trick zu entlarven.

Der Angestellte Pöschel hat heute viele Fehler gemacht. Anstatt sein Verhalten genau so zu beschreiben und sich zu überlegen, woran das liegen könnte (*„Habe ich zu wenig geschlafen? Bin ich mit meinen Gedanken noch zu sehr mit meinem Streit zu Hause von heute Morgen beschäftigt?"*), sagt er einfach:

„Heute ist irgendwie **der Wurm** *drin."*

Das Problem ist nun **externalisiert**, d. h. es liegt nicht mehr *in* Herrn Pöschel, sondern der Fehler ist also irgendwo außerhalb seiner Person zu suchen. Die Antwort darauf, die er von seinem Gesprächspartner erwartet, ist: *„Kenn ich. Manchmal ist es wie verhext."* Damit lässt der sich nämlich auf das externalisierende Sprachspiel von Herrn Pöschel ein. Die Schadensursache ist somit zufriedenstellend erörtert. Dies sind wieder sprachliche Beharrungsbestrebungen. *„Was soll* **ich** *da machen, wenn nun mal der* **Wurm** *drin ist?"* Die „falsche", also vom Sprecher nicht erwartete Antwort darauf ist: *„Der Wurm also. Ja, dann machen wir uns mal auf die Suche nach diesem Wurm. Wo mag der stecken? Vielleicht im PC. Schon mal da nachgeguckt? Oder könnten* **Sie** *vom Wurm befallen sein? Hmm?"* Hier wird die Ursachenforschung zu konkret, und vor allem: Sie lässt Herrn Pöschel als mögliche Ursache zu, wo doch die implizite Botschaft von ihm war: *„Mit mir hat das nichts zu tun. Ich brauche mich nicht zu verändern."* Ein weiteres Beispiel für Externalisierung ist:

„Da hat sich ein Fehler eingeschlichen."

Wir nennen solche Formulierungen „**Externalisierung**", weil sie suggerieren, dass Fehler unabhängig und außerhalb (extern) von Menschen existieren. Bei Autoren und Redaktionen ist folgende Formulierung eine beliebte Externalisierung:

*„***Der Druckfehlerteufel** *hat wieder zugeschlagen."*

Dieser Schlingel! Wenn's unsere Schlamperei wäre oder wenn wir uns immer noch nicht den richtigen Spellchecker gekauft hätten, da könnte man etwas ändern. Aber dann müsste man auch bestimmen, wer denn nun letztendlich verantwortlich ist und wie viele Druckfehler ihm verziehen werden sollen und wo die Grenze ist. Die Formulierung *„Der Druckfehlerteufel hat wieder zugeschlagen"* hat eine verblüffend ähnliche Funktion wie die Benutzung von „man" statt „ich", denn der beiden gemeinsame Appell ist: *„Kennen wir doch alle, nicht wahr? Man tut ja sein Bestes, aber da kann man nix machen."*

Ein sprachwissenschaftlicher Exkurs: Die **Vermenschlichung** bzw. **Personifikation** ist die konkrete Darstellung von etwas Abstraktem – also z. B. der Darstellung der Gerechtigkeit als einer Frau mit verbundenen Augen und einer Waage in der Hand. In der Kunst gibt es dazu viele wunderschöne und einprägsame symbolhafte Darstellungen. Auch in der Bildersprache haben

> sie einen nützlichen Platz. Die Formulierung „*der blinde Zufall*" verdeutlicht das Fehlen einer Absicht. „*Der Sturm hat gestern zwei Menschenleben gefordert*" ist eine gute Formulierung für das Ausgeliefertsein gegenüber den Naturgewalten. „*Der Tod*" ist definiert als „*das Ende des Lebens*". Durch Personifikation wird aus diesem Prozess ein Gegner in der eindrucksvollen Redewendung: „*Er ringt mit dem Tod.*" In der Religion kann man von Erzengeln und Teufeln sprechen, ohne durch abstrakte Formulierungen die Wucht der unmittelbaren Anschaulichkeit zu verlieren. Solche rhetorischen Figuren sind legitim, sinnvoll und oft neben dem didaktischen Effekt auch einfach schön.

Wenn Menschen sich aber rhetorische Figuren der Personifikation zur Entschuldigung des eigenen Verhaltens angewöhnt haben, dann liegen diese unter ihrer Aufmerksamkeitsschwelle – und unbemerkt ergreifen diese Formulierungen Besitz von ihrem Benutzer. Wir haben in Workshops festgestellt, dass die Vermeidung solcher Redewendungen zu einer Veränderung des Verhaltens führt. Wenn nämlich gesagt wird: „*Ich habe in meinem Beitrag zu unserer Broschüre vier orthografische Fehler gemacht*", dann fangen die Autoren an zu überlegen, wie viele Fehler denn die anderen gemacht haben und mit welchem Verhalten bzw. mit welchen Techniken sie diese Fehler vermeiden können. Das ist eine Reaktion, welche die Formulierung „*Der Druckfehlerteufel hat wieder zugeschlagen*" selten auslöst. Man kann im Gegenteil sagen, sie verbieten nahezu eine Veränderung, denn es wäre wenig sinnvoll, sich gegen Teufel aufzulehnen, „*und es ist überhaupt eine Gemeinheit, dass dieser Teufel immer bei mir zuschlägt. Ich habe Anspruch auf Mitleid wegen dieser Ungerechtigkeit des Schicksals*".

Nehmen wir jetzt eine der beliebtesten Formulierungen zur Externalisierung unter die Lupe. Bei dem Verkauf eines Computers klappt etwas nicht und der Verkäufer sagt mit einem Sprechlacher:

„*Also das ist ja mal wieder der klassische* **Vorführeffekt.**"

Es gibt jetzt zwei mögliche Reaktionen darauf. Die wohlwollende ist: „*Ja, kenn ich, wenn man aufgeregt ist, passieren einem solche Dinge.*" Die andere besteht darin, dass der Kunde sich überlegt: „*Aha, die Formulierung ‚mal wieder' und ‚klassisch' sagt mir, dass dies kein Einzelfall ist. ‚Vorführeffekt' sagt mir, im Prinzip funktioniert diese Software, aber immer wenn es darauf ankommt, wie z.B. bei meiner nächsten Powerpoint-Präsentation vor wichtigen Kunden, dann muss ich ‚wieder einmal mit dem klassischen Vorführeffekt' rechnen. Das heißt für mich, diese Software ist ok, wenn ich der Patentante die Urlaubsfotos zeigen will, aber nicht für Produktpremieren.*" Oder aber der Kunde führt das Versagen auf den Verkäufer zurück und denkt: „*Wenn dem das immer beim Vorführen passiert, dann vergeude ich doch nicht meine Zeit hier, sondern geh woanders hin.*" Zu Beginn seines Vortrages sagt der Redner:

„Ich hoffe, dass mir die Technik jetzt keinen Streich spielt."

Er erhofft sich davon den Bonus der Nachsichtigkeit seitens des Auditoriums, falls jetzt sein Powerpoint nicht funktioniert. Er macht sich damit aber auch klein. Dieser Satz ist kein guter Auftakt für jemanden, der als Experte auf seinem Gebiet Autorität für sich in Anspruch nimmt. Für den ersten Eindruck erhält niemand eine zweite Chance. Daher sollte der Eröffnungssatz nicht langweilen und implizit mitteilen: *„Ich habe wieder nichts vorher ausprobiert und bin ziemlich unsicher."* Nehmen wir an, die Technik klappt wie am Schnürchen. Dann liegt die Botschaft des Satzes darin, dem Publikum schon vorher klargemacht zu haben, dem Redner kommt dieses Verdienst nicht zu, denn er hatte ja die Verantwortung bereits im ersten Satz abgegeben und Unsicherheit zum Ausdruck gebracht. Sie würden doch auch nicht einen Vortrag beginnen mit den entschuldigenden Worten: *„Ich les denn jetzt mal mein Manuskript vor und hoffe nur, dass der Klabautermann einem nicht die Seiten durcheinandergebracht hat."* Vergleichen Sie bitte die beiden folgenden Formulierungen:

a) *„Das Phänomen der Sprachbewusstheit hat sich einer präzisen, alle Facetten umfassenden Bestimmung bislang entzogen."*
b) *„Obwohl wir alle wissen, was mit ‚Sprachbewusstheit' gemeint ist, und obwohl wir mit diesem Begriff täglich umgehen, ist es mir bisher nicht gelungen, dieses Phänomen wissenschaftlich exakt zu bestimmen."*

In Satz a) haben wir eine Externalisierung des Problems verbunden mit einer Personifikation. Es ist die Sprachbewusstheit, die sich entzogen hat. In Satz b) liegt Internalisierung mit einer Ich-Aussage vor. Übertragen Sie die Formulierungen auf ein Gebiet, auf dem Sie selber Expertin oder Experte sind, und prüfen Sie an sich selber, welche Äußerung Sie mehr stimuliert, dem Phänomen nachzugehen.

Wenig überraschend ist die Beobachtung, dass sprachliche Beharrungsformulierungen und Formulierungen der Externalisierung besonders häufig von Sprechern in Gebieten ihrer Schwächen verwendet werden. Beginnen wir mit den Menschen, die nie ihr Idealgewicht erreichen, aber sich auch nie damit abfinden. Da hören wir folgende Formulierung:

„Durch Weihnachten haben sich doch so 'n paar Fettpölsterchen aufgebaut."

Wohlgemerkt: *„Durch Weihnachten"*, das Problem wird also externalisiert: *„Nicht dass Sie jetzt denken, ich wäre daran schuld. Man (also wir alle, nicht wahr?) kann sich ja zu den Festtagen nicht allem entziehen, das wäre nachgerade unsozial. Und wissen Sie, da schaut man mal ein paar Tage nicht hin, und was passiert? Da bauen sich diese Fettpölsterchen auf* (Personifikation und Externalisierung), *ohne dass man überhaupt gefragt wird!"* Und die Verniedlichungsform „Fettpölsterchen" klingt auch viel besser als *„2,8 Kilogramm in acht Tagen"*. Vergleichen Sie

a) *„Ich nehme jetzt ab"* mit
b) *„Ich mache jetzt eine Diät"*.

Satz a) könnte wohlwollend paraphrasiert werden als: „*Ich halte mich jetzt an ernährungswissenschaftliche Vorgaben.*" Das Wichtige für den Sprecher bzw. die Sprecherin ist die Tatsache, dass ein solches Verhalten nicht auch den Erfolg mit bedeutet, denn man kann bei b) ohne Widerspruch fortfahren wie in

c) „*Ich mache jetzt eine Diät, aber die schlägt bei mir irgendwie nicht an*".

Der Sprecher lässt sich eine Hintertür offen: „*Ich mache zwar alles richtig, aber was mein Körper und die Diät da unter sich aushandeln, ist jenseits meiner Kontrolle.*" Das ist eine sprachliche Vergünstigung, die der eine **Wirkung** ausdrückende Satz „*Ich nehme gerade ab*" nicht in sich birgt. Dass a) und b) nicht die gleiche Bedeutung haben, sieht man an der Tatsache, dass man bei a) den Erfolg nicht im Nebensatz annullieren kann. Der Satz

d) „*Ich nehme jetzt ab, aber ich verliere kein Gewicht*"

ist ein Widerspruch in sich selbst. Bei c) handelt es sich meist um Sprachspiele, denn es gibt niemanden in der Welt, der nicht weiß, wie man abnehmen kann.

Auch „Gesundheit" ist ein komplexer Begriff, mit dem viele solche Sprachspiele angestellt werden, die einen Einfluss auf unser Leben haben. Gesundheit wird zu einem großen Teil in Sprache und Kultur geboren, gefördert, zerstört, zum Kult erhoben oder aber sprachlich nicht erfasst und somit ignoriert. Ich will nicht Fieber durch Umdefinition der Temperaturskala lindern oder behaupten, wenn ich den Begriff „Multiple Sklerose" nicht benutzte, würde ich auch nicht unter ihren Symptomen leiden. Es geht mir vielmehr darum aufzuzeigen, dass Gesundheit nicht etwas ist, was – so wie es ist – immer da ist, also wie ein vergrabener Schatz, einerlei ob wir ihn finden oder nicht. „Gesundheit" ist ein Begriff. Begriffe sind sprachlich definierte Einheiten. „Gesundheit" als Begriff wird von jeder Sprache anders geschaffen. „Gesundheit" ist ein kulturelles Konstrukt.

....

Wenn in einer Firma mit internationalem Personal eine junge deutsche Frau sagt, sie hätte es heute mit dem Kreislauf, dann will ihre englische Kollegin den Krankenwagen rufen. Ihre Übersetzung „*disturbance of the blood circulation*" ist im Englischen nämlich etwas äußerst Alarmierendes. Befragt man nun die deutsche Kollegin detailliert nach den Phänomenen dieser Kreislaufbeschwerden, bleibt häufig nicht mehr übrig als die für Engländer nicht mehr ganz so alarmierende Aussage: „*Also ich kam heute irgendwie nicht so richtig in Gang, sag ich mal so.*" Das soll nicht heißen, die Deutschen seien Hypochonder. Sie spielen vielmehr ein anderes Sprachspiel, dessen Regeln die Engländer lernen müssen.

Als Molière „Le malade imaginaire" („Der eingebildete Kranke") schrieb, behauptete er nicht, dass *alle* Krankheiten eingebildet sind, aber analog dazu sind sich heute alle Experten einig, dass es mehr gemachte als echte Legastheniker gibt, mehr Dummheiten als Manifestationen klinischer Minimaler Zerebraler Dysfunktion (MZDs).

Ein Nebeneffekt pseudowissenschaftlicher Gesundheitsbildung ist der Ersatz der Nennung von beobachtbaren Phänomenen durch populär-wissenschaftliche Beschreibungen und medizinische Volksdiagnosen. *„Na ich kann dir sagen, da floss aber das Adrenalin in Strömen"* ist eine Paraphrase für *„Ich war ganz schön aufgeregt"* und wird auch von denjenigen benutzt, die nicht einmal die chemische Formel für Kochsalz kennen. Der Satz

a) *„Ich habe eine Rotweinallergie"* ist bei vielen Sprechern auf das auch folgendermaßen zu beschreibende Phänomen zurückzuführen:
b) *„Wenn ich drei Glas Rotwein trinke, bekomme ich Kopfschmerzen."*

Der Übergang von b) zu a) verändert in diesem Beispiel die Welt: Er schafft ein Heer von Kranken, und das Gesundheitswesen reagiert auf die Formulierung von a) und behandelt die vielen selbst ernannten bzw. selbst diagnostizierten Allergiker. Die Zahl der Allergiker ist stark von der Sprache abhängig. Dieses Sprachspiel definiert Kranke. Nach der Formulierung von Satz a) ist die wahrscheinliche Reaktion, einen Arzt aufzusuchen. Nach Satz b) hingegen ist die anzunehmende Reaktion des Sprechers, lediglich zu sagen: *„Also trinke ich besser immer nur zwei Gläser."*

Um Missverständnissen vorzubeugen: Was hier beschrieben wird, ist nicht identisch mit dem logischen Problem des Verwechselns von Ursache und Wirkung – obwohl auch dies die Folge des Sprachspiels sein kann, die Diagnose zu stellen, statt lediglich das Symptom zu beschreiben: *„Herr Doktor, ich habe eine Lederallergie: Jedes Mal wenn ich mit Schuhen im Bett aufwache, habe ich Kopfschmerzen."*

Jeder kennt das Phänomen Stress bzw. gestresst sein. Hier wird nicht behauptet, Stress als Krankheit gäbe es nicht. In diesem Buch geht es um Kommunikation und Persönlichkeitsentwicklung. Die Frage in diesem Zusammenhang ist daher: Wie geht jede(r) mit der sprachlichen Bedeutung um? Vielleicht sagt der eine: *„Ich bin gestresst."* wo der andere bei ähnlichen Phänomenen sagt: *„Ich bin krank: Ich leide unter der Volkskrankheit Stress."*

In England ist mit einem neuen Begriff ein neues Syndrom aus der Taufe gehoben: „Road Rage". Man sagt also nicht mehr: *„Dieser Rowdy fuhr unvorsichtig, pöbelte auch noch andere an, benahm sich als absolut widerlich und rammte absichtlich ein anderes Auto."* Man macht solches Verhalten gesellschaftsfähig, indem man es sprachlich aus dem Verantwortungsbereich des Verkehrshooligans nimmt: *„He underwent an attack of road rage"*, so wie man plötzlich unter Heuschnupfen leidet, als wären „Road Rage"-Pollen oder gar „Road Rage"-Viren in der Luft. Die verheerende Folge des neuen Nomens „Road Rage" ist, dass es das Phänomen verstärkt

Abb. 3.1: *Volkskrankheit Stress (BildWoche 8.5.08, S. 1)*

hervorruft. Häufigere Anfälle von Road Rage sind die Folge des Gebrauchs dieses neuen Wortes, mit dem man vorgibt, nur ein existierendes Syndrom zu beschreiben.

Man kann hier von einer **Nominalisierungsfalle** sprechen. Damit ist gemeint, wenn ein Nomen für bestimmte Verhaltensweisen erfunden wird, dann halten viele Menschen das damit Bezeichnete für eine selbstständige Einheit, die existiert, die aber nicht erst durch mein Verhalten ins Leben gerufen wird.

....

Das wissenschaftlich bewiesene „Fremdgehwetter" ist ein Beispiel für die Nominalisierungsfalle. Vor Prägung dieses Begriffes übernahm jeder und jede die Verantwortung für Seitensprünge, aber jetzt heißt es: *„Du Schatz, liest du denn nicht den Wetterbericht? Also mach mir bitte keine Szene; es war Fremdgehwetter. Mein Gott, man ist doch auch nur Mensch, und man ist ja schließlich nicht für's Wetter verantwortlich."*

Abb. 3.2: „Fremdgehwetter" (BILD 27.4.07, S. 1)

3.2.3 Phatische Kommunikation

Nachdem wir nun einige Beispiele für sprachliche Gehirnschoner und sprachliche Formeln für Beharrungsbestrebungen kennengelernt haben, wollen wir der Frage nachgehen: Worin liegen Ursprung und Beliebtheit dieser Redewendungen, die aus Persönlichkeiten zweidimensionale Pappkameraden machen?

Wenn ein Starenschwarm sich in einem Baum niederlässt, erhebt sich großer Lärm. Was teilen sich die Stare mit? Vielleicht vergewissern sie sich nur ständig gegenseitigen Wohlwollens und des Gefühls der Zusammengehörigkeit. Die Botschaft ist: *„Wir sind alle gleich. Hier ist keine andere Vogelart unter uns, denn die würden wir sofort daran erkennen, dass sie sprechen, wie* **ihnen** *der Schnabel gewachsen ist."* Auch wir Menschen brauchen solche Signale, nur ist es schwieriger, sich mit Worten im Grunde nichts zu sagen. Stare und Affen haben es da leichter. Erstere zwitschern sich zusammen, und Letztere benutzen gegenseitiges Lausen (engl.: grooming) zum Abbau von sozialem Stress. Dieses Ritual heißt „social grooming" (soziales Lausen). Eine Unterhaltung, die als Zweck *nicht* Mitteilung, sondern einzig und allein eine soziale Funktion hat, nennt man **verbales Lausen (verbal grooming)** oder, gelehrter ausgedrückt, **phatische Kommunikation** (phatisch = Kontakt knüpfend bzw. erhaltend). Es kommt darauf an, *dass* man miteinander redet, nicht auf das, *was* man sagt.

Das Bedürfnis der Engländer, sich gegenseitigen Wohlwollens zu versichern, ist größer als z. B. in Deutschland, weswegen man Deutschen in „Englisch als Fremdsprache" die hier angemessenen Versatzstücke beibringen muss. Das Wichtige dabei ist, dass nichts mitgeteilt wird, außer der Botschaft: *„Ich hab nichts gegen dich und du hoffentlich nichts gegen mich."* Wenn zwei nicht miteinander bekannte Engländer als Einzige an der Bushaltestelle stehen, kommt es in der Regel zu einem kurzen Gespräch:

A: *Lovely day today, isn't it?* (Fallende Intonation, denn es handelt sich nicht um eine echte Frage, sondern um das Verbalisieren von Bekanntem und Offensichtlichem.)
B: *Yes, absolutely.* (Zustimmung) *A bit mild though for this time of the year.* (Ein Hauch von Problembewusstsein, weil nur *„Yes, absolutely"* als Desinteresse an der Unterhaltung und am Gegenüber gewertet werden könnte.)
A: *Yes, it is. Still, could be worse, I reckon.* (Ein Versatzstück mit nahezu universaler Einsetzbarkeit.)
B: *Yeah, well, we mustn't grumble. Ah, here comes the bus.*

Es wäre ganz falsch, hier politisch zu werden, also z. B. als Antwort auf *„A bit mild though for this time of the year"* den Konservativen die Schuld für globale Erwärmung in die Schuhe zu schieben. Der Trick ist, zu sprechen ohne Mitteilungsgehalt. Wir können das verdeutlichen, indem wir einen Sprecher einer anderen Kultur die Regeln in dem obigen Gespräch brechen lassen. Antwortet er auf die Frage: *„Lovely day today, isn't it?"* mit *„Yes, of course"* oder *„Good Lord, yes, so it is. I hadn't noticed!"*, stellt er den anderen bloß, da er den phatischen Charakter der Kommunikation ignoriert.

Wie immer in der Kommunikation müssen wir uns zunächst über das Grundprinzip klar werden: *„Wer spricht zu wem aus welchem Anlass mit welchem Ziel?"* Bei der phatischen Kommunikation kommt es darauf an, dass beide Gesprächspartner möglichst behutsam, absichtlich nichtssagend gegenseitig ihre Stimmung und Gesprächsbereitschaft testen. Soweit wie hier beschrieben handelt es sich um **Small Talk**. Beobachtungen über das Wetter oder Fragen wie *„Hatten Sie eine weite Anreise?"* erleichtern den Einstieg in ein Gespräch.

Man kann jetzt Folgendes beobachten: Die Funktion des Small Talks als Einstiegshilfe in Gespräche oder als Entspannung in der Kaffeepause wird von vielen Individuen als so angenehm empfunden, dass sie zum bevorzugten Kommunikationsstil wird. Wenn die kontaktknüpfende und kontakterhaltende Gesprächsform, also die phatische Kommunikation, sich ausbreitet und die vorherrschende Kommunikationsform der Gesprächspartner wird, dann wird sie zum Gehirnschoner, der jede Diskussion über Relevantes und jedes Bemühen um neue Erkenntnis verhindert.

Zwei Geschäftsleute sitzen in der Kaffeebar der Firma. Der eine seufzt tief: *„Hmmm!"*
Darauf der andere: *„Wem sagst du das!"*

Der Soziolinguist Basil Bernstein hat den Begriff **„restringierter Code"** eingeführt. (Er tat dies in einer heftig umstrittenen These zur Erklärung des Zusammenhangs zwischen Bildung und schichtenspezifischem Sprachgebrauch. Wir können seine Kriterien hier aber ohne politische Aspekte in abgewandelter Form auf Sprechmuster anwenden.)

Ein Beispiel für den restringierten Code (restringiert = eingeschränkt): Zwei Kollegen treffen sich morgens auf dem Weg zum Dienst im Bus. Nach der Begrüßung nimmt das Gespräch ohne Einleitung folgenden Verlauf:

A: *Das war ja wohl 'ne schöne Pleite gestern, oder?*
B: *Klar. Jetzt schaffen wir den Aufstieg nicht mehr.*
A: *Das kannste vergessen. Aber das war doch keine rote Karte, oder?*
B: *Nie im Leben.*
A: *Die Schiedsrichter werden auch immer schlechter. Ist doch so, oder?*
B: *Das kannste wohl sagen. Was die sich heutzutage zurechtpfeifen.*
A: *Da müssen die sich langsam mal was einfallen lassen.*
B: *Da hat man ja bald keine Lust mehr, sich das anzusehen.*
A: *Da müsste eigentlich mal wer was unternehmen.*
B: *Ja, aber wenn du dich da jedes Mal aufregen willst, da machst du dich ja verrückt.*

Der **restringierte Code** hat folgende Charakteristika:

- Er findet in einem genau und eng definierten, gemeinsamen Bezugsrahmen statt, innerhalb dessen die Äußerungen stark abhängig von der Situation und dem Kontext sind.
  In unserem Beispiel musste also nicht geklärt werden, ob beide ein Fußballspiel gesehen haben und um welches Spiel es sich handelte.
- Die Ansichten des Hörers werden als bekannt vorausgesetzt.
  In dem obigen Gespräch brauchte nicht ermittelt zu werden, ob sich der andere für Fußball interessiert.
- Der Gesprächsstil ist verbal nicht explizit.
  In *„Da müssen die sich langsam mal was einfallen lassen"* wird nicht geklärt, wer *„die"* denn sind, ob z.B. die Schiedsrichtervereinigung, der DFB, die Vereine, die Fans, die Presse oder wer auch immer.
  Oder: *„Da müsste eigentlich mal wer was unternehmen."* Es wird nicht angegeben, wer was unternehmen soll.
- Häufige implizite Aufforderungen an den Gesprächspartner, er möge doch zustimmen.
  Zum Beispiel: *„Ist doch so, oder?"*

- Häufiger Gebrauch unpersönlicher Pronomen.
  Zum Beispiel: „*Da hat man ja bald keine Lust mehr, sich das anzusehen.*" – „*Da müsste eigentlich mal wer ...*" Auch das „*du*" in „*Ja, aber wenn du dich da jedes Mal aufregen willst, da machst du dich ja verrückt*" ist hier als allgemeines Pronomen in der Bedeutung von „man" gebraucht und nicht als Anrede des Gesprächspartners.
- Die Einzigartigkeit des Individuums spielt eine geringe Rolle.

Wichtiger ist die Vergewisserung der Zusammengehörigkeit als soziale Gruppe. Echte Diskussionen oder gar Streitgespräche werden vermieden. Sprecher A und B sind austauschbar, und beide wiederum mit zwei beliebigen anderen derselben Gruppe. Das Gespräch selber könnte vermutlich wörtlich nach vielen anderen Spielen wiederholt werden.

Gehen wir noch einmal auf die Technik dieser Unterhaltung ein. Statt Individualisierung und Kreativität werden hier **kommunikative Versatzstücke** abgerufen, ohne dass darüber viel nachgedacht werden muss. Solche Gespräche in Kreisen, in denen man miteinander auskommen muss (wie im Kollegenkreis) oder auskommen will (wie im Kegelclub), erfüllen eine wichtige Funktion. Sie entlasten das Gehirn und verbinden die Gesprächspartner. Nun gibt es aber Leute, bei denen die Versatzstücke im Laufe ihres Lebens einen immer größeren Raum einnehmen. Die beim Computer bekannte und nützliche Technik des „Ausschneidens und Einfügens", also eine bequeme mit Versatzstücken arbeitende Technik, ist im Gespräch für Kreativität tödlich. In eingefahrenen Bahnen zu formulieren hat die Wirkung auf die Persönlichkeit, sie zu konfektionieren. Es sind Meinungen „von der Stange".

Wir alle kennen solche ritualisierten Gespräche mit ihrem Pseudotiefsinn. Es sind Unterhaltungen, während derer man beim Zuhören schon die Lippen mitbewegen könnte, weil sie so vorhersagbar sind:

A: *Die Bahn erhöht wieder mal die Fahrpreise.*
B: *Hör mir bloß auf. Es wird ja alles teurer.*
A: *Die Steuern sollen ja auch wieder erhöht werden.*
B: *Alles geht rauf, nur nicht unsere Löhne.*

A: *Die bringen ja jetzt jeden Tag was über Gammelfleisch.*
B: *Geh mir weg. Man kann ja heutzutage niemandem mehr trauen.*
A: *Weißt du, wenn sich nicht einmal mehr die Experten einig sind!*
B: *Genau. Der eine sagt dies und der andere sagt das. Ich kann dieses Gesundheitsgedöns schon nicht mehr hören.*
A: *Am besten man kümmert sich gar nicht mehr drum.*

Besonders unter älteren Menschen, bei denen die Kraft und die Fähigkeit nachlässt, neues Gedankengut zu verarbeiten, findet man häufig Gespräche, die in grotesker Form alle Züge der phatischen Kommunikation und des restringierten Codes aufweisen. Das Folgende ist die wörtliche Mitschrift eines mitgehörten Gesprächs zweier alter Damen, als ihr Bus gerade auf den Marktplatz einer kleinen Vorstadt einbog:

A: *Is ja immer leer.*
B: *Ja, da wolln sie ja jetzt was machen.*
A: *Was denn?*
B: *Jaa, stand in der Zeitung.*
A: *Ach so!*

War dies eine Diskussion über Stadtplanung? Natürlich nicht, aber die Gesprächspartnerinnen hatten sich auf ihrer Ebene des Informationsbedarfs ausreichend darüber ausgetauscht. Die liquide Intelligenz ist für Problemlösung und Kreativität zuständig; die kristalline Intelligenz reicht aus für den Umgang mit früher einmal erarbeiteten Versatzstücken. Erstere lässt im Alter nach. Es gibt keinen Grund, diesem Prozess durch freiwillig antizipierte Vergreisung Vorschub zu leisten. Verfrühte Vergreisung setzt mit der zu häufigen Flucht in sprachliche Versatzstücke als Gehirnschoner ein. (Im Gegensatz zum restringierten Code steht der elaborierte Code, der in seinen Sprechmustern nicht stets einen vertrauten und sehr eng gefassten Bezugsrahmen der Gemeinsamkeiten voraussetzt.)

3.3 Wie man aus komplexen Themen lineare macht – Work-Life-Balance

Zu der Diskussion über die Work-Life-Balance gibt es viele gute psychologische, arbeitsorganisatorische, soziologische und philosophische Ratschläge sowie Überlegungen, wie z. B. die sicher nicht empirisch belegte Behauptung, es habe noch niemand auf dem Sterbebett gesagt, er bedaure, nicht mehr Zeit im Büro verbracht zu haben. Die meisten Menschen beginnen mit den Überlegungen dazu, *nachdem* Sie die Formulierung „Work-Life-Balance" akzeptiert haben. Wir schalten hier den sprachlich-analytischen Schritt vor, indem wir fragen: Was bedeutet die Formulierung? Dies nicht zu tun gleicht dem Motorradfahrer, der losbraust und sagt: *„Ich weiß zwar noch nicht, welches Ziel ich ansteuere, aber mit dieser Maschine komme ich auf jeden Fall schneller hin."*

In der Erörterung von „umweltschädlich – umweltfreundlich" hatten wir Antonyme (= Gegensatzpaare, Gegenteile; s. Kap. 2.2) besprochen. Solche Antonyme können von der Kategorie „ganz oder gar nicht", „entweder das eine oder das andere" sein. Dazu gehören „verheiratet – ledig" und „logisch – unlogisch". Das sind **binäre Oppositionen** („binär" = nur aus zwei Einheiten bestehend). Man kann diese Adjektive nicht modifizieren. Das heißt, man kann nicht sagen: * *„Sven ist mehr verheiratet/ist verheirateter als Hauke"*, es sei denn, man möchte bewusst sprachkreativ formulieren. Und Sprecher, die sagen: *„Die Behauptung ist logischer als jene"*, haben eben nicht begriffen, was *„logisch"* bedeutet. Daneben gibt es Antonyme, die modifizierbar und graduierbar sind, wie „heiß – kalt", „reif – unreif". Hier kann man durchaus formulieren: *„ziemlich heiß"* und *„noch nicht ganz reif"*. Das gilt auch für ihre entsprechenden Nomina, wenn man von *„großer Hitze"*, *„extremer Kälte"* und verschiedenen *„Reifegraden"* spricht. Bei *„Geld zurücklegen"* und *„Geld ausgeben"* haben wir einerseits einen Fall von Unvereinbarkeit, denn ich kann nicht dieselben 100 Euro ausgeben *und* zurücklegen, andererseits einen Fall von „mehr oder weniger", wenn ich überlege, ob ich von den 100 Euro 70 ausgeben und 30 zurücklegen will oder lieber umgekehrt.

Es gibt Wörter, die nicht Antonyme sind, aber dennoch eine Inkompatibilität (= Unvereinbarkeit) beinhalten. Dazu gehören „Leutnant" und „Oberst", denn man kann nicht beides zugleich sein. Die Bezeichnungen für gewisse Eigenschaften (wie „fleißig" und „fröhlich") sowie Tätigkeiten (wie z. B. „wandern" und „sich unterhalten") können durchaus miteinander Vereinbares bedeuten. Man kann sich nämlich sehr wohl gut unterhalten, während man dem Ziel näher kommt, und gewissenhafte Menschen müssen nicht Trauerklöße sein.

Die sprachliche Form „Work-Life-Balance" suggeriert, dass es sich bei „work" und „life" um Antonyme handelt und um binäre Opposition, denn ich habe viele Menschen dazu befragt, und fast alle sprachen davon, wie sie durch besseres Timemanagement am Arbeitsplatz mehr Zeit für Familie, Freunde und Hobbys gewinnen könnten. Diese Befragungen werden durch den Lexikoneintrag in Longman's Dictionary bestätigt:

„work-life balance: the ability to give a sensible amount of time and effort to your work and to your life outside work, for example to your family or to other interests: You can't have a proper work-life balance if you're in the office for 12 hours a day."

Die Überlegungen der meisten Menschen gehen nun in die Richtung, wie sie zu einem ausgewogenen Verhältnis kommen. Mit anderen Worten, sie behandeln das Wortpaar „work-life" analog zu „Geld zurücklegen – Geld ausgeben". Bei einer festgelegten Geldmenge bzw. Zeitmenge kommt es nun darauf an, welcher der beiden zur Verfügung stehenden Einheiten sie mehr Platz einräumen. Sie gehen die Aufgabe, eine *balance* (= Ausgewogenheit) zu finden, so an, als handelte es sich um eine Skala von 1 bis 24, auf der sie einen Regler hin- und herschieben – und dieser kann nicht anders, als die Skala immer in zwei Teile zu unterteilen, wobei sie nur die Wahl der quantitativen Einteilung haben. *„Mehr ausgeben"* impliziert logisch *„weniger zurücklegen"* bzw. *„more work implies less life".* Das ist in diesem Abschnitt gemeint mit linear: Eine Linie, zwei Pole, ein einfaches und überschaubares Modell. Eine solche durch die Sprache bedingte Sichtweise ist keineswegs falsch, sie schränkt aber die Fantasie ein. Deshalb lohnt es sich, noch einmal Fragen der Semantik zu stellen:

Sind „work" und „life" Antonyme? Stehen sie wirklich in binärer Opposition? Sind sie inkompatibel? Die Bejahung dieser Frage ergibt sich keineswegs aus der semantischen Definition dieser beiden Begriffe, und sie wird hauptsächlich bejaht von Leuten, die den Arbeitsplatz als notwendiges Übel und alles andere als Gottes Segen empfinden.

Die Einstellung, dass „work" im Gegensatz zu „life" stünde, ist eine aus der Lebenshaltung entstandene Zweiteilung, die nichts mit sprachlichen Gegensatzpaaren zu tun hat. Sind „rot" und „grün" Antonyme? Selbstverständlich nicht. Aber dennoch kann ich auf die Frage: *„Sind die Tomaten schon rot?"* antworten: *„Nein, im Gegenteil, sie sind noch grün."* Mein Wissen von der Welt sagt mir, dass bei Tomaten

„rot" mit „reif" und „grün" mit „unreif" korreliert, aber das macht die beiden Farbadjektive nicht zu Antonymen. „Work" und „life" sind nicht semantisch Antonyme, sondern werden nur durch die Weltsicht einiger als Gegensätze, als entweder / oder konzipiert.

> Das erste Fazit aus dieser Analyse ist die Einsicht:
> **Ich brauche nicht die vorgegebenen Alternativen zu akzeptieren.**

(Wir werden in Kapitel 4 auf diese kommunikative Befreiung zurückkommen.)

Stellen Sie sich vor, der Erzbischof von Salzburg hätte gesagt: *„Mein lieber Mozart, Wir spendieren ihm einen Urlaub. Fahr er ans Meer, lasse er Pianoforte und Notenpapier zu Hause und spann er einmal richtig aus."* Glauben Sie eine Sekunde lang, Mozart hätte artig gedankt und erwidert: *„Ihnen Herr Bischof und dem lieben Gott sei Dank! Dann brauche ich die Jupiter-Sinfonie ja gar nicht zu schreiben"*?

Wie steht es mit dem selbstständigen Geschäftsmann, der gerade nach Hause will, als ein Kunde mit einem Millionenauftrag eintritt? Und wie sieht es aus mit der Chefin, die die Wahl hat zwischen, sich noch einen Kaffee von dem charmanten Assistenten bringen zu lassen oder durch den Hauptverkehr nach Hause zu fahren, die Kinder abzuholen, die Wäsche zu waschen und das Essen zu kochen? Wenn ich im Büro Powernapping mache und dabei von meinen Kindern träume, ist das noch „work" oder schon „life"? Und wie steht es mit mir als Sprachwissenschaftler bei einer Party, wenn ich hochinteressante Sprechmuster erkenne und darüber in euphorische Stimmung gerate? Ist das „work" oder „life"?

Kopfschmerzen bereitet die Beschäftigung mit der Balance nur, wenn ich „work" und „life" als binäre Opposition akzeptiere (d. h. hier eine Zweiteilung akzeptiere, bei der sich die beiden Teile gegenseitig ausschließen). Das zwingt zur Beantwortung einer Frage, die sich einige nie stellen mögen, weil sie die Lösung auf gänzlich andere Weise angehen wollen. Wer die beiden für inkompatibel hält, kann sie auf der Ebene *„Geld sparen oder zurücklegen?"* beantworten. Doch es gibt auch Alternativen. *„Das Hobby zum Beruf machen"* ist eine davon. *„Freude am beruflichen Erfolg haben"* eine andere. *„Lust am Reichwerden"* eine weitere.

Natürliche Sprachen sind gewachsen, und daher ist vieles in ihnen nicht so strukturiert, wie wir es bei der Entwicklung künstlicher Sprachen täten. Da es sich bei „work" und „life" um englische Wörter handelt, ziehen wir die englische Sprache als Beispiel heran. In dem Satz *„Man evolved one hundred thousand years ago"* steht *„man"* für „Mensch" und erhält seine Bedeutung als Gattungsbezeichnung aus der Opposition zu „animal". In *„He's a real man"* bedeutet *„man"* dasselbe wie der deutsche „Mann". Da alle Männer auch Menschen sind, haben wir die in Abbildung 3.3a gezeigte semantische Struktur.

Ähnlich verhält sich die semantische Struktur von „life". Es bedeutet zum einen die von der Geburt bis zum Tode zur Verfügung stehende Zeit (*life*1): *„He lived all his life in London."* Zum anderen bedeutet es „Lebensstil, Privatleben" (*life*2), und in

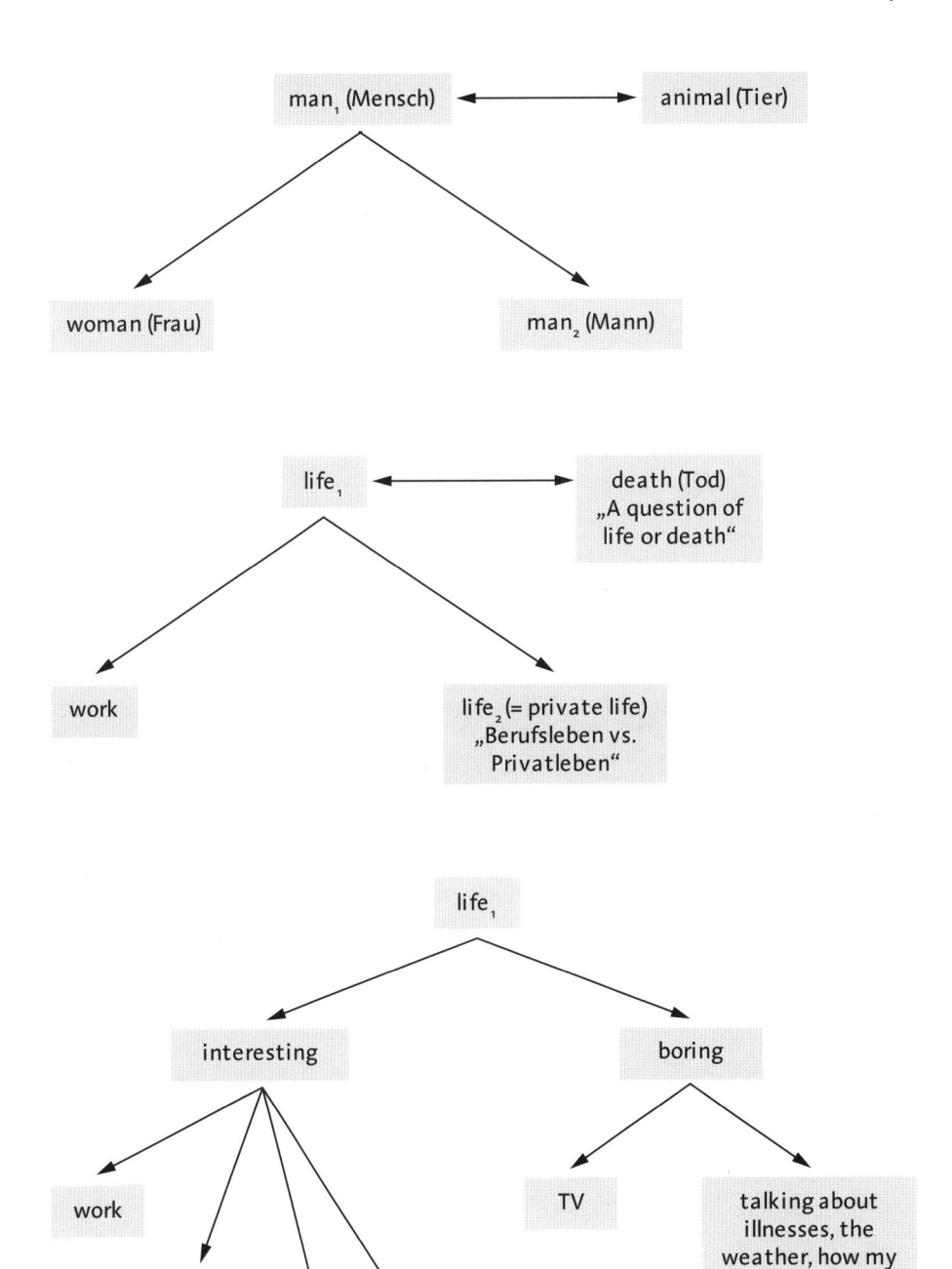

```
                    man₁ (Mensch) ⟷ animal (Tier)
                         ╱    ╲
                        ╱      ╲
              woman (Frau)   man₂ (Mann)


                    life₁ ⟷ death (Tod)
                              „A question of
                              life or death"
                    ╱    ╲
                   ╱      ╲
                work    life₂ (= private life)
                        „Berufsleben vs.
                         Privatleben"


                              life₁
                         ╱ ╱    ╲
                        ╱ ╱      ╲
                 interesting    boring
                 ╱ ╱ ╲ ╲         ╱    ╲
              work              TV    talking about
                family                illnesses, the
                  friends             weather, how my
                    art               aunt bought
                                      shoes
```

Abb. 3.3a–c: *Semantische Struktur von „man", „life" und „balance"*

„*Get a life*" ist es die Aufforderung, sich einen interessanteren Lebensstil anzueignen (s. Abb. 3.3b).

Leicht erliegt man der Vermischung von „*life1*" und „*life2*" und fühlt sich u. U. eingeschlossen in der Klemme von „*more work means less life*". Wenn das gar nicht unser Problem ist, dann brauchen wir uns diesen semantischen Schuh auch nicht anzuziehen, sondern machen unsere eigene „balance" auf. Abbildung 3.3c zeigt eine von zig Möglichkeiten.

Man kann sich auch den Bereich „work" als eine Schnittmenge von „interessant" und „langweilig" vorstellen und sich Gedanken machen, wie man die eigene Arbeit stärker in den Bereich „interessant" verschiebt. Diese Gedanken reduzieren für viele Menschen die Wichtigkeit der Frage, wie man aus der 39-Stunden-Woche eine 30-Stunden-Woche macht.

Das zweite Fazit aus der sprachlichen Analyse ist:
Mehr Alternativen zu formulieren erhöht die Komplexität und die Zahl der Möglichkeiten.

Diese Überlegungen zur Work-Life-Balance bilden eine Synthese aus den Erörterungen zu Sprache und Denken (Kap. 2) und den Konsequenzen für die Persönlichkeitsentwicklung (Kap. 3). Ehe wir überhaupt anfangen, unser Leben zu verändern, sollten wir uns einen Augenblick Zeit nehmen und über die Semantik der drei Begriffe nachdenken. Denn: Der Tag auf dem Golfplatz kann lang werden, wenn man nicht weiß, wo das Loch ist. Bedeutet die Gegenüberstellung von „work" und „life", dass diese beiden Gebiete sich gegenseitig ausschließen? Oder überschneiden sie sich? Und ist „balance" hier so zu verstehen wie eine Wippe, d. h. wenn A oben ist, muss B unten sein? Oder sollte ich mich darum bemühen, einmal sagen zu dürfen: „*Meine Arbeit hat mein Leben unglaublich bereichert.*"

3.4 Stimme und Persönlichkeitsentwicklung

••• „Ich habe eine solche Stimme" vs „Ich spreche so" •••

Wir hatten in Kapitel 1.1 anhand der Hörbeispiele dort verschiedene Stimmeigenschaften und ihre Ausdrucksmöglichkeiten analysiert. In diesem Abschnitt wenden wir uns den Stimmeigenschaften im Zusammenhang mit der Persönlichkeitsentwicklung zu.

Hören Sie sich bitte die Hörbeispiele 21 und 22 auf Ihrer CD an.

In Hörbeispiel 21 hören Sie eine Sprecherin, die (a) weit über ihrer mittleren Sprechstimmlage sprach, (b) mit relativ hoher Anspannung im Kehlkopf und (c) einem leichten Knarren in der Stimme. Die Stimmeigenschaft in Hörbeispiel 22 ist ein Beispiel für mittlere Sprechstimmlage, relativ entspannt und ohne knarrige Beitöne, dafür aber eine hörbare leichte Behauchung in der Stimme. Was Sie in Hörbeispiel 21 hörten, war die gewohnheitsmäßig angenommene Stimme. In Hörbeispiel 22 hörten Sie dieselbe Sprecherin, als sie ungefähr eine Minute später gebeten wurde, ein paar Worte in der anderen Stimmeigenschaft zu sprechen.

... Welche Erkenntnisse ziehen wir daraus? ....

1. Wir benutzen immer die Redewendung: *„Er* **hat** *eine schöne / angenehme / unangenehme / samtige / erotische Stimme."* Es ist natürlich wenig sinnvoll, sich gegen diesen Sprachgebrauch aufzulehnen. Dennoch sollte man sich darüber im Klaren sein, dass diese Redewendung zu den das Statische begünstigenden Formulierungen gehört, weil sie – analog zu „Er hat einen großen Kopf / Er hat eng zusammenstehende Augen / Er hat eine schmale Nase" – suggeriert: So ist das eben, daran ist nichts zu ändern. Unsere Gehwerkzeuge, Gesichtsmuskeln und unseren gesamten Vokaltrakt hingegen benutzen wir in verschiedenen, oft charakteristischen Verhaltensweisen. Die Länge der Beine ist bei Erwachsenen eine feste Größe, aber sowohl große Menschen als auch kleine können lange und kurze Schritte damit machen, stelzen oder watscheln, eine elegante oder plumpe Gangart annehmen. Die Länge der Stimmlippen ist vorgegeben (also ob man Bass oder Tenor, Alt oder Sopran ist), aber wie man damit umgeht, kann man sehr wohl selber beeinflussen. Die Hörbeispiele 21 und 22 sollten illustrieren, dass man – zumindest wenn man sich gerade über Stimme und Persönlichkeitsentwicklung unterhält – nicht sagen sollte: *„Sie* **hat** *die Stimme von Hörbeispiel 21."* Welche der beiden Stimmeigenschaften diese Sprecherin nach dem Erlebnis der Hörbeispiele 21 / 22 wählt oder ob sie noch weitere Stimmeigenschaften „anprobiert", ehe sie sich festlegt, das ist ihre Entscheidung. Es gibt unendlich viele Möglichkeiten.

2. Der Wunsch, eine andere Stimme zu haben, oder besser gesagt: sich eine andere Stimmeigenschaft anzueignen, ist bei vielen Menschen sehr groß – aber die alte loszulassen und in ein neues Ich zu schlüpfen erfordert Mut. Bin das noch ich? Und hinzu kommt das oft falsch verstandene Motto *„Authentisch bleiben!"*, das von manchen als Ausrede benutzt wird für *„Ich bleibe, wie ich bin; ich verändere mein Verhalten nicht mehr"* und für das Credo dieser Fraktion: *„Das muss ich mir nicht mehr antun!"*

Deshalb ist es nützlich zur Überwindung der Schwellenenergie einen Verfremdungseffekt herbeizuführen. In den Hörbeispielen 21 / 22 war das Englisch als Fremdsprache. Wenn man jetzt der Sprecherin sagt: *„Sprich einmal bitte wie eine verheißungsvolle Fee in englischen Märchen"*, dann ist der mögliche Einwand: *„Aber das ist nicht meine Stimme"* oder *„Aber das bin dann nicht mehr ich"* gegenstandslos geworden. *„Natürlich bist du das nicht, aber sprich doch einfach einmal so."* Wenn andere dann auf die neue Stimmeigenschaft anders reagieren, dann wird jetzt über das geänderte Verhalten eine neue Identität ausgehandelt.

Hörbeispiel 23 („8.1.08 DLF. Sprechstunde. Neurodermitis").

Die Sprecherin in Beispiel 23 ist eine erfahrene Ärztin an einer Universitätsklinik, die sich hier mit einem achtjährigen Jungen und seiner Mutter unterhält. Ihnen ist sicherlich aufgefallen, dass die Sprecherin meist weit über ihrer mittleren Sprechstimmlage redet. Sie verwendet die progrediente Intonation bei Ja-Nein-Fragen, wo dies natürlich ist: *„Du bist Tobias?"*; *„Weißt du das?"*, aber auch bei anderen Konstruktionen. Sie hören das besonders bei *„fett-feuchter Umschlag"*, *„Creme"*, *„auftragen"*, *„an die betroffene Stelle"*, *„Kompresse"* etc. Der Sinn davon ist offensichtlich, denn es ist wichtig, einem Achtjährigen den Besuch in der Klinik nicht bedrohlich erscheinen zu lassen. Mit ihrer höheren Stimmlage ist sie bemüht, die Situation für den Jungen weniger angsteinflößend zu machen und man merkt an seinen unbefangenen Antworten, dass die Ärztin in ihrem Bemühen um lockeren Kontakt erfolgreich ist.

Das Gespräch ist aber kein Dialog, sondern ein Gespräch zu dritt, da die Mutter ebenfalls anwesend ist. Interessant sind daher die Stellen, bei denen sich die Ärztin zwar an beide richtet, in der Wortwahl aber mehr die Sprache der Mutter spricht, wie z. B. *„anlagebedingte Hautkrankheit"*, und hier geht die Ärztin deutlich in der Stimmlage nach unten in ihre mittlere Sprechstimmlage. Je weiter das Gespräch verläuft, desto mehr macht sich die Tendenz zur Senkung der Stimme bemerkbar. Das heißt, hier wird professionell in erster Linie die Beziehung zwischen Ärztin und Kind auf der vokalen Ebene geregelt. Dabei wird auch in Kauf genommen, dass die Mutter – zumindest während der Eröffnungsphase – in einer Sprechstimmlage angeredet wird, die auf der Ebene von Erwachsenem zu Erwachsenem weniger angemessen ist. Das wird vermutlich in dem Wissen getan, dass es im Interesse beider Erwachsener ist, dass sich der kleine Patient in der Klinik gut aufgehoben fühlt.

> Es ist ein Beispiel dafür, warum ein monosystemischer Ansatz mit dem Rat zur mittleren Sprechstimmlage zwar in den meisten Fällen richtig ist, warum aber dennoch immer wieder die Frage gestellt werden sollte: **Als wer spreche ich zu wem aus welchem Anlass mit welchem Ziel?**

• • • Die Große Hypothese vom eigenen Ich • • • • • • • •

R. Kegan und L. Lahey (2001, 165) sprechen von einer **„Big Assumption"**, einer großen Hypothese oder Annahme über sich selbst.

„Wir nennen unsere Big Assumptions (große Annahmen) ‚big', weil sie für Wahrheiten genommen werden und deshalb eine viel zu umfassende Funktion ausüben, indem sie als Raster für viel zu viele spezifische Situationen und Lebensumstände gelten sollen."

Eine solche Big Assumption ist z. B. die Annahme, dass meine Wertschätzung in meiner Abteilung von meinem Arbeitsaufwand abhängt. Je mehr ich arbeite, desto mehr werde ich geschätzt und umgekehrt. Oder die Annahme: Meine Freunde mögen mich nur deshalb, weil ich immer bereit bin, ihnen jeden Gefallen zu tun. Täte ich das nicht mehr, würde ich ihre Freundschaft verlieren. Oft erfahren solche Menschen, dass sie bei weniger Bereitschaft, jede anfallende Aufgabe zu übernehmen, auf einmal für wichtiger gehalten werden und dass ihr neues Verhalten weder im Kollegen- noch im Freundeskreis automatisch mit geringerer Wertschätzung einhergeht.

Solche Big Assumptions bei sich und anderen ausfindig zu machen ist für Persönlichkeitsentwicklung nützlich. Also lassen Sie uns auf die Suche gehen.

Hören Sie sich bitte die Hörbeispiele 24 und 25 an, die beide aus einer Anne-Will-Talkshow stammen. Es ist als Hörübung gewinnbringend, wenn Sie etwas tun, was man in einer aktuellen Gesprächssituation nie tun kann: Hören Sie sich die beiden Sequenzen zweimal an!

Lesen Sie nun die Transkription von Hörbeispiel 24 (RD = Rudolf Dreßler; AW = Anne Will).

RD: *In den Kreisen, in denen Herr Rogowski in den Führungsetagen der Arbeitgeberverbände verkehrt, in den Kreisen, in denen Herr Meier verkehrt in der Politik*
Einwand: *Ich verkehre auch im Betrieb, unten, ganz unten.*
RD: *Einen Moment, ich bin noch nicht zu Ende. In der habe ich auch 20 Jahre verkehrt. ist dieses in der Sozialisation der Menschen, die sich dort regelmäßig treffen, miteinander kommunizieren, nicht vorgesehen.*

AW: { *Ich verstehe es noch nicht ganz genau, was Sie* }
RD: { *also die Philosophie,* }

AW: { *mit der Sozialisation meinen* }
RD: { *die Philosophie von Herrn Meier ist die:* }

Das kann doch alles gar nicht sein.
Meier: *Das hab ich doch gar nicht gesagt.*
RD: *Ich mein das doch gar nicht bösartig.*
Meier: *Aber dann behaupten Sie's doch nicht.*
RD: *Herr Meier, denn hat es der Rogowski gesagt. Es ist jedenfalls so verblüffend, dass Sie sagen, wenn das die Zust, reale Zustände sind, dann ist in unserer Gesellschaft irgendetwas kaputt. Die Reaktion ist, man konzipiert den Einzelfall nach der Melodie, das ist natürlich klar: „Einzelne Fälle, die kann es geben, aber insgesamt ist alles in Butter." Und dieses ist eben nicht der Fall.*

Und nun Transkription von Hörbeispiel 25:

AW: *Herr Dreßler, gehen Sie auch ab und an zum Discounter?*
RD: *Ja ja. Klar. Mach ich auch. Aber das Problem ist ja gar nicht der Discounter, s sondern es ist das, was Frau Friedrichs gesagt hat.*

AW: ⎰ *Aber ich staune jetzt erst mal, Herr Dreßler,* ⎱
RD: ⎱   *ja* ⎰

AW: *dass Sie hingehen, obwohl Sie eben noch die*

AW: ⎰ *Arbeitsbedingungen dort ab angeprangert* ⎱
RD: ⎱   *Fußweg*   *Fußweg* ⎰

AW: ⎰ *haben.* ⎱
RD: ⎱   *Fußweg* ⎰

RD: *Ich habe einen Fußweg zu Edeka bei mir. Und ich wohne aufm Dorf in Königswinter weit weg von der Innenstadt, ich müsste also mit dem Auto fahren und das ist sehr bequem. Wenn ich äh wüsste oder erfahren würde, dass dieser Discounter Menschen so behandelt*
AW: *Edeka ist 'n Supermarkt, muss*

AW: ⎰ *man dazu dann noch sagen* ⎱
RD: ⎱   *ja natürlich, klar.* ⎰

AW: ⎰   *kein Discounter* ⎱
RD: ⎱ *wenn der die so behandeln würde, würde ich dies* ⎰

RD: *sofort einstellen.*

Was zeichnet Rudolf Dreßler als erfahrenen Rhetoriker aus?

1. Er spricht mit fester, tiefer Stimme in der mittleren Sprechstimmlage, aus der er sich auch nicht unter Druck herausdrängen lässt.
2. Seine Artikulation ist deutlich und sorgfältig.
3. Er spricht langsam, aber nicht zu langsam.
4. Er erlaubt es sich in einer Talkshow, in der in der Regel jeder mit jedem um Redezeit kämpft, Pausen zu machen. Das strahlt Selbstbewusstsein und Selbstvertrauen aus. Er gibt damit zu verstehen: Wenn ich rede, hören Sie zu, bis ich fertig bin. Gegebenenfalls macht er das auch explizit: *„Einen Moment, ich bin noch nicht zu Ende."*
5. Er stellt Stimmeigenschaften in den Dienst seiner rhetorischen Ziele. An der Stelle, wo er die andere Seite zitiert, verleiht er der eine andere Stimmeigenschaft als die, mit der er selber gewohnheitsmäßig spricht. Achten Sie bitte bei *„Einzelne Fälle, die kann es geben, aber insgesamt ist alles in Butter"* darauf, wie er plötzlich mit rauer

Stimme in ein neues Stimmregister wechselt – besonders deutlich zu hören bei „*Einzelne*", „*kann es*", „*aber*" und „*in Butter*". Die vokale Botschaft ist: Das ist nicht meine Meinung, und die anderen behaupten das einfach im Brustton der Überzeugung.

6. Er ist imstande, einen großen **intentionalen Bogen** zu verfolgen. „Intentional" heißt „zweckgerichtet; auf ein Ziel ausgerichtet". In der Rhetorik bedeutet dies, eine begonnene Konstruktion auch bei Unterbrechungen und Einschüben nicht aus den Augen zu verlieren, sondern zu Ende zu bringen. In Hörbeispiel 24 ist seine Konstruktion:

„In den Kreisen, in denen Herr Rogowski in den Führungsetagen der Arbeitgeberverbände verkehrt, in den Kreisen, in denen Herr Meier verkehrt

in der Politik   ist dies es in der Sozialisation der Menschen, die sich dort regelmäßig treffen, miteinander kommunizieren, nicht vorgesehen."

Zwischen „*Politik*" und „*ist*", an der Stelle, die durch einen Pfeilbogen markiert ist, kommt es zu einem langen Einschub, durch den Dreßler sich nicht aus der geplanten Konstruktion herausbringen lässt. Dieser Einschub lautet:

Einwand: *Ich verkehre auch im Betrieb, unten, ganz unten.*
RD: *Einen Moment, ich bin noch nicht zu Ende. In der habe ich auch 20 Jahre verkehrt.*

Durch Stimmlage, Intonation, Artikulation, Wechsel der Stimmeigenschaften im Dienste seiner rhetorischen Ziele und durch lange Konstruktionen erweist sich Dreßler als kompetenter Redner. Dies zu erkennen ist wichtig für die Einschätzung jener Stellen, an denen es zu Brüchen bzw. zu Verstößen gegen die übliche Norm kommt. Man kann bei einem geschickten Sprecher nämlich davon ausgehen, dass ihm das nicht einfach so passiert ist in der Aufregung einer ungewohnten Situation. Bei solchen Verstößen ist Dreßler gegenüber seinen Gesprächspartnern streng („*Einen Moment, ich bin noch nicht zu Ende*"). Er selber hingegen nimmt sich durchaus das Recht, die anderen zu unterbrechen, eine Frage zu beantworten, ehe sie gestellt ist, und gleichzeitig zu reden. Er handelt hier nach dem Prinzip des **Exzeptionalismus**: Regeln sind gut und sollten von den andren befolgt werden, aber bei mir mache ich eine „Exzeption" (= Ausnahme).

An zwei Stellen geht Dreßler von falschen Voraussetzungen aus. Die gesprächsethische Norm darauf ist eine Entschuldigung, etwa in der Form: *„Verzeihung, das habe ich jetzt verwechselt."* Solche Reaktionen scheinen aber nicht in seinem rhetorischen Repertoire zu sein. Darauf aufmerksam gemacht, dass er Meier Worte in den Mund gelegt hat, die gar nicht von dem stammen, sagt er: *„Ich mein das doch gar nicht bösartig"*, mit einer veränderten, herablassend-nachsichtigen Stimmeigenschaft, die im Umgang mit Kindern angemessener wäre. Als der falsch zitierte nun zu Recht weiter widerspricht, wirkt Dreßler genervt und ungeduldig: *„Herr Meier, denn hat es der Rogowski gesagt"* mit der Implikation: *„Halten Sie* *mich jetzt bitte nicht mit so unwichtigen Kleinigkeiten auf"*, und fährt dann ohne Entschuldigung fort, als wäre nichts gewesen: *„Es ist jedenfalls so verblüffend, dass Sie sagen ..."*

Diese Einstellung: *„Ich benehme mich daneben, aber ich nehme euch das nicht übel"* wird von W. Somerset Maugham in „Cakes and Ale" beschrieben:

"Most of us when we do a caddish thing harbour resentment against the person we have done it to, but Roy's heart, always in the right place, never permitted him such pettiness. He could use a man very shabbily without afterwards bearing him the slightest ill-will."
(„Bei den meisten von uns verhält es sich so: Wenn wir uns jemandem gegenüber niederträchtig benehmen, dann hegen wir Groll gegen die Person, der wir das angetan haben; aber Roy, der das Herz immer auf dem rechten Fleck hatte, war imstande, einen Menschen auf die schäbigste Weise zu behandeln, ohne ihm das im Geringsten übel zu nehmen.")

Dreßler verwechselt Supermärkte mit Discountern in einer Sendung, die u. a. diese Unterscheidung zum Thema hat. Als ihm das von der Gastgeberin gesagt wird, ist er nicht etwa peinlich berührt, sondern antwortet: *„ja natürlich, klar."* (Wir werden in Kap. 4 erläutern, dass solche zu rasch und selbstverständlich geäußerten Worte leicht als „Du-Depp-Formulierungen" verstanden werden können.) Aber damit noch nicht genug. Anne Will sagt es ihm noch einmal deutlich: *„Kein Discounter"*, und Dreßler fährt in einem weiteren intentionalen Bogen so fort, als wäre er nicht korrigiert worden, und trotz seiner Bemerkung: *„Ja, natürlich, klar* (ist Edeka kein Discounter)." Er sagt: *„Wenn ich äh wüsste oder erfahren würde, dass dieser Discounter* (also Edeka, von der gerade klargestellt wurde, dass sie eben kein Discounter ist) *Menschen so behandelt..."* Stellen Sie sich vor, Sie und ich führten folgenden Dialog:

Ich: *Ich kaufe meine elektronischen Geräte ausschließlich bei Aldi wegen der guten und intensiven Beratung, die ich ...*
Sie: *Aber welche Vorteile Aldi auch haben mag, den Service können Sie doch genau da nicht erwarten.*
Ich: *Eben! Ist ja klar; die ich also genau dort im Bereich der Software so schätze.*

Sie: { *Gestatten Sie, warum gehen Sie zu Aldi, wenn Sie* }
Ich: {   *Fußweg!   Fußweg!   Fußweg!*   }

Sie: { *genau da das nicht bekommen, was Sie schätzen??* }
Ich: { *Fuß – weg! Wie oft muss ich Ihnen das noch sagen?* }

Würden Sie dankbar sein und von mir sagen: *„Wie gut, dass Sie's viermal erklärten"* oder würden Sie sich jetzt sagen, wenn ich mir schon in der Diskussion die Zähne an ihm ausbeiße (an diesem sozialdemokratischen Urgestein), dann möchte ich wenigstens verstehen, wie er tickt. Und genau deswegen wird dieses Gespräch in dem Abschnitt „Die Große Hypothese über das eigene Ich" behandelt.

... Welchen Nutzen können wir aus der Ermittlung der Big Assumptions unserer Gesprächspartner ziehen? ....

Je mehr wir über deren kommunikative Strategien und ihr Selbstbild wissen, desto besser können wir darauf eingehen. Das kann uns z. B. davor bewahren, mit einem bestimmten Gesprächspartner immer wieder in ein und dasselbe fruchtlose Gesprächsmuster zu verfallen. Nach den eben besprochenen Beispielen können wir die Mutmaßung anstellen, dass Rudolf Dreßlers „Big Assumption" lautet: *„Ich habe immer recht. Das kann gar nicht anders sein."* Das würde dann erklären, warum und auf welche Weise er so auf die Gesprächspartner eingegangen ist, wie Sie das in den Beispielen 24 und 25 gehört haben. Ich habe bewusst die Wortwahl „Mutmaßung anstellen" gewählt, denn wir müssen uns selber vor voreiligen Schlüssen über andere hüten.

Selbstverständlich reichen kurze Gesprächsausschnitte nicht aus, um einen Menschen wie Dreßler mit einem enorm breiten Spektrum an Berufs- und überhaupt Lebenserfahrung zu erfassen. Aber wenn ich als Kollege, Vorgesetzter, Partner oder Freund keine Mutmaßungen anstelle, dann ist das eine schlechte kommunikative Strategie, denn dann wird sich die Kommunikation nie verbessern. Erst wenn ich Mutmaßungen anstelle, kann ich diese verifizieren oder falsifizieren. Dies kann ich selbstverständlich unter Mithilfe des Betroffenen anstreben, indem ich ihn in einem ruhigen Moment (also nicht unter Stress oder vor laufender Kamera) dazu befrage. Führungskräfte können beim Erkennen der Big Assumptions im Leben ihrer Mitarbeiter und Mitarbeiterinnen wesentlich mehr Verständnis für deren Schwächen und Stärken sowie für ihre Risikobereitschaft oder Ängste aufbringen, wenn sie nur genau zuhören. Ich habe aus der Beobachtung der kommunikativen Strategie und meinen Vermutungen über die Big Assumptions mehr Gewinn gezogen als aus den Sachinformationen.

Stellen Sie jetzt bitte Ihre eigenen Überlegungen unter dem Aspekt der Big Assumption beim Hören von Beispiel 26 an.

Diese Hörprobe stammt aus derselben Talkshow wie die Beispiele 24 und 25. Sie ist gewählt worden, weil sie einen starken Kontrast zu dem vorigen Sprecher bildet. Die Sprecherin ist Ulrike Schramm-de Robertis, eine Betriebsrätin bei der Discounter-Kette Lidl. (Transkription: US-deRob = U. Schramm-de Robertis; AW = Anne Will)

US-deRob: *Also aus meiner Erfahrung kann ich sagen, weil ich ja e e wie gesagt in verschiedenen Discountern gearbeitet habe, also ist der Film schon* **sehr** *realistisch ...*
AW: *Sehr realistisch, sagen Sie. Sie haben Szenen wiedererkannt, die Sie so auch erlebt haben.*

US-deRob: *Also es gab z.B. Dialoge, die könnte ich Ihnen frei weg sprechen ... und die hab ich immer noch im Ohr, obwohl die vielleicht schon 15 Jahre zulück eh zurückliegen.*
AW: *Ist das der übliche Umgangston in der Branche?*
US-deRob: *Ja, auf jeden Fall, also das geht sogar so weit, wie eh wie wie wie jetzt vorhin gesagt wurde: „Wenn Sie nicht zufrieden sind, dann gehen Sie eben woandershin." Ja toll, woanders ist es aber genauso ...*
Die (Vorgesetzten) *wollen Angst und natürlich den Druck verstärken auf die Mitarbeiter, und Angst be und Angst bedeutet für jeden Mitarbeiter, d den Arbeitsplatz zu verlieren, wenn er nicht das macht, was er sagt, und dann lässt man sich eben so demütigen.* (Applaus)

Ihre Stimme ist zwar in der mittleren Sprechstimmlage, bewegt sich aber in einem sehr engen Stimmumfang. Der Muskeltonus, also die Anspannung im Stimmapparat ist sehr gering. Die einzige deutliche Hervorhebung, nämlich „*der Film schon* **sehr** *realistisch"* wird sofort von Anne Will aufgegriffen. In dem übrigen Gesprächsausschnitt ist eine deutliche Diskrepanz zwischen dem verbalen Teil (also der Wortwahl) und dem stimmlichen Ausdruck. Achten Sie bitte auf das tonlose „*Ja toll"* und das ohne jeden Nachdruck gesprochene „*Ja, auf jeden Fall"*.

Um es noch einmal deutlich zu machen: Es geht in diesem Abschnitt nicht darum, die Biografie dieser Sprecherin zu recherchieren und aufzuarbeiten, sondern es geht hier um ihre Sprechwirkung. Die Versuchspersonen, die sich diese Passage anhörten und nach verschiedenen Gesichtspunkten einzuordnen hatten, gaben zu verstehen, sie deuteten die Sprechweise als Ausdruck von Resignation, und die Sprecherin mache insgesamt einen leidenden Eindruck. Die Befragten machten ihre Reaktion darauf teils an dem verbalen Teil fest: Dass eine Sprecherin nach 15 Jahren noch negative Äußerungen der Vorgesetzten „im Ohr" hat und noch heute imstande ist, die „*frei weg zu sprechen"*. Alle waren der Ansicht, dass die größte Übereinstimmung zwischen stimmlicher und verbaler Botschaft in dem letzten Teil vorläge: „...*und dann lässt man sich eben so demütigen."* Die Wortwahl „*dann lässt man sich eben so"* in der leisen Stimme ohne Anspannung gesprochen signalisiert: So ist das eben. Im Anschluss an diese traurige Botschaft erhält sie Applaus. Das heißt, der Ausdruck des Leidens, die Sichtweise der Ausweglosigkeit („*Ja toll, woanders ist es aber genauso"*) mit der oft kraftlosen Stimme scheint die Zuhörer zu berühren. Mit diesem Ausdruck und der Reaktion durch Applaus werden Identitäten ausgehandelt. Die Sprecherin erhält für den Ausdruck von tiefster Resignation Applaus. Das wirkt verhaltensverstärkend.

Wir können auch bei dieser Sprecherin eine Mutmaßung über ihre Big Assumption anstellen und unsere Hypothese so formulieren: Ihre Sichtweise ist die der Komplementarität von Vorgesetzten, die „*Angst und natürlich den Druck verstärken auf die Mitarbeiter"*, und Mitarbeitern und Mitarbeiterinnen, die sich eben so demütigen lassen.

Fazit: Die Sprechwirkung von Dreßler und Schramm-de Robertis auf meine Versuchspersonen hätte unterschiedlicher kaum ausfallen können. Auf der einen Seite kam in der Sprechweise robustes Selbstvertrauen zum Ausdruck und die tiefe Überzeugung:

Ich liege immer richtig und wie gut, dass ihr mich habt. Auf der anderen Seite kam als Big Assumption die Sichtweise „*Life isn't fair*" mit der komplementären und leider zugleich unvereinbaren Konstellation von Vorgesetzten und Mitarbeitern zum Ausdruck. Die Nutzanwendung daraus ist folgende:

1. Es ist nicht sinnvoll, die beiden hier durch kurze Hörproben vorgestellten Personen in Gesprächen und Verhandlungen gleich zu behandeln. Eine monosystemische Rhetoriklehre geht davon aus, dass im Besitz rhetorischer Werkzeuge zu sein den Sprecher für alle Verhandlungspartner gut ausrüstet. Unser bestes rhetorisches Werkzeug ist Zuhören und Informationsgewinnung, aufgrund derer wir dann individuell verfahren können. Bei Rudolf Dreßler kann man sich sagen, es ist Zeitverschwendung, in Diskussionen mit ihm einzusteigen, wer recht hat. Seine Stärken liegen gewiss auf anderen Gebieten als dem Aufspüren von Zwischentönen und der Selbstkorrektur. Nichts ist so überzeugend wie der Erfolg: Als Kampfgenosse ist er sicher ein starker Bündnispartner. Bei Schramm-de Robertis kann man sich folgende Strategie setzen: Es hat wenig Sinn, sie entweder durch Applaus oder durch Gegendruck in ihrer Big Assumption zu verstärken. Als ihre Gesprächspartner profitieren wir ja nicht von ihrem Leiden. Auch sie selber profitiert nicht von dem Sprechverhalten, das durch den Ausdruck des Leidens genau diese Gemütsverfassung verstärkt.

2. Wir können uns alle selber prüfen, welche Big Assumptions wir als Sprecher und Sprecherinnen in unserer Sprechwirkung zum Ausdruck bringen. Vermitteln unsere Stimme und unsere Sprechmuster z. B. den Eindruck, wir sehen uns in der Beobachterrolle der Welt und formulieren uns als konsequenzenlose Beklager über den Zustand des Mikrokosmos unserer Abteilung und des Makrokosmos unserer Erde, mit dem Leitmotiv: „Ich verstehe nicht, warum noch niemand auf die Idee gekommen ist..."? Oder setzen wir durch Stimme und Sprechmuster Persönlichkeitsentwicklung um: „Also was habe ich aus den Bemerkungen meiner Vorgesetzten gelernt? Wie gehe ich in Zukunft mit dieser Erfahrung um? Meine Erkenntnis: Beleidigen und demütigen kann man nur Menschen, die sich demütigen lassen. Wir werden in Zukunft zusammenstehen und Gesprächskultur zum Thema Nr. 1 machen."

4 Formen der mündlichen Kommunikation: Gespräche und Verhandlungen

4.1 Statische und dynamische Formen der Kommunikation

Bei allen unseren Überlegungen wird nicht primär eine Einstufung in „richtig" oder „falsch" vorgenommen, sondern es soll Folgendes ermittelt werden: Welchen Einfluss hat es auf die Sprechwirkung, wenn der Sprecher seine Äußerungen stets im Rahmen der folgenden vier Grundfragen konzipiert:

Als **wer** spreche ich **zu wem** aus **welchem Anlass** mit **welchem Ziel**?

Zwei Reisende in einem vollen Zug haben durch einen Buchungsfehler denselben reservierten Platz erhalten. Sie stehen vor dem Sitzplatz, auf den nun beide Anspruch erheben:

Reisender X (zu Reisendem Y): *„Nee, das ist nun wirklich mein Platz! Ich hab ja nicht eine Woche vorher gebucht, nur damit ich jetzt bis Hamburg stehe."*

Es ist immer wieder beeindruckend, wie wenig Gedanken sich viele Gesprächspartner über die soeben erwähnten vier Grundfragen machen:

(A_1) Für eine Beschwerde gegen die Bahn ist ein Mitreisender der falsche Adressat.
(B_1) Nur *eine* Sichtweise zu haben, nämlich meine eigene, ist bis zum Alter von drei Jahren eine verzeihliche Schwäche, aber spätestens ab dann ein Nachteil bei Verhandlungen. Der Fachausdruck dafür, sich selber immer im Mittelpunkt des Universums zu sehen, ist „**Egozentrik**" („ego" = „ich"; „Zentrum" = „Mittelpunkt". Siehe dazu in Kap. 3.2.2 „ich – du – man': Egozentrieren vs. Generalisieren"). Bei gleichrangigen Ansprüchen bringt die egozentrische Argumentation keinen Gewinn (es sei denn, man möchte den Mitreisenden einschüchtern).
(C_1) RX ist unfähig, die Antwort von RY zu antizipieren. Schon bei den ersten Brettspielen lernten wir zu überlegen: *„Wenn ich meinen Stein auf dieses Feld setze, was wird der Gegner dann bei seinem nächsten Zug machen? Meinen Stein schlagen? Dann setze ich ihn besser nicht auf das Feld."* In unserem Beispiel könnte der Mitreisende RY das Argument von RX natürlich mit demselben Recht für sich geltend machen: Eine Pattsituation.
(D_1) RX will unbedingt seinen Willen durchsetzen. Die Unfähigkeit oder mangelnde Bereitschaft, auch die Wünsche der anderen zu berücksichtigen, nennt man

Tab. 4.1: *Zusammenfassung in tabellarischer Übersicht*

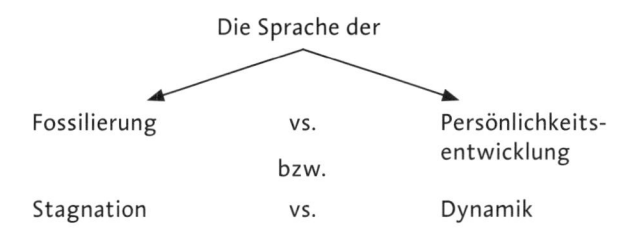

Die Sprache der

Fossilierung vs. Persönlichkeitsentwicklung
bzw.
Stagnation vs. Dynamik

Tina: „*There's no alternative.*" „Es gibt keine Alternative." „Es handelt sich hier um Sachzwänge." „Das muss man einfach so sehen."	„Ich sehe folgende Möglichkeiten:…Wem fallen noch weitere ein?"
Externalisierung „Der Druckfehlerteufel hat wieder zugeschlagen."	„Ich lese das nächste Mal sorgfältiger Korrektur und besorge mir einen besseren Spellchecker."
Man: „Man ist dann müde und da kann man nix machen."	„Nach dem Essen in der Kantine geh ich immer die Treppen rauf, das bringt mich in Schwung."
„Lass mich in Ruhe, dann kann man ja bald überhaupt nichts mehr essen."	„Ich werde noch besser in Fachzeitschriften recherchieren."
„Ich bin ein Mensch, der nichts von Technik versteht."	„Ich verstehe noch nicht viel von Technik, aber…"
„Ich bin kein Prüfungsmensch."	„Ich mache gerade einen Kurs zum Umgang mit Prüfungsangst."
„*Iss mir wurscht.*" Ichbezogen; weder dem Gesprächspartner noch dem Verhandlungsgegenstand gegenüber wertschätzend.	„Beide Termine sind mir recht. Welcher ist für sie der bessere?" Gesprächspartnerbezogen, öffnend, wertschätzend, der eigenen Persönlichkeitsentwicklung förderlich
„Die zehn Regeln der Rhetorik" Der bestimmte Artikel „die" suggeriert: Mehr gibt es nicht. Die kann ich mir merken und dann bin ich ein für alle Mal damit durch.	„Zehn Regeln für Rhetorik sind schon mal ein guter Anfang."
„Das ultimative Buch zum kreativen Denken" (Aufforderung: Lesen Sie nie wieder ein anderes Buch!)	„Je mehr Autoren Sie über kreatives Denken studieren, desto größer Ihre Flexibilität und Kreativität."
„Das einzige Buch, das Sie je gebrauchen werden für erfolgreichen Vertrieb."	„Lebenslanges Lernen ist gerade im Vertrieb des Verdrängungswettbewerbs die Chance zum Erfolg."
„Es gibt drei Arten von Kunden." (Das stimmt zwar nicht, aber diese „Wahrheit" kann ich mir leichter merken und brauche sie nie wieder zu überarbeiten.)	„Für meinen jetzigen Beruf hat es sich als nützlich erwiesen, unsere Kunden in drei Hauptkategorien zu unterteilen."
„Das muss ich mir nicht mehr antun." (Das Credo der Gruftis)	„Ich bin stolz darauf, dass ich mich noch vielen Herausforderungen stellen kann."

Egoismus. Da aber Druck Gegendruck erzeugt, ist Egoismus als einzige Strategie keine gute Verhandlungsbasis.
(E_1) Wenn RY sich kommunikativ genauso verhält wie RX, dann nehmen beide unvereinbare Positionen ein: Sie wollen denselben Platz. Nur einer kann ihn haben. Sie sehen keine Alternativen. Im ungünstigsten Fall kommt es dazu, dass beide bis Hamburg im Stehen ihre Ansprüche geltend machen.

Alle Aspekte, die in (A*1*) bis (E*1*) erwähnt wurden, sind negativ formuliert: Falscher Adressat, keine andere Sichtweise außer der eigenen, Unfähigkeit zu antizipieren, unvereinbare Positionen einnehmen und keine Alternativen sehen. Wir haben also Fehler aufgezeigt. Erinnern Sie sich bitte an die Übung „Verbale Strategien: Negativ – positiv" in Kapitel 2.4. Was uns hier weiterhilft (nach Benennung der Fehler), sind lösungsorientierte positive Formulierungen. Gehen wir daher in einem Schnelldurchlauf die positiven Alternativen zu (A*1*) bis (E*1*) durch:

(A_2) RX und RY könnten sich als ersten Schritt darauf verständigen, dass sie gemeinsam eine Beschwerde gegen die Bahn vorbringen. Die ist der richtige Adressat, und was den betrifft, ziehen jetzt beide am selben Strang. Nichts vereint so sehr wie ein gemeinsamer Gegner. Aber es ist nur ein erster Schritt, also ein Schachzug, der Bewegung in das Spiel bringt. Es ist jedoch noch nicht die Lösung.
(B_2) *„Das ist für Sie und mich ja jetzt sehr bedauerlich."* Die Einnahme beider Perspektiven betont wieder das Gemeinsame.
(C_2) RX antizipiert, dass jeder seiner Ansprüche auf den einzigen Sitzplatz von RY mit demselben Recht für sich geltend gemacht werden kann. Um Bewegung in die Verhandlung zu bringen, könnte er Fragen stellen: *„Wie gehen wir jetzt damit um? Haben Sie eine Idee?"* Damit wird der Gesprächspartner in den Lösungsprozess einbezogen. Es ist hilfreich, in dieser Phase vom „Gesprächspartner" und nicht vom „Gegner" bzw. „Kontrahenten" zu sprechen.
(D_2) Die scheinbar einfachste Lösung bestünde für RX darin, seinen Egoismus durch Altruismus zu ersetzen: *„Setzen Sie sich hin, ich stehe."* Das ist unter dem Gesichtspunkt „Als wer spreche ich zu wem?" dann sinnvoll, wenn z. B. ein junger Mann mit einer älteren Dame verhandelt. Aber was tun, wenn beide in jeder Beziehung gleichrangig sind und wichtige Gründe für den Anspruch auf diesen Platz haben, wie z. B. beide müssen dringend eine wichtige Sitzung am PC vorbereiten?
(E_2) Dann könnte RX eine Lösung für RY anbieten: *„Wir sagen dem Schaffner, dass einer von uns ohne unser Verschulden um die Sitzplatzreservierung gekommen ist. Wir verlangen zur Kompensation einen Platz in der ersten Klasse ohne Aufschlag. Wenn er einverstanden ist, möchten Sie dann den Platz in der ersten Klasse oder möchten Sie lieber hier bleiben?"* Dadurch werden die Optionen erweitert, die Interessen des Gesprächspartners werden anerkannt, und er wird durch die Frage am Lösungsprozess beteiligt.

Diese Situation im ICE könnte als Metapher für die Reise durch unser Leben stehen, aber so einfach wollen wir es uns nicht machen. Deshalb folgen jetzt über diesen speziellen Fall hinausgehende Überlegungen und Übungen. **Der rote Faden** dieses

Buches ist die stetige Anleitung, durch kommunikative Verhaltensänderung, also von der Sprache der Fossilierung zur Sprache der Dynamik, voranzuschreiten zu Persönlichkeitsentwicklung. Wir gewinnen durch die Fähigkeit zum Hineindenken in andere nicht nur effektivere Verhandlungsstrategien, sondern wir bereichern unsere eigene Persönlichkeit, die durch Egozentrik wenig Anregungen erhalten würde.

... Perspektivenwechsel ....

Gehen Sie jetzt bitte ins Internet und geben dort unter Google folgendes ein: „Never give up" oder „Don't ever give up". Es erscheint dann sofort der berühmte Cartoon von dem Reiher und dem Frosch. Der Reiher hat einen Frosch im Schnabel. Dieser steckt bereits mit dem Kopf im Schlund des großen Vogels. Der Körper des Frosches ist noch sichtbar im Schnabel eingeklemmt und die vier Beine schauen ebenfalls noch heraus. Und genau in dem Augenblick, als der Reiher ihn herunterschlucken will, greift der Frosch von außen unterhalb des Reiherkopfes mit beiden Händen fest zu und schnürt ihm die Kehle zu. Das ist die Situation, die der Cartoon „Never give up" (Gib nie auf) abbildet: Der Reiher würgt und würgt; und der Frosch hält ihm mit festem Griff die Kehle zu.
Beschreiben Sie bitte nun diese Szene mit Ihren Worten. Wem würden Sie die Geschichte erzählen und in welchen Situationen wären welche Lehren daraus zu ziehen? Tun Sie das bitte, ehe Sie weiter lesen.

Die meisten Menschen geben den Cartoon mit folgenden Worten wieder:

„Ein kleiner, scheinbar wehrloser Frosch wurde von einem riesigen Reiher gefangen. Der große Vogel machte sich sofort gierig an das Hinunterschlingen des kleinen Frosches. Schon hatte der Reiher den Frosch Kopf voran im Schnabel. Und in dieser schier ausweglosen Situation packte der Frosch mit beiden Händen den Reiher am Hals, schnürte ihm mit der Kraft der Verzweiflung die Gurgel zu und hinderte ihn daran, den Frosch hinunterzuschlingen. Die Moral von der Geschichte ist: Gib nie auf! Denn auch in den scheinbar ausweglosesten Situationen gibt es Möglichkeiten und Wege zur Rettung."

Stellen Sie sich aber jetzt bitte vor, Sie seien eine Reihermutter, die ihren heranwachsenden Jungen Lebensweisheiten mit auf den Weg geben will. Dann würde das Cartoon in folgende Worte gekleidet:

„Es ist schwer, Frösche zu fangen, denn sie verkriechen sich bei unserem Herannahen nur gar zu gern im undurchsichtigen Schlamm. Wir brauchen Klugheit, Geduld und Schnelligkeit im richtigen Augenblick, um sie zu fangen. Übt daher auch bei größtem Hunger Geduld und Umsicht, damit sie euch nicht im letzten Augenblick

doch noch im Modder entkommen. Und selbst wenn ihr sie bereits im Schnabel habt, versuchen einige von ihnen, euch die Gurgel zuzuschnüren. In dieser Situation gilt es: Du oder ich? Denkt auch später an eure eigenen Jungen. Sie sind auf eure Beute angewiesen, und Verhungern ist grausam. Merkt euch daher: Gebt nie auf! Ihr könnt in dieser schier ausweglosen Situation auf einem Fuß stehen und die scharfen Krallen des anderen Fußes einsetzen, um euch von dem Würgegriff zu befreien."

Es ist nicht anzunehmen, dass Froschmutter und Reihermutter dieselbe Perspektive einnehmen. Wenn wir uns aber darin üben, beide Perspektiven zu sehen, dann erhalten wir stets zwei Geschichten für den Preis von einer. Bei diesen Abwägungen geht es, wie eingangs erwähnt, nicht primär um „richtig" oder „falsch", sondern um die Sprechabsicht „nützlich" oder „hinderlich". Der Weg dahin führt über die Fähigkeit des Perspektivenwechsels.

„Es ist gar nicht so einfach, weißen Mäusen zu erklären, dass schwarze Katzen Glück bringen."

„Einen Wurm zertreten? Nicht schlimm. Allein, der Wurm kennt keine größere Schandtat." (Lichtenberg)

Nehmen Sie sich einen Augenblick Zeit und beantworten Sie bitte diese Frage: Ist folgende Aussage richtig oder falsch? „Wenn man mittags in Richtung Sonne steht, dann sieht man sie am Himmel von rechts nach links ziehen."

Die Antwort darauf ist: „Weder noch." Denn für Deutschland gilt: Wenn ich in Richtung Sonne schaue, dann bewegt sie sich von links nach rechts. Für Neuseeländer hingegen trifft der obige Satz mit „von rechts nach links" zu. Sobald wir den Perspektivenwechsel mit einbeziehen, ist es nicht mehr eine Frage von richtig bzw. falsch.

Die meisten Menschen trainieren sich die Fähigkeit zum Perspektivenwechsel systematisch ab. Beobachten Sie Erzählweisen von Konfliktsituationen. In der prototypischen Erzählung hat der Erzähler recht. Das geht so weit, dass der Erzählende, wenn er in der direkten Rede dem Kontrahenten eine Stimme leiht, diese so unsympathisch macht wie möglich. „Und da sagt diese Verkäuferin um eine Minute nach Acht: ‚Wir haben schon geschlossen!'", wobei „Wir haben schon geschlossen" richtig zickig intoniert wird. Wenn man dann nachfragt: „Hat sie wirklich in einem derart barschen Ton mit dir gesprochen? Würde ich sie in dem Geschäft an dieser Stimme wiedererkennen?", so wird das manchmal abgemildert: „Na ja, vielleicht nicht ganz so, aber freundlich war's nicht."

😊

„Vati, was ist Mammon?" – „Mammon ist das Geld anderer Leute." („Mammon" ist der abwertende Ausdruck für „Reichtum und Vermögen". Mein Vermögen ist also immer deutlich zu unterscheiden von dem Mammon der anderen.)

Zwei Männer unterhalten sich: *„Was heißt eigentlich ‚promiskuitiv'?" – „Ein promiskuitiver Mann ist einer, der mehr Frauen hat als wir."* („Promiskuitiv" wird meist abwertend benutzt: „Ich bin ein Don Juan, meine Rivalen sind promiskuitiv.")

Haben die meisten von uns wirklich das große Glück, mit jener Hälfte der Menschen zu kommunizieren, die immer im Recht ist? Welche Strategien entwickeln wir daraus? Wenn ich – in unserem Beispiel von der doppelten Platzreservierung – meinen Gesprächspartner sorgfältig beobachte, dann könnte ich z. B. aus der Tatsache, dass er übergewichtig ist, sein Schlips bekleckert ist und er Reste von Eigelb im Bart hat, schließen, dass er gerne und oft isst. Ich nehme jetzt seine Perspektive ein: Wenn der erst einmal auf diesem Fensterplatz sitzt, aus dem er schlecht rauskommt, dann wird sich die Zeit bis zum nächsten Snack für ihn ganz schön strecken. Mein Lösungsvorschlag erwächst daraus, dass ich ihn zum Zentrum meiner Überlegungen mache und seine Interessen zu meinem Ausgangspunkt: *„Wäre es für Sie akzeptabel, wenn ich Sie zu einem Essen im Bordrestaurant einlade, wo Sie sitzen, essen und arbeiten können, und nach einer Stunde tauschen wir?"*

... Aus egoistischen Motiven alterozentrisch denken und argumentieren ....

„Egozentrik" stellt das eigene Ich in den Mittelpunkt. „Egoismus" ist nur auf den eigenen Vorteil bedacht. Analog dazu unterscheidet man zwischen **Alterozentrik**, einer Einstellung, die das Gegenüber zum Ausgangspunkt nimmt, und **Altruismus**, der durch Selbstlosigkeit gekennzeichnet ist und durch den alleinigen Wunsch, andere glücklich zu machen.

Die Achse zwischen Egoismus und Alterozentrik (s. Abb. 4.2) stellt eine optimale Verbindung für die Kommunikation dar. Der Sprecher erzielt nämlich den größtmöglichen Vorteil für sich (im egoistischen Sinn), wenn er von dem Nutzen des

Egoismus	Altruismus
Egozentrik	Alterozentrik

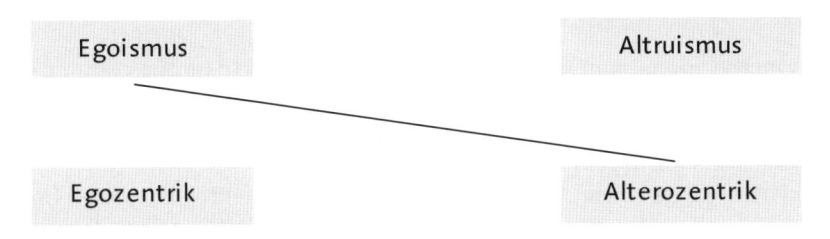

Abb. 4.2: *Die Achse „Egoismus – Alterozentrik"*

anderen ausgeht, soweit das mit den Zielen des Sprechers vereinbar ist: *„Ich will, dass du mir zuhörst und letztlich in meinem Sinn handelst* (Egoismus). *Das erreiche ich am besten, indem ich mich in deinen Standpunkt versetze und den zum Ausgangspunkt meiner Verhandlung mache* (Alterozentrik).*"*

Die Achse „Altruismus – Alterozentrik" ist weniger effektiv, weil sie die egoistische Freude am Redeprozess selber und die eigenen Interessen vernachlässigt. Auf dieser Achse liegt der Prototyp des nur empathisch Zuhörenden oder der Mütter Theresa.

••• Kommunizieren von Angesicht zu Angesicht – oder von Angesicht zu Spiegel: Die Einweg-Kommunikation der Narzissten •••••••••••••••••••••••••••

„Der Kommis [ein kaufmännischer Angestellter] wollte von Zechgelagen eines gemeinsamen Bekannten, eines reichen Kaufmanns, während der Messezeit erzählen, aber der Alte ließ ihn nicht zu Ende reden und erzählte selber von früheren Zechgelagen in Kunawin, die er selbst mitgemacht hatte." (Leo Tolstoi: „Die Kreutzersonate")

Es gibt Leute, die lieber zum hundertsten Male dieselbe Geschichte erzählen, als eine einzige neue zu hören. Sie kämpfen um Sprechzeit und monopolisieren Gespräche.

„Eine Art Habgier ist es, wenn einer immer reden und nicht zuhören will." (Demokrit)

Diese Leute scheinen zu sagen: *„Nicht zuhören kann ich gut. Weghören ist wirklich eine Stärke von mir. Wenn jemand anders spricht, kann ich voll konzentriert eine Replik auf etwas formulieren, was nicht gesagt worden ist."*

„,Was haben Sie denn gegen die Bildung?' fragte die Dame und lächelte kaum merklich. ,Ist es denn besser, wenn man so heiratete wie in der alten Zeit, wo Braut und Bräutigam einander vor der Hochzeit überhaupt nicht zu sehen bekamen?' fuhr sie fort, indem sie nach der Gewohnheit vieler Damen nicht auf die Worte ihres Partners antwortete, sondern auf das, was er ihrer Meinung nach sagen würde." (Leo Tolstoi: „Die Kreutzersonate"; PS: Heute hätte Tolstoi diese Aussage sicher nicht auf Damen beschränkt.)

„A temperamental young man was Ralston McTodd. He liked to be the centre of the picture, to do the talking, to air his views, to be listened to respectfully with interest by a submissive audience." (P. G. Wodehouse: „The World of Psmith", Barrie and Jenkins, Lo., 1974, 455)

(„Ein launenhafter junger Mann, das war Ralston McTodd. Er liebte es, wenn er im Mittelpunkt stand, selber redete, seine Ansichten vortrug, und ihm eine devote Zuhörerschaft an den Lippen hing.")

Derber (2000) hat das Phänomen solcher Narzissten im Titel seines Buches „The Pursuit of Attention" genannt („Das Streben nach Aufmerksamkeit / durch andere /"). Wie aus den Zitaten ersichtlich, ist dieser Sprechertyp ein gefundenes Fressen für Romanschriftsteller, die sich professionell durch gute Beobachtungsgabe auszeichnen. Lassen Sie uns zwei Fragen zu diesem Typus stellen:

1. Die Reaktion der meisten Menschen auf diese Schilderungen ist negativ. Würden Sie sich selber in diesen Charakterisierungen wiedererkennen? Würden sie stolz darauf sein? Würden wir selber, auf solches Gesprächsverhalten hingewiesen, nicht erwidern: *„Ja schon, aber das ergab sich aus der Situation, und ich war ja nun einmal der Experte, und die anderen haben meinen Ausführungen ja auch aufmerksam und dankbar zugehört."*
2. Handelt es sich hier nicht um kommunikative Inkompetenz? Spricht nicht alles gegen ein solches Verhalten?

Mögliche *Antworten auf die erste Frage* sind:

(a) Auf dem Gebiet der Kommunikation klaffen Selbst- und Fremdbild oft sehr weit auseinander. Dies gilt besonders für die eigene Stimme. Was andere als „unangemessen laut, dröhnend und endlos" empfinden, beschreibt der Sprecher selber als: *„Ich drücke mich immer klar und deutlich aus, bis es jeder verstanden hat."*
(b) Wir neigen dazu, uns selber bei negativem Verhalten nach der Situation und andere nach dem Charakter zu beurteilen. *„Ich habe mich adressatengerecht, der Situation angemessen und dem komplexen Thema gerecht werdend ausgedrückt"*, aber ein anderer, der ebenso lang gesprochen hat, *„ist doch arg geschwätzig".*

Die *Antwort auf Frage 2* ist schwieriger, weil sie kontraintuitiv scheint. Es gibt nämlich durchaus Vorteile für ein solches Verhalten.

(a) Wenn sich ein Experte mit vielen Ideen mit einem immer nur gerade eben sein Pflichtsoll erfüllenden Gesprächspartner trifft, dann profitieren beide von einem größeren Redeanteil des kreativen Experten.
(b) Gute Zuhörfähigkeiten entwickeln bedeutet nicht, dass eine Führungskraft sich die Zeit stehlen lässt, z. B. von Leuten, die täglich zwei Stunden ihrer Arbeitszeit damit verbringen, anderen zu erzählen, wie fürchterlich überarbeitet sie sind.
(c) Wodehouse deutet in dem obigen Beispiel von Ralston McTodd eine Erklärung an: Der hörte sich gerne vor einem devoten Publikum sprechen. Hier handelt es sich um Komplementarität: Viele Angeber finden ihre Bewunderer. Die Mitglieder der Fanclubs versuchen, sich gegenseitig in Devotionsbekundungen zu überbieten. Und viele Schweiger fühlen sich durch Endlossprecher entlastet.
(d) Je mehr Redezeit jemand für sich beansprucht, desto mehr bestimmt er die Themen, so dass sich in ihm der Eindruck verfestigt, *„wenn ich das Gespräch nicht in Gang gehalten hätte, wenn ich nicht ständig mit Ideen gekommen wäre, dann hätte sich hier nichts getan".* Gepaart mit seiner Unfähigkeit zuzuhören, erwächst in

ihm aus der Tendenz zur Monopolisierung des Gesprächs das Selbstbild, eine geborene Führungspersönlichkeit zu sein.

(d) Wer kein Problem mit Takt und Fairness hat und sich immer den größten Teil der Redezeit nimmt, der wirkt, als hätte er die besseren Argumente. Stellen Sie sich ein Schachspiel vor, bei dem der eine Spieler immer zwei Züge hintereinander macht, der andere sich aber an die Regeln halten müsste.

> Wir unterscheiden zwischen unterschiedlichen Redeanteilen, wie sie sich aus dem Anlass ergeben (z.B. Examina, Zeugenbefragungen, Rückkehr von einer Abenteuerreise), und der gewohnheitsmäßig angenommenen Tendenz, Gespräche zu monopolisieren. Wenn Letzteres der Fall ist, dann liegt oft das Phänomen des **Narzissmus** vor. Narzisstische Menschen sind gekennzeichnet durch ein „grandioses Gefühl der eigenen Wichtigkeit", ihre Unfähigkeit, „die Gefühle oder Bedürfnisse anderer anzuerkennen" und durch „Phantasien grenzenlosen Erfolgs, Macht, Glanz, Schönheit oder idealer Liebe" (Wikipedia).

Was hat dieses psychologische Phänomen mit Kommunikation zu tun? Der Schlüssel zu dieser Frage liegt in den Worten „Phantasien grenzenlosen Erfolgs". Zugegeben: jeder Konzern braucht Menschen mit Visionen, und je kühner die Visionen, desto größer die Aussicht auf Alleinstellungsmerkmale. Aber ungebremste Fantasien führen zu Realitätsverlust. Realitätsverlust der Führungskräfte kann katastrophale Konsequenzen für das Unternehmen haben. Das effektivste Mittel zur Bodenhaftung, zu realistischen Einschätzungen ist **Zuhören**, also genau jene kommunikative Kompetenz, die bei Narzissten am schwächsten ist. Jedem Konzern und jeder Institution muss daher an einer Gesprächskultur gelegen sein, die durch Rituale die Führungskräfte zum Zuhören zwingt. Das kann z.B. bei „Career Talks" oder bei wöchentlichen Mitarbeiterbesprechungen durchgesetzt werden. Führungskräfte mit narzisstischen Neigungen werden durch Zuhörrituale zu einer Verhaltensänderung angeleitet, die dann zu einer Persönlichkeitsentwicklung führt. Diese Methode ist erfolgversprechender als der alleinige Weg über Verstand und Einsicht.

Es geht hier nicht um total verhaltensgestörte, neurotische Menschen, sondern um solche, die – wie wir alle – narzisstische Züge durchaus in sich kennen. Und analog zu dem „normalen" Egoisten, der über alterozentrisches Denken am ehesten ans Ziel kommt, kann jeder mit narzisstischen Tendenzen durch Training seiner Zuhörfähigkeiten den Erfolg steigern, indem er seinen „Phantasien grenzenlosen Erfolgs" Zügel anlegt. Auf der Skala von „statisch" zu „dynamisch" sind Egoismus, Egozentrik und Narzissmus stark auf der linken Seite angesiedelt. Deshalb bringt nur solches egoistisches Argumentieren Dynamik in Verhandlungen, das aus alterozentrischer Sichtweise geführt wird – und nur solcher Narzissmus wird vor Stagnation und Realitätsverlust bewahrt, wenn er durch Zuhörfähigkeiten gemäßigt wird.

Einen Drachen steigen lassen
Ein Papierdrache gewinnt zunächst Auftrieb durch den Wind. Aber die Schnur in der Hand dessen, der den Drachen steigen lässt, ist keine Fessel, sondern eine notwendige Bedingung für seinen Aufstieg. Ließe der Mensch am unteren Ende den Bindfaden los, würde der Drachen zu Boden sinken. Ein Narziss ist ein Drache, der nur mit sich selber beschäftigt ist und diese Zusammenhänge nicht erkennt. Er löst von sich aus die Schnur und mag – bei starkem Wind – noch ein wenig an Höhe gewinnen, denn in guten Zeiten geht es allen gut. Aber kaum lässt der Wind nach, beginnt der Abstieg des Drachen, der meinte, ohne die Verbindung zum Boden in luftige Höhen aufsteigen zu können.

Narzissten wären überrascht, wie viel der von ihnen ersehnten Bewunderung ihnen zuteil würde, wenn sie ihre schwächste Fähigkeit, nämlich das Zuhören, in den Dienst ihrer Eitelkeit stellten.

• • • Merkmalorientiertes Verkaufen • • • • • • • • • • • •

Eine ältere Frau betritt zögerlich einen Fotoladen:
Verkäufer: *Was kann ich für Sie tun?*
Kundin: *Ich habe gehört, da soll es jetzt so neue Kameras geben, wo man gar keinen Film mehr reintun muss.*
Verkäufer: *Genau. Das sind Digitalkameras. Wir haben hier ein Sonderangebot. 12,3 Megapixel mit dreifachem Zoom: optischem Zoom, wohlgemerkt. Aber Digitalzoom ist natürlich auch Standard. Neben dem internen Speicher haben Sie selbstverständlich auch die SD-Speicherkarte.* **Und**: *eine Welt-neu-heit: Sie können locker auf ISO 30.000 hochgehen. In den 950 Euro ist der IKA-Akku natürlich schon mit drin.*
Kundin: *Ja, wenn Sie da so einen Prospekt hätten über diese Pixel-Fotos, dann würd ich den mitnehmen und käm dann mal wieder vorbei, gelegentlich.*

Dieser Verkäufer geht monosystemisch vor, d. h. er sagt immer denselben Text auf. Die Frage *„Als wer spreche ich zu wem?"* stellt er sich nicht. Er spricht nicht die Sprache der Kundin, denn er ignoriert den Generationenunterschied sowie das Wissensgefälle von ihm als Experten zu der Kundin als absolutem Laien. In einem typischen Fall von Technical Selling erwähnt er die technischen Merkmale der Kamera.
Wenn sich der Verkäufer fragt, warum und wofür will die Kundin diese Kamera kaufen, dann dreht sich das Gespräch nicht um Merkmale, sondern um den Nutzen der Kamera für die Kundin, und könnte dann folgendermaßen verlaufen:

••• Nutzenorientiertes Verkaufen •••••••••••

Kundin: *Ich habe gehört, da soll es jetzt so neue Kameras geben, wo man gar keinen Film mehr reintun muss.*
Verkäufer: *Ja, da sind Sie bei mir genau richtig. Darf ich zunächst fragen, möchten Sie die Kamera für sich selber kaufen oder soll es ein Geschenk sein?*
Kundin: *Also eigentlich würd ich schon gerne mal ein paar Fotos selber machen.*
Verkäufer: *Prima. Was möchten Sie denn fotografieren? Ich sehe, Sie haben Ihren Hund mitgebracht. Hübscher kleiner Kerl. Wollen wir den gleich jetzt einmal fotografieren?*
Kundin: *Ähm, kost das was?*
Verkäufer: *Sie können mit dieser Kamera so viele Bilder machen, wie Sie möchten, und es kostet Sie keinen Cent. Das ist ja das tolle an diesen Digitalkameras, so heißen die nämlich. Ich halt mal die Kamera, und drücken Sie doch mal auf diesen Knopf. Schaun Sie mal, da sehen Sie ihn schon. Wie heißt er denn? Ajax. Und wenn Sie jetzt hier drauf drücken, ja, genau da, sehen Sie, da haben Sie Ihr erstes Foto von Ajax gemacht. Der hat ja wirklich ein schönes glänzendes Fell.*
Kundin: *Ich muss mal meine Brille suchen.*
Verkäufer: *Lassen Sie nur. Kommen Sie bitte mal hier an den Bildschirm, ich steck das Kabel rein, iiijja, und da ist Ajax schon fast in Lebensgröße. Wir können Ihnen das als Foto ausdrucken oder als E-Mail weiterschicken.*
Kundin: *Also ich glaub, das würd mein Neffe schon für mich machen. Und was würde so eine Kamera kosten?*
Verkäufer: *Wie wichtig ist Ihnen als Brillenträgerin der große Sucher hier an der Kamera?*

Fassen wir zusammen: Natürlich möchte der Verkäufer verkaufen. Das ist sein legitimes egoistisches Interesse. Um das durchzusetzen, nimmt er einen alterozentrischen Standpunkt ein, nämlich den der Kundin. Anstatt nun narzisstisch vorzugehen und sich selber zu gefallen in der unerschöpflichen Tiefe seines Fachwissens, befragt er sie und hört ihr zu. Er zählt nicht selbstgefällig Merkmale auf, sondern ermittelt den Nutzen speziell für diese Kundin. Der scheint für sie in einfacher Bedienung zu liegen, weswegen er sie alles selber machen lässt. Da er ihr zuhört, erfährt er, dass sie sehr auf ihr Geld achtet, vielleicht achten muss. Daher schreckt er sie nicht mit *„950 Euro inklusive Akku"* ab, sondern fragt nach dem, was ihr wichtig ist. Er holt sich den Auftrag auf diese Weise von der Kundin ab, ehe er sich behutsam an die Preisfrage macht.

Die Aufzählung von Merkmalen mag angemessen sein einem Kunden gegenüber, der schon drei Digitalkameras besitzt, alles darüber im Internet gelesen hat und sich für die Kamera genau wegen dieser Merkmale interessiert – also ein Kunde, der z. B. in seinem Kameraclub die Vereinsmitglieder beeindrucken will, indem er stets das Neuste hat, the state of the art, und gerne darüber redet. Hier tritt der Sonderfall ein: Der Nutzen liegt für diesen Kunden in den technischen Merkmalen. Und genau das sollte ein Verkäufer erst in der Anfangsphase ermitteln, ehe er das eigentliche Verkaufsgespräch eröffnet.

Wir haben von der Nutzenargumentation gesprochen, die der Verkäufer am effektivsten durch Perspektivenwechsel erreicht, indem er die Transaktion aus der Sicht des Kunden sieht. Es ist nützlich, sich dieses Modell für jede Art von Kommunikation zu eigen zu machen.

> Der Sprecher denkt sich den Zuhörer als Kunden seiner Information.

Dann ergeben sich Fragen wie: „Was könnte mein Gegenüber interessieren?" – „Wie viel Zeit wird mein Gesprächspartner für das Anhören meiner Erzählungen und Berichte investieren wollen?" – „Welche und wie viele Details wird er mir ‚abkaufen' wollen?" Das sind Fragen, die sich Narzissten und Egozentriker nie stellen. Und es sind Fragen, die oft von gerade den Menschen nicht gestellt werden, die zu bestimmten Anlässen reden müssen, wie Fußballtrainer und viele Politiker. Sie führen dann mechanisch eine Pflichtübung durch, die wenig mit Kommunizieren, sondern nur noch mit Sprechen zu tun hat. Deshalb: **Ein kurzes Plädoyer für das Weghören zur rechten Zeit.**

So sagte Joschka Fischer als Außenminister nach den Ergebnissen eines EU-Gipfeltreffens befragt:

„Es gibt ja so etwas wie eh ne Verhandlungsdramaturgie, wenn es um so viel geht eh das war auch in Berlin bei der Agenda 2000 während unserer Präsidentschaft so eh es gibt Höhen und Tiefen eh aber insgesamt sind doch Fortschritte zu sehen, allerdings wir haben noch größere Klippen zu überwinden."

Wolfgang Schäuble gab als Innenminister am 5.4.2007 zu Sicherheitsfragen und Datenschutz eine Erklärung ab. Der Anlass war die Entscheidung des Europäischen Gerichtshofs, die USA hätten den Datenschutz verletzt. Die Weitergabe der Daten von Flugreisenden verstieße gegen geltendes EU-Recht.

Hören Sie sich bitte seine Erläuterung in Beispiel 27 an.

Das ist Kaugummi für die Ohren. Für den Fall, dass Sie die Kernaussagen (wie: *„aber räh wir müssen natürlich wissen, wenn wir so was ankündigen, was wir ankündigen"*) für Ihren nächsten Auftritt auswendig lernen wollen, folgt hier die Transkription:

„Also wir haben äh den Fortschritt darin erzielt, dass wir räh vereinbart haben, dass wir sagen können, das wird muss den Gipfel nicht beschäftigen und das wird rechtzeitig gelöst werden und wir führen hier nicht die Verhandlungen der Experten, aber räh wir müssen natürlich wissen, wenn wir sowas ankündigen, was wir

ankündigen, und da wir räh erwachsene Leute sind, die wissen, sie werden hinterher an dem gemessen, was sie heute gesagt haben, ist es ein großer Fortschritt."

Eine bessere Alternative zu solchen Weghörsignalen besteht darin, weniger zu reden, aber dafür mit „packendem" Vortrag.

··· Positionen und Motive/Interessen ············

Beurteilen Sie bitte folgende Unterhaltung: Auf einem Stehempfang haben sich zwei Gäste kurz gegenseitig vorgestellt und fahren dann mit diesen Worten fort:

A: *Sie kommen aus Erfurt? Wie hoch über dem Meeresspiegel liegt diese Stadt?*
B: *Pffff. Hmm, keine Ahnung.*
A: *Is egal, war ja auch nur mal so ne Frage.*

B will vielleicht mit „*Pffff. Hmm*" sein Bedauern darüber zum Ausdruck bringen, dass er das ja eigentlich als Erfurter wissen müsste, aber leider total überfragt ist. Nach dem, was Sie bisher gelesen haben, erkennen Sie, warum am Anfang einer Beziehung diese nonverbalen, stimmlichen Äußerungen gefährlich und nicht empfehlenswert sind, weil A sie interpretieren könnte als: *„Mein Gott, ich finde diese oberlehrerhaften Befragungen lästig. Und wahrscheinlich antworten Sie jetzt mit ‚Sechs. Setzen'."* Entscheidend ist, dass die beiden im Gespräch nicht vorankommen. Das Statische überwiegt.

A: *Sie kommen aus Erfurt? Wie hoch über dem Meeresspiegel liegt diese Stadt?*
B: *Interessante Frage. Da muss ich mich mal erkundigen. Was ist Ihr Interesse an der Höhenlage?*
A: *Ich muss da im Februar mit dem Auto hin und wollte wissen, ob da Schnee liegt.*
B: *Das kann ich Ihnen beantworten ...*

Dieses Gespräch unterscheidet sich in zwei grundlegenden Aspekten von dem ersten. Zum einen spielt B in seiner Antwort nichts herunter, sondern wertet die Frage und den Gesprächspartner auf, indem er sein Interesse an dem Thema bekundet. Und zum anderen erkundigt er sich nach den Motiven, die zu dieser Frage geführt haben. Durch diese Gegenfrage kommt Bewegung in die Konversation. *„Ich weiß zwar nicht, wie viele Meter über dem Meeresspiegel die Stadt liegt, aber jetzt, wo ich in Erfahrung gebracht habe, aus welchem Motiv heraus Sie das wissen möchten, kann ich Ihnen sogar noch hilfreichere Information geben, als wenn ich die Höhe gewusst hätte."*

Es kann als Gedächtnisstütze dienen, wenn man sich vergegenwärtigt, dass **Motiv** aus dem französischen „motiver" (= bewegen) abgeleitet ist, also etwas Dynamisches bezeichnet. Dagegen übersetzt man **Position** am besten mit „Standpunkt", denn dadurch kommt das Statische der Gegenüberstellung von Positionen zum Ausdruck.

Nach dem Harvard-Konzept (und vielen anderen ähnlichen Modellen) sollte man nicht Positionen, sondern Interessen ermitteln und verfolgen.

Das berühmteste Beispiel sind die beiden Schwestern, die sich um eine Apfelsine streiten. Sie beharren so lange auf ihren Positionen, bis sie sich schließlich jede mit einer Hälfte abfinden. Erst dann stellen Sie fest, wo ihre Interessen lagen: Die eine wollte nur die Schale zum Kuchenbacken, und die andere wollte nur das Fruchtfleisch. Hätten sie die Motive hinter den Positionen erfragt, hätte die eine Schwester 100 % der Schale und die andere 100 % des Fruchtfleisches erhalten können.

... Überreden oder Verhandeln? ....

Überreden geht aus von *meinem* Nutzen. Verhandeln geht aus von *unserem* Nutzen.

Auf den Positionen beharren und den anderen von seinem Standpunkt abbringen zu wollen, nennt man „überreden": *„Ich hab Lust, ins Kino zu gehen. Kommst du mit?"* – *„Ich hab keine Lust, schon wieder auszugehen. Ich möchte hier einfach mal richtig ausspannen."* – *„Och komm doch mit, ich möchte nicht alleine gehen."* – *„Dann lass uns doch gemeinsam hier bleiben."* – *„Aber Kino ist doch schön! Sei doch kein Kinomuffel."* – *„Seit wann fühlst du dich bei uns zu Hause nicht mehr wohl? Wir machen es uns hier richtig gemütlich."*

Ein solches Gespräch ist ein kommunikativer Grabenkampf ohne Bewegung. Stattdessen könnten beide durch Fragen nach den Motiven herausfinden, dass er sich dort gerne mit den Kufners träfe und auf anregende Gespräche hofft. Darauf könnte sie vorschlagen, sie würde die Kufners zu ihnen nach Hause einladen, dann brauche sie nicht wieder los, und er hätte die Gesellschaft der Kufners. Außerdem hätten sie alle ohne das Kino wesentlich mehr Zeit zum Gedankenaustausch.

Es gibt Rahmenbedingungen, die das Einnehmen und Vertreten von Positionen zur Pflicht machen. Parteipolitik im Allgemeinen und Fraktionszwang im Besonderen stellen einen Bezugsrahmen her, in dem es wenig oder sogar keinen Spielraum mehr gibt. Dies wird in den Medien auch oft in ritualisierter Form gespiegelt. Nach dem Satz: *„Die Opposition warf der Regierung vor, in der Frage X verantwortungslos gehandelt zu haben"* kann man den nächsten Satz schon mitsprechen: *„Die Regierung wies diesen Vorwurf zurück."*

Wie wichtig Positionen in der Politik zum Zwecke der Absetzung und Abgrenzung von anderen Parteien sind, zeigte sich, als die Linken einen Gesetzesantrag stellten und damit der SPD zuvorkamen, die ursprünglich genau diesen entworfen hatte und stellen wollte. Bei der Abstimmung stimmte die SPD gegen den Antrag. Das heißt, trotz inhaltlicher Übereinstimmung sollte der Anspruch auf unterschiedliche Positionen nach außen als Signal an den Wähler und als Bekenntnis zur Großen Koalition erhalten bleiben.

„Nichts konnte verlockender für die Linksfraktion im Bundestag sein, als den verzweifelten Mindestlohn-Aufruf der Regierungspartei SPD als eigenen Antrag einzubringen. Natürlich wurde der Antrag...abgelehnt. Und doch erzählt der Trick eine große Geschichte: Die Geschichte von der kleinen Linkspartei, die die große SPD ärgert." (Frankfurter Rundschau, 15.6.07)

Wichtig ist der letzte Satz. Man kann jemanden nur ärgern, wenn der sich ärgern lässt. Die Einnahme von Positionen, von Allianzen und Feindschaften, die notfalls über Inhalte gestellt werden, machen verlässliche Bündnispartner aus, aber machen gleichzeitig unfrei und statisch, denn – wie in diesem Beispiel – wurde der eigene Gesetzesentwurf abgelehnt.

Auch im Geschäfts- und Privatleben ziehen sich Menschen kommunikative Zwangsjacken an, wenn sie aufgrund einer persönlichen Feindschaft bzw. Freundschaft vorhersagbare Äußerungen machen. Bei Feindschaft gilt: *„Ist A dafür, dann muss ich dagegen sein. Ich darf mich nie als jemand darstellen, der mit diesem A gemeinsame Sache macht. Pech für mich, wenn er eine Meinung vertritt, die auch die meine ist, aber alle meine Freunde/Partner würden mich für unzuverlässig, wenn nicht sogar für einen Verräter halten, wenn ich ihm zustimmte. Ich könnte meinen Partnern nie klarmachen, dass ich zwischen der Sach- und der Beziehungsebene unterscheide und A in der Sache zustimme, ihn aber immer noch als unseren gemeinsamen Gegner sehe."* Bei Partnerschaften ist das Prinzip das gleiche, nur dass hier Fraktionszwang zum Mitlaufen und Mitstimmen besteht. Der Vorteil besteht in Vorhersagbarkeit und Zuverlässigkeit. Der Nachteil liegt in Mangel an Kreativität, Dynamik, Spontanität und freier Persönlichkeitsentwicklung.

In Philip Roths Roman „Portnoy's Complaint" läuft ein kleiner amerikanischer Junge jüdischen Glaubens erfreut ans Fenster, weil es schneit. Dann dreht er sich ängstlich um und fragt, ehe er sich weiter zu freuen getraut: „Mama, glauben wir an Schnee?"

Erich Fried hat in dem Gedicht „Antwort" ein Beispiel für Positionen und Überredungsversuche gegeben:

„Zu den Steinen
hat einer gesagt:
Seid menschlich.

Die Steine haben gesagt:
Wir sind noch nicht
hart genug."

Er hat es vermutlich mit Ironie deswegen „Antwort" genannt, weil der Sprecher der ersten Strophe genau daran nicht gedacht hat, sondern von seinen eigenen Wünschen ausging und die Steine überreden wollte, ohne deren Perspektive zu übernehmen, von deren Nutzen auszugehen und ihre Antwort zu antizipieren. Dieser Sprecher verhält sich so wie der Reisende in unserem prosaischen Beispiel von der doppelten Sitzplatzreservierung.

Da es in diesem Abschnitt vorrangig um die kommunikativen Vorteile der Fähigkeit zum Perspektivenwechsel geht, folgt hier noch ein Beispiel, in dem zwar eine Nutzenargumentation angewandt wird, aber die Frage nach dem „zu wem spreche ich?" nicht gestellt wurde.

Ein Politiker forderte die Arbeitgeber auf, verstärkt ältere Menschen einzustellen, mit folgender Begründung: *„weil sonst kein Geld in die Rentenkassen fließt."* Diese Nutzenargumentation geht an den falschen Adressaten (Als wer spreche ich zu wem aus welchem Anlass mit welchem Ziel?). Aus der Tatsache, dass im Falle verstärkter Einstellung älterer Menschen mehr Geld in die Rentenkassen fließt, darf nicht geschlossen werden, dies sei ein Anreiz für z. B. mittelständische Betriebe, aus ihrer Kasse Gelder in eine andere Kasse fließen zu lassen.

Mit einer Geschichte kommunizieren
Bei dieser Übung hören Sie sich bitte den Text 28 auf Ihrer CD an. Sie können ihn gerne beim Anhören mitlesen. An einer bestimmten Stelle werden Sie aus der Rolle des Lesers/Zuhörers plötzlich als handelnde Person in die Geschichte mit einbezogen. Testen Sie sich in dieser Situation. Sie bleiben Sie selber, Sie müssen sich nur auf die Situation einlassen und spontan reagieren wie im richtigen Leben. Nur so können Sie herausfinden, was Sie bisher für sich aus diesem Buch mitgenommen haben, bzw. entscheiden, woran Sie noch an sich und Ihren kommunikativen Kompetenzen arbeiten möchten. Ehe Sie das Hörbeispiel 28 dieser Übung anklicken, besorgen Sie sich ein Aufnahmegerät. Und in genau dem Augenblick, in dem Sie Ihre Rolle vom bloßen Zuhörer der Geschichte beenden und als Handelnder an ihr teilnehmen, in dem Augenblick fangen Sie an zu sprechen und nehmen sich dabei auf. Nicht eine Stunde später, sondern in fließendem Übergang.

Wer nur zuhören möchte, kann jetzt das Buch zuklappen und das Beispiel Nr. 28 anwählen. Wenn Sie lieber zuhören und dabei gleichzeitig mitlesen wollen, ist das auch in Ordnung. Alles klar? Auf geht's!

„Die Geschichte von Anselm und Friedrich"
oder „Intellekt und Moral"
Zwei Ziegenhirten wussten es seit Jahren immer so einzurichten, dass sie ihre Herden um die Mittagsstunde an dieselbe Stelle trieben, um dort gemeinsam ihr Mahl einzunehmen. So auch an diesem Tag, von dem ich berichten will. Es traf sich dieses Mal so, dass Friedrich drei Stücke Käse und Anselm fünf hatte, alle von der gleichen Größe. Just in dem Augenblick, da sie essen wollen, kommt ein

Reitersmann daher. Hungrig und matt wie er ist, bittet er sie, sich zu ihnen setzen zu dürfen. Die Hirten heißen ihn willkommen und teilen ihren gesamten Käsevorrat so auf, dass jeder der nunmehr drei zu Tisch Sitzenden die gleiche Menge Käse erhält. Gesättigt und bester Laune verabschiedet sich der Reitersmann mit den Worten: „Ich danke Euch für Eure Gastfreundschaft. Da ich nicht ohne Besitz bin, verabschiede ich mich nicht mit einem fröhlichen ‚Gott vergelt's', sondern gebe Euch beiden Freunden acht Goldtaler zum Dank." Spricht's zu den Sprachlosen, schwingt sich auf's Pferd und reitet in die Stadt.
Friedrich findet angesichts des unverhofften Gewinns als Erster die Sprache wieder: „Anselm, mein Freund, wir wollen nicht viele Worte machen. Freunde waren wir, Freunde sind wir, Freunde wollen wir bleiben. Der Reitersmann war unser gemeinsamer Gast; stets haben wir ohne Streit geteilt, so scheint mir auch jetzt die gerechte und faire Lösung, jeder nimmt sich vier Goldtaler und wir ziehen reich und glücklich in die Stadt."
„Nicht so hastig, mein werter Friedrich", erwidert Anselm, „dir ist sicher nicht entgangen, dass von den acht Stücken Käse ich fünf beisteuerte, drum scheint es mir – da du ja selber von der gerechten Lösung sprichst – nur recht und billig, wenn ich von den acht Talern fünf erhalte."
So gibt denn ein Wort das andere, und aus der alten Käsefreundschaft wird eine frische Talerfeindschaft. Und wie sie auch reden, streiten und zu überreden versuchen („Sieh's ein, guter Freund: Vier zu vier ist die gerechte Lösung!" – „Nein, nimm Vernunft an: Fünf zu drei!"), es gelingt ihnen nicht, sich zu einigen, und so machen sie sich auf den Weg in die Stadt, um dort vor den Richter zu treten und ein Urteil zu erwirken.
Auf dem Weg dahin treffen Sie ihre alte Freundin Clementine/ihren alten Freund Clemens. Der/Dem schildern sie ihren Fall und fragen: „Sag du uns: Wer von uns beiden hat recht? Anselm oder Friedrich?" Clementine/Clemens blickt von einem zum anderen und erwidert schließlich: „..."

Jetzt stoppen Sie die CD, stellen Ihr vorbereitetes Aufnahmegerät ein und sprechen spontan in der Rolle von Clementine bzw. Clemens weiter.

Sie sind also Teil der Geschichte geworden. Sie sind eine von den *dramatis personae* geworden, d. h. eine von den in unserem Drama vorkommenden handelnden Personen, mit allen Konsequenzen, wenn Sie mitgespielt haben. (Und falls nicht, dann haben Sie jetzt noch eine letzte Chance!) Das, was Sie aufgenommen haben, *ist* nun Teil der Geschichte. Es ist gesagt wie im richtigen Leben. Im realen Leben gibt es kein Zurückspulen, kein Löschen, kein Ungesagt-Machen. Die neue und tiefere Interpretation von „Gesagt, getan" lautet: Kommunizieren ist Handeln.

Hören und/oder lesen Sie jetzt bitte das Ende der Geschichte in Hörbeispiel 29.

Da sagt Clementine, wenn auch gegen ihren eigenen Willen: „Schaut einmal, ihr beide habt immer und alles geteilt. Ihr seid Freunde. Also teilt euch den Reichtum

und nehmt jeder vier Goldtaler." – „Siehst du, Anselm", sprach Friedrich erfreut, „Clementine gibt mir recht. Ich hab doch die ganze Zeit gesagt: Wozu der Streit? Ich vier, du vier, und wir sind beide glücklich." Damit ist die Freundschaft zwischen Clementine und Anselm beendet, der Streit aber nicht beigelegt, und die beiden Hirten ziehen weiter auf ihrem Weg zum Richter.
Nach kurzer Wegstrecke treffen sie ihren alten Freund Clemens und beschließen, noch einen Versuch zu unternehmen. Sie erzählen die Geschichte von Reitersmann, Käse und Gold und beenden sie mit der Frage: „Wer von uns beiden hat recht? Anselm oder Friedrich? Sag an!"
Clemens blickt von Freund zu Freund und sagt schließlich: „Nun ja, auf den ersten Blick würde ich sagen, vier zu vier scheint irgendwie plausibel, aber wenn man es genau nimmt, acht Goldtaler für acht Stücke Käse, jedes Stück eins zu eins mit einem Goldtaler vergütet, und Anselm hat ja nun einmal heute fünf Stücke eingebracht. Also ich sage, fünf zu drei ist gerecht." Anselms Miene erhellt sich ebenso schnell, wie Friedrichs Antlitz sich verfinstert. Die Freundschaft zwischen Friedrich und Clemens ist ein für alle Mal besiegelt, und die beiden Hirten stapfen missmutig weiter in die Stadt, wo sie vor den Richter treten.
„Nun, Anselm und Friedrich, bittet Ihr mich um Rat oder verlangt Ihr Recht?" fragt der Richter. „Recht und Gesetz!" rufen die einstigen Freunde. „So walte ich denn meines Amtes. Hier ist mein Urteil: Du, Anselm, erhältst sieben der acht Taler, und du, Friedrich, nimmst den einen verbleibenden, und nun trollt euch."
Heiter-verblüfft der eine, traurig-verwirrt der andere, so ziehen sie davon, Anselm zum Weibe, Friedrich zum Lehrer, denn, so spricht er zu sich selbst: „Wenn ich schon den Schaden habe, möchte ich doch wenigstens verstehen, warum."
Der Lehrer erklärt es ihm folgendermaßen: „Mein werter Amtsbruder, der Richter, hat vermutlich so räsoniert: Also, Ihr beide habt – da acht durch drei nicht aufging – zwecks gerechter Aufteilung, wie Ihr es nanntet, die acht Stücke Käse in je drei kleine Stücke geteilt. Da wurden aus deinen drei Stücken neun Drittel, aus Anselms fünfen wurden 15 Drittel, macht insgesamt zwei Dutzend Drittel, will sagen 24 Stückchen Käse, die Ihr durch drei teiltet, so dass jeder von euch Dreien acht erhielt. Für selbst mitgebrachten und selbst verzehrten Käse gibt es keine Belohnung, sondern nur für den zum Wohle anderer beigesteuerten. Du, mein lieber Friedrich, aßest von deinen neun beigesteuerten acht mit herzlichem Appetit – er sei dir vergönnt – aber ein Opfer war's so weit noch nicht. Erst als der Reitersmann dein neuntes aß, wurdest du zum Spender, und für dieses eine Stückchen erhieltest du einen Goldtaler, der dich – wenn man es für sich betrachtet – glücklich gemacht hätte. Anselm verzehrte von seinen 15 Stückchen acht und trat die anderen sieben ab, für die der Richter ihm sieben Goldtaler zusprach. Dumm ward ihr beide, weil ihr nicht rechnetet, weise mitnichten, weil ihr nicht Rat suchtet, sondern Recht."
„So bitter die Gerechtigkeit in Form von Wahrheit auch ist, so dank ich euch dennoch, ehrwürdiger Lehrmeister", sagt Friedrich und wendet sich zum Gehen. „Noch auf ein Wort", spricht sein Lehrer. „Guter Rat ist teuer: du verlangtest meine Dienste, ich zeigte mich erbötig, und dafür schuldest du mir einen Taler." Als Friedrich gezahlt hat, ruft er: „So bin ich denn heute vollends betrogen: Mein

einstmaliger Freund Anselm ist mit sieben Talern Gold bei seinem Weibe und lässt es sich gut gehen, wohingegen ich mit leeren Händen nach Hause ziehe." – „Ach Friedrich, wann wirst du den Wert von Erfahrung und Bildung begreifen, die dir heute weit über den Wert eines Talers hinaus zuteil geworden sind!"

Lassen Sie uns nun Fragen an die Geschichte und Ihren Part darin stellen.

1. Haben Sie die angebotenen Alternativen akzeptiert?
Fast alle in die Geschichte Eingebundenen, die bisher in Seminaren mitgespielt haben, akzeptierten die angebotenen Alternativen, wobei die meisten sich im Namen einer freundschaftlichen Regelung für vier zu vier entschieden. Wenn ein Streit so weit eskaliert ist, spielen die Begründungen keine Rolle mehr. Anselm wird jede Vier-zu-vier-Entscheidung als Stellungnahme gegen sich ansehen, und Friedrich analog dazu jede Fünf-zu-drei-Entscheidung gegen sich gerichtet sehen, unabhängig von der Begründung.

Hören Sie sich bitte eine Auswahl aus spontanen Antworten auf die Frage: *„Wer von beiden hat recht?"* in Hörbeispiel 30 an.

Welche Lehre ziehen wir daraus? Wir müssen nicht die angebotenen Alternativen akzeptieren!

Ich hatte einmal in der Schule einen Lehrer, der uns, wenn wir etwas ausgefressen hatten, vor die Wahl stellte: *„Strafe muss sein. Willst du eine Ohrfeige oder eine Eintragung ins Klassenbuch?"* Eine solche Eintragung bedeutet: Morgen werde ich zum Schulleiter vorgeladen, und übermorgen erhalten meine Eltern eine schriftliche Benachrichtigung. Also entschieden wir uns alle für die Ohrfeige. *„Nun gut, wenn du das so willst..."*, und batsch war's geschehen. Was ich daraus gelernt habe, ist: Wer die Macht hat, die Alternativen zu definieren, kann mir Entscheidungen aufzwingen, die ich gar nicht treffen will. Aber als Freund bzw. Freundin von Anselm und Friedrich brauche ich mir eine „lose-lose"-Alternative (das Gegenteil einer „win-win"-Situation) nicht aufzwingen zu lassen.

2. Haben Sie die beiden Kontrahenten gefragt: *„In welcher Rolle soll ich zu euch sprechen?"* Oder anders ausgedrückt: *„Als wer spreche ich zu wem aus welchem Anlass mit welchem Ziel?"* (Das nochmalige Abhören Ihrer eigenen Antwort gibt Ihnen Aufschluss, welche Fragen Sie gestellt haben.)
Mögliche Fragen an Anselm und Friedrich:

- *„Bin ich eine Art Schiedsgericht, dessen Spruch ihr akzeptiert? Bin ich Vermittler?"*
- *„Bin ich Moderator? Wenn ich das sein soll, dann werde ich nur Fragen an euch richten, die Gesprächsführung leiten, aber unparteiisch bleiben. Die Entscheidung trefft dann letztlich ihr."*

- „Oder versucht jeder von euch, mich auf seine Seite zu ziehen? Und wenn ich das zulasse, habe ich es mit dem anderen verdorben? Ich muss euch nämlich Folgendes sagen: Mir ist an eurer beider Freundschaft sehr gelegen, und ich möchte sie nicht wegen einer einzigen Geldfrage aufs Spiel setzen."

Ein Gedankenexperiment: Ich zeige Ihnen zwei völlig gleiche Karten. Auf die eine zeichne ich mit Bleistift ein Kreuz. Nun vertausche ich die beiden Karten hinter meinem Rücken und zeige Sie Ihnen jetzt mit dem Kreuz nach unten. Mein Angebot: Sie zahlen mir 100 Euro. Wenn Sie richtig raten, auf welcher Karte das Kreuz ist, bekommen Sie Ihr Geld zurück, wenn nicht, behalte ich es. Gehen Sie auf mein Angebot ein?

Die meisten Menschen antworten: „Nein, natürlich nicht, denn wenn ich Glück habe, bin ich gleich wieder im Besitz meiner 100 Euro, wenn ich Pech habe, bin ich sie los. Aber gewinnen kann ich auf keinen Fall."

Wenn das so sonnenklar ist, warum lassen sich in der Kommunikation so viele Menschen dann auf genau diese Spielregel ein? Clemens und Clementine in unserem Beispiel saßen an einem schönen Sommermorgen glücklich auf einer Bank. Da kommen zu ihrer Freude ihre beiden besten Freunde daher. Fünf Minuten später hat Clementine/Clemens nur noch einen Freund, denn sie/er hat sich auf eine Spielregel eingelassen, die sie/er mit den 100 Euro und den beiden Spielkarten weit von sich gewiesen hätte.

> Nur bei vorher klar vereinbarter Rollenverteilung wird sichergestellt, dass der um Rat Gebetene – der, an den die Fragen gerichtet werden – nicht als Verlierer das kommunikative Spielfeld verlässt.

3. Haben Sie Anselm und Friedrich folgende Frage gestellt: *„Wie müsste ein Rat von mir beschaffen sein, dass Ihr* **beide** *damit leben könnt und eure Freundschaft zu mir dabei nicht zerbricht?"*

Mit dieser Frage bezieht man die beiden in den Lösungsprozess ein. Die Antworten „5:3" und „4:4" sind damit schon einmal ausgeschlossen. Anselm und Friedrich müssten jetzt (a) entweder die Unfairness ihrer Frage einräumen, oder (b) zugeben, dass angesichts der Verhärtung der Fronten Moderation bzw. Versuche der Konfliktlösung vergebliche Mühe wären, *oder* aber sie müssten nach anderen Alternativen suchen.

4. Haben Sie die Ratsuchenden nach ihren Motiven gefragt?

- „Lasst uns zuerst den Streitwert ermitteln. Es geht nämlich nicht um die Entscheidung: Entweder fünf für Anselm bzw. vier für Friedrich oder gar nichts, sondern der Streit geht um einen einzigen Goldtaler. Und nun frage ich euch: Wie viel ist euch eure Freundschaft wert? Nicht einmal ein einziges Goldstück?"
- „Was wollt Ihr mit dem Gold anfangen?"

Jetzt erfährt man u. U. ganz neue Aspekte. Friedrich könnte sich einen eigenen Stall kaufen, aber der kostet vier Goldtaler, und für drei ist der nicht zu haben. Anselm gibt nach einigem Zögern zu, dass seine Frau ihm während der gesamten Ehe vorgeworfen hätte, er setze sich nicht genügend für seine Familie ein, und sie ist eifersüchtig auf seine gute Freundschaft zu Friedrich. Wie soll er ihr erklären, dass er dem Freund einen Goldtaler (ein kleines Vermögen!) kampflos abgetreten hat?

Diese Situation ergibt sich häufig im Berufsleben: Ein Konzern will eine Geschäftsstelle von München nach Hamburg verlegen, aber viele Mitarbeiter sind dagegen, weil der Umzug für den Konzern zu kostspielig sei, die meisten Geschäftspartner bzw. Kunden im Süden wären, etc. Der Geschäftsführung gelingt es, die Gegengründe zu entkräften. Sie muss aber feststellen, dass sich an der Abwehrhaltung gegen Hamburg nichts ändert, bis sie feststellt, es sind die Partner bzw. die Familien der Mitarbeiter, die sich gegen den Wechsel des Wohnsitzes stemmen, und zwar aus ganz anderen Gründen als denen, welche die Mitarbeiter offiziell angeben. Das heißt, die Ansprechpartner sind die Familien der Mitarbeiter, und die können gefragt werden, unter welchen Bedingungen ein Umzug für sie weniger Nachteile mit sich brächte. (Dieses Phänomen wird in diesem Buch unter „laterale Kommunikation" in Kap. 4.3.2 und unter „Gründe vs. Beweggründe" in Kap. 4.4 eingehend behandelt.)

- Eine andere Frage, die wir stellen können, lautet: *„Wie viel Goldtaler, glaubt ihr, kostet euch der Prozess?"*

> Die Frage nach den Motiven bringt Bewegung in die Verhandlung (im Gegensatz zu Positionen halten und Überredungsversuchen).

Wir kommen jetzt zurück zu dem Ausgangspunkt, nämlich der Frage nach den Alternativen. Die Standpunkte sind klar, überreden hat nichts gefruchtet, aber durch die Ermittlung der Motive kommt Dynamik in die Verhandlung: Wir erweitern die Zahl der Alternativen:

Clementine / Clemens: *„Im Mittelalter gab es eine Weisheit: Wer jemanden wegen einer Kuh verklagt, setzt zwei dran. Ich rate dringend von einem Prozess ab. Mein Vorschlag: Jeder von euch erhält drei Goldtaler. Zwei gebt ihr mir, ich lege sie an, und in genau einem Jahr treffen wir uns wieder an genau dieser Stelle. Wenn aus den zwei Talern durch gute Finanzverwaltung sieben geworden sind, dann gebt ihr mir einen (das war der Streitwert), und ihr erhaltet jeder drei. Du, Friedrich kannst dir dann deinen Stall kaufen und ein paar Ziegen dazu, und du, Anselm, wahrst das Gesicht, wenn du deiner Frau berichtest, du wärest aus Verantwortung gegenüber der Familie das Risiko eines teuren Prozesses mit unsicherem Ausgang nicht eingegangen."*

In verkürzter Form hat Verona Poth alias Feldbusch ein didaktisch einprägsames Beispiel für den Umgang mit Alternativen gegeben: *„Hätte ich die Wahl zwischen Schröder, Lafontaine und Joschka Fischer, würde ich George Clooney oder Brad Pitt nehmen."*

5. Auf wessen Seite stand der Erzähler?
Schreiben Sie bitte Ihre Antwort auf, ehe Sie weiterlesen. Die meisten Menschen meinen, der Erzähler sei neutral gewesen. Einige meinen, er hätte ein wenig mehr Sympathie für Friedrich gehabt, wissen aber nicht, woran sie das festmachen.
Nun, Sie haben die Erzählung auf der CD gehört. An einer einzigen Stelle kommen Anselm und Friedrich selber in direkter Rede zu Wort. Der Erzähler leiht Friedrich eine warme Stimme in mittlerer Sprechstimmlage und ruhigem Ton. Als er Anselm eine Stimme gibt, spricht er hoch, fast im Falsett und knarrend. Die vokale Botschaft des Erzählers ist: Ich kann den Anselm nicht ausstehen. Sympathien und Antipathien, Kaufbereitschaft und -abneigung werden immer zuerst in Stimme, Mimik und Körpersprache ausgedrückt. Ein guter Erzieher, Partner, Verkäufer oder Berater achtet auf diese Signale, weil ihm auf diesem Kanal die Botschaft des Gefühls gratis ins Ohr geliefert wird. Vorausgesetzt, wir haben unsere Ohren geöffnet.

> Auf die stimmlichen Botschaften zu achten maximiert den Informationsgewinn. Dies nicht zu tun heißt, Informationen über Emotionen und Einstellungen, die uns gratis auf einem goldenen Tablett gereicht werden, zum Fenster hinauszuwerfen.

Abschließend zwei Beobachtungen zu der Geschichte am Rande:

(a) Fragen stellen ist leichter als Antworten geben. Der Denkaufgaben Stellende wirkt meist intelligenter als jener, der sich mit ihnen herumschlagen muss.
(b) Friedrich musste erst durch seinen Lehrer darauf aufmerksam gemacht werden: Consulting und Beratung auch im rhetorischen Bereich, gibt es nicht für „Gotteslohn", d. h. umsonst.

Fazit: Zur Durchsetzung durchaus legitimer egoistischer Wünsche ist der Perspektivenwechsel, d. h. die Übernahme der Sichtweise des Gesprächspartners, von Vorteil. Das Ziel ist: Aus egoistischen Motiven alterozentrisch argumentieren lernen.
Narzisstische Züge können zu Realitätsverlust führen. Das beste Gegenmittel (zum Vorteil beider Gesprächs- bzw. Verhandlungspartner) ist eine Zuhörschulung.
Um Sprechzeit kämpfen ist angebracht bei Talkshows, wo keine Entscheidungen gefällt werden und wo hohe Einschaltquoten große PR-Wirkung gewährleisten. Aber neue Information gewinnt man durch die Ohren, nicht durch den Mund. Zuhören bringt Informationsgewinn, der zur Erreichung der eigenen Ziele von Vorteil ist.

Wer als charakteristisches Sprechmuster „ja aber" benutzt, bewahrt sich und andere vielleicht vor übereilten Schritten und vor Fehlern, begünstigt jedoch das statische Element. Es kann durch Fragen ersetzt werden. Die Veränderung dieses Sprechmusters bewirkt eine wertschätzendere, neugierigere und dynamischere Einstellung.

Ehe man präskriptiv vorgeht, d. h. Verordnungen, Vorschriften und Normen zu seinen ständigen Argumentationsmustern macht, sollte man deskriptiv (= beschreibend) vorgehen und zunächst ermitteln, was funktioniert und wie man es verbessern könnte.

Eine Kommunikation, welche sich auf die Beschreibung von Merkmalen beschränkt, ist statisch, weil sie stärker mein Fachwissen in den Mittelpunkt stellt als meine Interessen am Nutzen des Gesprächspartners.

Ausschließlich Positionen vertreten *("Ich bin für die EU-Erweiterung" – "Ich bin dagegen")* ähnelt Grabenkämpfen. Sich eingraben ist statisch. Nach Interessen und Motiven fragen eröffnet meist neue Verhandlungsmöglichkeiten.

Das Überreden haben wir lange genug in der Kinderstube geübt. Charakteristisch für diese Kommunikationsform ist das Argumentieren aus nur einer Position, nur einer Perspektive und nur einer Option heraus.

• • • Das konzedierte Territorium • • • • • • • • • • • • • •

"Ich wette mit Ihnen, liebe Leserin, lieber Leser, um einen Euro: Wenn Sie mir zwei Euro geben, gebe ich Ihnen vier Euro zurück. Ein wirklich faires Angebot. Okay? Also dann: Topp, die Wette gilt."

Wenn Sie darauf eingegangen sind, müssen Sie mir jetzt vereinbarungsgemäß zwei Euro geben. Ich weigere mich darauf, Ihnen vier Euro zu zahlen. Sie argumentieren nun völlig zu Recht: *"Dann haben Sie die Wette verloren!"* – *"Stimmt"*, sage ich, stecke die zwei Euro ein und gebe Ihnen den einen Euro Wetteinsatz. Ich, als der Verlierer der Wette, habe jetzt einen Euro mehr als vorher, und Sie, als Gewinner der Wette, haben einen weniger. Sollten Sie gedanklich auf meine Wette eingegangen sein, dann vermutlich deshalb, weil Sie gelernt haben: *"Eine Wette gewinnen"* ist gut, *"Eine Wette verlieren"* ist nachteilig. Ich hoffe, dass Sie die Semantik des Satzes: *"Ich habe die Wette gewonnen und einen Euro verloren"* nachdenklich stimmt.

Wir sind in der Kommunikation – sowohl in unseren Sprechmustern wie auch in unseren verbalen Strategien – programmiert: **Wir wollen im Argumentieren gewinnen.** Und zwar so stark, dass wir dabei auch zum eigenen Nachteil zu argumentieren bereit sind. Jede Talkshow und jede Bundestagsdebatte bestärkt uns in dem zwanghaften kommunikativen Verhalten, dass auf jeden Angriff ein Gegenangriff oder zumindest eine Verteidigung zu folgen hat, auf jeden Vorwurf eine Rechtfertigung. In diesem Abschnitt geht es darum zu erkennen, wann diese prototypischen Gesprächsmuster und somit Denkmuster zu unserem Nachteil werden.

Der Kabarettist Horst Evers erzählt in der Geschichte „Die Arbeitsplatte" von folgendem Ereignis: Er hat in einem Baumarkt unter absurden Umständen zwei große, extrem schwere, massive Buchenholzplatten gekauft und steht nun draußen vor der schier unmöglichen Aufgabe, diese nach Hause zu transportieren. Da er nicht beide gleichzeitig tragen kann, verfällt er auf die „Etappentaktik", indem er die eine zehn Meter weit trägt und dann die andere nachholt. Und wie er gerade wieder zurück geht, klaut ihm vorne einer die andere. Horst Evers will keine der beiden Platten aufgeben, und begibt sich mit der zweiten auf eine skurrile Verfolgungsjagd. Es geht langsam und schleppend voran; da Evers aber die nicht ganz so schwere Platte trägt, holt er langsam auf und kommt dem Dieb näher und näher. Als er ihn praktisch eingeholt hat, da lässt er seine Platte fallen und stürzt sich triumphierend auf den Dieb: „Jetzt habe ich dich!" Aber nein, nein, nein, das ist nur das, was die meisten von uns in dieser Situation täten, jedoch nicht Horst Evers. In seiner Geschichte hört sich das so an: *„…fast hab ich ihn. Da fällt mir plötzlich auf, dass er in die für mich richtige Richtung läuft. Lasse mich wieder zurück fallen. Ruf ihm noch zu: ‚Man, man, man, gleich bin ich platt', und freu mich fortan über jeden Meter, den er mir die Platte trägt."*

Welche der bisher in diesem Buch behandelten Kriterien können wir in dieser Geschichte von Evers wiedererkennen?

1. Wir hatten stets betont, dass wir **vor** dem Verhandeln unser Ziel definieren müssen. Evers' übergeordnetes Ziel bestand darin, beide Platten nach Hause zu bringen. Er besann sich vermutlich auf Disraelis Aphorismus *„Das Geheimnis des Erfolges ist die Beständigkeit in der Verfolgung des Zieles."* und nutzte die Energie des Diebes zu seinem Vorteil. Dies war seine Entscheidung.
2. Er traf die Entscheidung selber, anstatt stereotype Sprechmuster – wie *„Haltet den Dieb!"* – zur einzig möglichen Reaktion zu machen. Alternativen zu sehen und sich dann für eine zu entscheiden ist besser, als „alternativlos" zu denken. Das Publikum reagierte auf „die Wende" in der Evers-Geschichte mit Überraschung und großer Heiterkeit über die Befreiung vom Zwang der Verhaltensmuster.
3. Wir hatten bei Gesprächen, Debatten und Verhandlungen auf stagnierende gegenüber dynamischen Elementen hingewiesen. Wenn Evers sich nun auf den Dieb gestürzt hätte, dann hätten sich seine Problem vermehrt: Aus dem zügigen Transport wird Stillstand; er hat wieder beide Platten zu tragen; er muss den Dieb halten: Stagnation pur.

Aus Beobachtungen kommunikativen Verhaltens hat sich ergeben, dass wir dazu neigen, über das noch Strittige, das noch nicht Erreichte zu sprechen, statt das vom Verhandlungspartner Zugestandene erst einmal abzusichern. Letzteres nenne ich: **Das konzedierte Territorium abstecken.**

Eine Firma hatte die Renovierung eines neu angemieteten, leer stehenden Büros bei einem Malerbetrieb in Auftrag gegeben. Es war vereinbart worden, dass dem Malermeister ein Mitarbeiter des Auftraggebers morgens um 7 Uhr den Schlüssel zu den Büroräumen überreichen sollte, der das aber vergaß. Kurz nach sieben Uhr rief der aufgebrachte Maler beim Unternehmen an und – so hieß es später – *„faltete uns alle zusammen"*. Er war durch nichts zu beruhigen, wie *„Sorry, kann doch mal* *passieren."* und *„Wir bringen den Schlüssel gleich vorbei."* Er bestand darauf, mit dem Chef zu sprechen. Der hörte zu, äußerte Empathie und sagte dann, es sei gut, dass der Malermeister darauf bestanden hatte, mit ihm zu sprechen, denn es handelte sich hier eindeutig um Chefsache. *„Sie haben Erfahrung mit solchen Situationen: Sagen Sie mir, wie wir damit umgehen können."*

Das inhaltliche Ziel des Chefs bestand darin, das Büro rasch renoviert zu bekommen. Seine strategischen Ziele waren (a) Zuhören; (b) Geduld zu üben, denn wenig Menschen können mehr als drei Minuten schimpfen, wenn man sie schimpfen lässt; (c) Empathie zu zeigen und keine Rechtfertigung vorzunehmen, denn je häufiger der Maler seine Anschuldigungen wiederholt, desto mehr Raum nehmen sie in seinem Bewusstsein ein und desto mehr verliert er sein Gesicht, wenn er dann wieder „herunter klettern" soll; (d) der Chef beteiligt den Meister am Lösungsprozess, denn dadurch übernehmen die meisten Menschen mehr Verantwortung als beim Meckern und Schimpfen (so berechtigt dies auch sein mag).

Der Meister sagte darauf, also wenn sich da heute überhaupt noch etwas tun sollte und er wieder umkehren würde, dann nur, wenn ihm 500 € zusätzlich gezahlt würden. Was hat er konzediert? Er ist bereit, die Renovierung noch am selben Tag durchzuführen. Was hat er nicht konzediert? Dies zu den ursprünglich vereinbarten Bedingungen zu tun. In der Regel wird jetzt über die 500 € diskutiert: Warum das zu viel sei, noch dazu bei einem Volumen von ursprünglich 1000 €, das wären ja 50 % mehr usw. Damit motiviert man den Maler, sich zu rechtfertigen mit Verdienstausfall, und man könne froh sein, dass er nicht einfach die 1000 € fordere für den Tag, den er eingeplant hatte auf Kosten eines anderen, noch dazu zuverlässigeren Kunden.

Stattdessen sprach der Chef über das konzedierte Territorium: „Wo sind Sie jetzt? Ich sorge persönlich dafür, dass Sie Zugang zu den Räumen haben. Wann können Sie dort sein? In einer halben Stunde? Dann bin ich da."

Dies war noch kein Zugeständnis, die 500 € zu zahlen. Es war auch keine Garantie auf Erfolg, aber es verbesserte die Verhandlungschancen. Man hörte an Stimme und Wortwahl des Malers, dass seine Aufgebrachtheit einer mehr sachlichen Verhandlungsebene gewichen war. Er war von dem Chef durch Fragen positioniert worden, indem er zugab, es handele sich jetzt nur noch um 30 Minuten. Ohne dass es Verhandlungsgegenstand war, stand jetzt implizit im Raum: *„Für alles in allem, sagen wir mal, 45 Minuten so ein Geschrei und 500 €? So möchte ich mein Geld auch mal verdienen können."* Das war aber nicht gesagt worden. Deshalb konnte der Chef jetzt am Telefon noch einen Versuch unternehmen: *„Herr Petersen, jetzt brauche ich Ihre Hilfe. Sie wissen, dass ich Ihre Arbeit schätze und auch in Zukunft mit Ihnen zusammen arbeiten möchte. Das muss ich aber hier in der Firma vertreten. Können Sie mir entgegenkommen?"* – Die Antwort war: *„Da schnacken wir denn gleich mal drüber. Bin inner halben Stunde da."* Der Registerwechsel von Hochdeutsch zu Mundart ließ auf Verständigungsbereitschaft hoffen.

••• Ein weiteres Verhandlungsbeispiel •••••••••••

In einer Debatte über die Einführung des Tempolimits auf allen deutschen Straßen sagt ein Befürworter: *„Es gibt viele Fahrer, ältere, viele noch nicht so erfahrene Fahrer und viele mit Autos mit leistungsschwachen Motoren, die von den Geschwindigkeiten der rasanten Fahrer schlichtweg überfordert sind. Das stellt eine Gefahr dar bei Tempodifferenzen von manchmal 120 km/h! Deshalb bin ich für Einführung des Tempolimits."* Mögliche Antworten darauf sind:

Variante A: *„Sie können doch nicht im Ernst einem Porsche-Fahrer 100 km/h aufzwingen, nur damit die 90jährige Oma auf der Autobahn spazierfahren kann. Dann kann die gesamte deutsche Autoindustrie dicht machen, das kostet Arbeitsplätze."* Hier wird emotional argumentiert und es wird noch ein zweiter Kriegsschauplatz eröffnet. Was hat der Befürworter des Tempolimits konzediert? Mit seinem „deshalb" hat er konzediert, nicht prinzipiell gegen Tempolimit zu sein, sondern nur, dass ihm an der Sicherheit aller Verkehrsteilnehmer gelegen ist. Dementsprechend kann man folgendes sagen:

Variante B: *„Ich bin Ihrer Meinung. Da ziehen wir an demselben Strang. Tempolimit ja, wenn die von Ihnen anschaulich beschriebenen Zustände auch nur ein einziges Menschenleben auf's Spiel setzen. Lassen Sie uns überlegen, wie wir unser gemeinsames Ziel ‚Sicherheit geht vor' erreichen können. Es gibt bereits jetzt dreispurige Autobahnen mit drei verschiedenen Geschwindigkeitsregelungen. Würde die Erweiterung dieses Prinzips für Sie in Frage kommen, wo jeder Fahrer sich die Spur wählt, die seiner Fahrweise angemessen ist?"*

Jetzt kann der Befürworter zustimmen, was er nach der Replik über das noch nicht konzedierte Territorium (Variante A) auf keinen Fall getan hätte. Der Schlüssel ist: „Tempolimit ja". Natürlich gibt es keine Garantie auf Erfolg, denn der Befürworter kann immer noch sagen: *„Nein, Moment, ich bin sowieso für Tempolimit"* oder *„Das war aber nur einer meiner vielen Gründe für Tempolimit."* Die Vorteile sind: Erstens obliegt jetzt dem Gesprächspartner die Bürde, „ja aber" sagen zu müssen und einzugestehen, dass seine Gründe keine Beweggründe waren. Und zweitens mischen wir mit der Methode des konzedierten Territoriums die Karten stets so, dass wir beim Spielen ein besseres Blatt haben. Und drittens trägt die Methode des Hörens auf das konzedierte Territorium zur Persönlichkeitsentwicklung bei.

☺

Ein junger Mann sieht eine attraktive Frau allein an der Bar sitzen. Er tritt vor sie, blickt ihr lange in die Augen und sagt dann ohne Einleitung: „Wären Sie bereit, für fünfhunderttausend Euro mit mir die Nacht zu verbringen?" So etwas ist ihr noch nicht passiert. Sie ist sprachlos. Aber gerade wegen ihrer Verblüffung hat sie Zeit zu denken: „Mein Gott, fünfhunderttausend! Eigentlich sieht der Kerl gar nicht so schlecht aus. Und wenn ich ganz ehrlich bin: Es wäre nicht das erste Mal, dass ich einen One-Night-Stand hätte." Sie gibt sich einen Ruck und sagt gedehnt: „Ou-kaaay." Darauf erwidert er: „Ich habe noch eine zweite Frage: Wären Sie auch bereit, für 50€ mit mir zu schlafen." Jetzt reagiert sie empört: „Für was halten Sie mich eigentlich?!!" – „Das haben wir bereits mit ihrer Antwort auf meine erste Frage geklärt. Jetzt sprechen wir vom Preis."

Auf wessen Kosten ist der Witz erzählt? Auch auf Kosten des Mannes. Wenn sein Ziel war, mit ihr die Nacht zu verbringen, so hat er sich jetzt sehr effektiv aus ihrem Bett herausargumentiert. Nach dem Prinzip des konzedierten Territoriums hätte er nach ihrem „ou-kaaay" sagen können: „Sie sind die schönste Frau, die ich je gesehen habe. Sie sind bereit, die Nacht mit mir zu verbringen: Sie machen mich zum glücklichsten Mann der Welt." Jetzt müsste sie wieder vom Preis sprechen, er weiß aber durch ihr langes Zögern, dass sie genau davon ungern spricht. Also tanzten sie erst einmal eine Weile zu den Rhythmen des Saxophonisten... Der Rest ist Schweigen.

Kommunikationsformen,

die Stagnation fördern	die Dynamik fördern
Egozentrisch denken und sprechen („ich will"; „mir ist wichtig")	Aus (legitimen) egoistischen Gründen alterozentrisch denken und sprechen
Diskutieren im Talkshow-Modus Recht behalten	Verhandeln
Meine Positionen im Fokus	Interessen/Motive beider Gesprächspartner im Fokus
Merkmale	Nutzen
Überreden	Fragen stellen
Adversative (Gegensatz ausdrückende) Konjunktion: „ja aber"	Kausale (begründende) und finale (zweck- und zielgerichtete) Konjunktionen mit Perspektivenwechsel: *„weil* dieses Auto weniger Kraftstoff verbraucht, *damit* Sie billiger und ökologischer fahren, und *um* sicher *zu* stellen, dass Sie in Zukunft nicht unter staatliche Sanktionen fallen"
Keine Alternativen sehen/erarbeiten/zulassen	Optionen erweitern
Um Sprechzeit kämpfen/narzisstisch denken und sprechen	Zuhören; Maximierung des Informationsgewinns
Das Strittige in den Vordergrund stellen	Das konzedierte Territorium abstecken
Nebenkriegsschauplätze eröffnen	Das übergeordnete Ziel verfolgen
Technical selling	Customer-focused selling

Abb. 4.3: *Zusammenfassende Darstellung*

Technical Selling stellt den Verkäufer und das Produkt in den Mittelpunkt. Customer-focused Selling stellt den Nutzen des Kunden in den Mittelpunkt und bedient sich der technischen Merkmale als Hilfsmittel.

4.2 Das kommunikative Paradoxon: Wie Gespräche Ressentiments wecken, die keiner beabsichtigt, wenn man nicht lernt, sich selbst mit den Ohren der anderen zu hören

Es gibt Gesprächskonstellationen, in denen die Wahrscheinlichkeit des Missverstehens extrem groß ist. Und es gibt Menschen, die ihr ganzes Leben lang in diese Fallen tappen und dann die Fehldeutung ihrer Aussagen den Gesprächspartnern anlasten.

Nehmen wir zur Erläuterung folgendes Zitat, das – wie alle Beispiele in diesem Abschnitt – aus einem tatsächlich stattgefundenen Gespräch stammt. Der Chef sagte am Ende einer Arbeitsplanbesprechung zu seiner neuen Mitarbeiterin:

„Gut, dann kümmern Sie sich heute Vormittag erst einmal um Wenzel und am Nachmittag um Bittner. Sie können ja nicht mit zwei Kunden gleichzeitig verhandeln."

Ein wenig später wird ihm zu seinem großen Erstaunen berichtet, die Neue säße völlig deprimiert in ihrem Zimmer. Getrennte Einzelgespräche danach ergaben folgende Unterschiede zwischen der beabsichtigten Bedeutung des Sprechers und der Botschaft, so wie sie bei der Angesprochenen angekommen war: Der Chef beteuerte kopfschüttelnd, er habe nett sein wollen, denn er wüsste ja, dass die neue Mitarbeiterin sich erst in jeden Einzelfall einarbeiten müsste. Da hätte er ihr signalisieren wollen, sie solle sich Zeit lassen, sich erst einmal einarbeiten und immer hübsch eins nach dem anderen erledigen.

Die neue Angestellte hingegen meinte, sie hätte gewusst, dass ihr Vorgänger bekannt gewesen sei für seine Fähigkeit zum Multitasking. Er wäre erst richtig in Fahrt gekommen, wenn er mit zwei Leuten gleichzeitig telefonierte, dabei Online die Börsenentwicklung verfolgte, während er E-Mails von anderen Kunden überflog und seiner Sekretärin, die den Kopf zur Tür hereinsteckte, den bereits wieder gut gefüllten Korb mit der ausgehenden Post reichte. Sie sei sich darüber im Klaren gewesen, dass sie an dem Maßstab ihres Vorgängers gemessen werden würde, der ständig mit allen seinen wichtigen Kunden in Kontakt gestanden hatte und immer für alle ansprechbar gewesen war. Aber dass der Chef ihr gleich am ersten Tag ins Gesicht sagte, sie könne ja nicht einmal mit zwei Kunden gleichzeitig verhandeln, das fände sie doch sehr bitter.

Wenn dieses Aneinander-Vorbeikommunizieren nicht erkannt wird und nicht zur Sprache gebracht wird, ist die Beziehung der Gesprächspartner auf unnötige Weise gestört.

1) Wie kann man aus dieser Beobachtung Nutzen für Gesprächstechniken ziehen?
2) Wie kann man sich davor schützen, missverstanden zu werden?
3) Wie kann man bei mehrdeutigen Aussagen die vom Sprecher intendierte herausfiltern?

Die Antwort auf diese drei Fragen lautet: Indem ich mich ein Mal in meinem Leben mit den Gesetzmäßigkeiten meines wichtigsten Werkzeugs zur Regelung zwischenmenschlicher Beziehungen beschäftige, nämlich mit der Kommunikation. Also: Packen wir's an.

••• Gesprächstypologien •••••••••••••••••••

Eine Gesprächstypologie ist Voraussetzung für eine erfolgreiche Konversation. Wir begegnen immer wieder der Frage: „Als **wer** spreche ich zu **wem** aus **welchem Anlass** mit **welchem Ziel**?" In dem Abschnitt über phatische Kommunikation und Small Talk (3.2.3) hatten wir darauf hingewiesen, dass bei diesen Formen des Gesprächs die Hauptfunktion, wenn nicht sogar oft das einzige Ziel, in der Beziehungspflege und der Vergewisserung gegenseitigen Wohlwollens besteht. Der Wunsch nach Übereinstimmung wird auf beiden Seiten vorausgesetzt. Die beiderseitige Präferenz für Übereinstimmung in diesem Gesprächstyp geht so weit, dass der Angesprochene statt der wortwörtlichen Deutung hier lieber eine wohlwollende „*Ich weiß schon, was du meinst*"-Interpretation vornimmt.

Betrachten wir dazu folgendes Beispiel: Zwei gute Freunde sitzen gemütlich zusammen, und es ergibt sich folgendes Gespräch:

Adrian: *Ich muss morgen zum Zahnarzt, und weißt du, bei Zahnarztbesuchen bin ich so ein Feigling.*
Basti: *Oh Mann, das kannst du wohl sagen!*

„*Das kannst du wohl sagen!*" bedeutet – von der rein sprachlichen Analyse her betrachtet – Zustimmung zum Gesagten. Adrian scheint Basti zu bestätigen, dass auch er Letzteren für einen Feigling hält. Dennoch wird Adrian angesichts der guten Stimmung

Eine Äußerung:	*Oh Mann, das kannst du wohl sagen!*	
Zwei Interpretationen:	*1. Geht mir auch so.*	*2. Und ob du ein Feigling bist!*

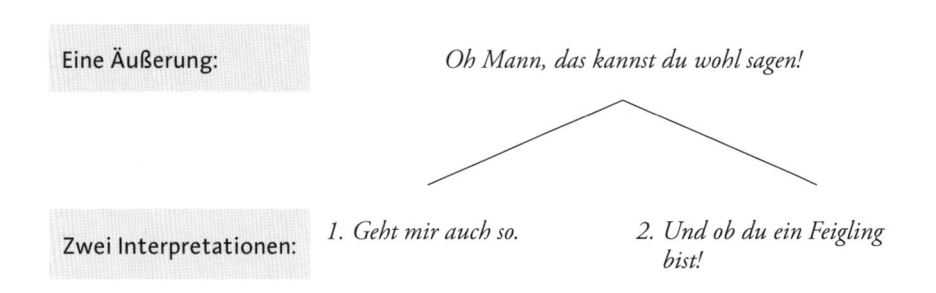

Abb. 4.4: *Small Talk vs. Relevant Talk:* ***„Das kannst du wohl sagen!"***

und der Freundschaft unter den beiden die Äußerung von Basti nicht wörtlich nehmen, sondern als Ausdruck der Empathie verstehen, so als hätte Basti gesagt: *„Oh ja, das Gefühl kenne ich vor Zahnarztbesuchen; das geht mir ganz genauso."* Nun stelle man sich aber denselben Dialog vor in Gegenwart einer jungen Frau, um deren Gunst sich die beiden Freunde bemühen. Als Adrian ihr ein Glas Wasser anbieten wollte, kam Basti ihm zuvor: *„Oder vielleicht lieber einen Martini?"*, den sie dankbar annimmt. In dieser Situation und Konstellation besteht Rivalität, und jetzt ist die Wahrscheinlichkeit groß, dass die Äußerung von Basti: *„Das kannst du wohl sagen!"* eher im wörtlichen Sinn interpretiert wird, als hätte er dem Rivalen und der jungen Frau bestätigt, ja, wenn's drauf ankommt, dann ist der Adrian ein ganz schöner Jammerlappen.

Wir haben also einerseits Gesprächssituationen, die von Wohlwollen geprägt sind, was sich als Präferenz zur positiven Wahl zweier Alternativen seitens des Hörers auswirkt. Am anderen Ende dieser Skala finden wir Gesprächssituationen, in denen die Gesprächspartner unter Spannung stehen, wenn z. B. Rivalität, Konkurrenz, Aushandeln der Rollen und kontinuierliche Einschätzung der Gesprächssituation wichtig sind und Entscheidungen getroffen werden müssen. Die für uns in diesem Abschnitt wichtige Unterscheidung ist die zwischen **Small Talk** und **Relevant Talk** (s. Abb. 4.4–4.6).

In Bezug auf mehrdeutige Aussagen können wir das Prinzip des **kommunikativen Paradoxons** formulieren: Wenn die Gesprächskategorie eher die Aspekte von Small Talk und phatischer Kommunikation aufweist, wird der Angesprochene mit großer Wahrscheinlichkeit die wohlwollendere der beiden Alternativen als die vom Sprecher beabsichtigte identifizieren. Aber immer genau dann, wenn die Gesprächssituation von Spannung geprägt ist, steigt die Wahrscheinlichkeit, dass der Angesprochene bei mehrfach interpretierbaren Äußerungen die negative Alternative wählt. Das heißt, immer dann, wenn wir in kritischen Situationen besonders darauf angewiesen sind,

„Sie können ja nicht mit zwei Kunden gleichzeitig verhandeln."

Wahrscheinliche Interpretation bei	Wahrscheinliche Interpretation bei
Small Talk / Phatischer Kommunikation	**Relevant Talk**
„Lassen Sie sich Zeit, immer eins nach dem anderen."	*„Multitasking?! Sie sind ja schon mit zwei Kunden überfordert."*

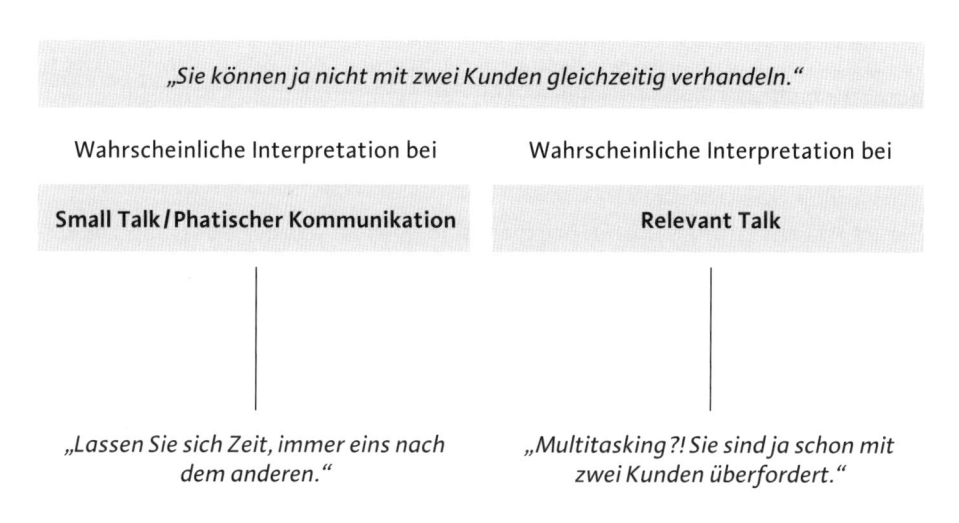

Abb. 4.5: *Small Talk vs. Relevant Talk: „Sie können ja nicht mit zwei Kunden gleichzeitig verhandeln."*

Gesprächstypologie

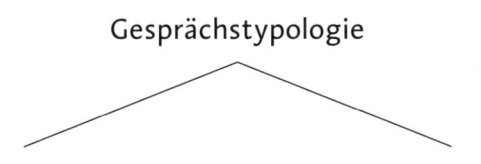

Small Talk / Phatische Kommunikation	Relevant Talk
gekennzeichnet durch die Tendenz zu	*gekennzeichnet durch die Tendenz zu*
– Vergewisserung gegenseitigen Wohlwollens – Präferenz für Übereinstimmung – Beziehungspflege – Sicherheit in der Einschätzung der Gesprächssituation – hohem Grad an Redundanz – geringem Informationsgewinn – Statik	– Spannung, Skepsis – Rivalität, Konkurrenz – Aushandeln der Rollen (Hierarchien) – kontinuierlicher Einschätzung der Gesprächssituation (z. B.: Bewertung oder Beschreibung?) – Anstehen von Entscheidungen – geringem Grad an Redundanz – Informationsgewinn u. -austausch – Dynamik

Abb. 4.6: *Gesprächstypologie*

dass positiv intendierte Botschaften auch als solche gedeutet werden, kann sich der Sprecher nicht darauf verlassen, dass seitens des Hörers das Prinzip des Wohlwollens und der Präferenz zu Übereinstimmung angewendet wird. Deshalb nenne ich dieses Phänomen das „kommunikative Paradoxon". Aufgrund empirischer Beobachtungen kann es auch statistisch so formuliert werden:

Für mehrdeutige Botschaften auf der Positiv-Negativ-Skala besagt das kommunikative Paradoxon: Je dringlicher wir darauf angewiesen sind, dass eine positiv intendierte Botschaft in diesem Sinne verstanden wird, desto größer die Wahrscheinlichkeit, dass sie negativ gedeutet wird.

....

Die im Folgenden angeführten Beispiele sind gewählt aus der Erfassung zahlreicher realer Gespräche, in denen das beschriebene Phänomen immer wieder bestätigt werden konnte. Auf der Sitzung in einer Firma sagte jemand:

„Verhandeln ist kein Frauenthema."

Die Teilnehmer und Teilnehmerinnen interpretierten diesen Satz auf unterschiedliche Weisen. Einige Teilnehmerinnen, die der Meinung waren, es seien noch nicht genügend Frauen in Führungspositionen und Männer würden ihnen schwirige Aufgaben nicht zutrauen, glaubten, der Sprecher hatte sagen wollen:

„Frauen können nicht verhandeln."

Gemeint hatte der Sprecher aber:

„Verhandeln ist ein Thema, das überhaupt nicht unter dem Gender-Aspekt gesehen werden sollte, denn Frauen können das ebenso gut wie Männer. ‚Shoppen' wäre da schon eher ein Frauenthema."

Bei einem Gespräch über Anlagemöglichkeiten hatte die Bankberaterin von ihrem Kunden bereits Kaufsignale erhalten. Alles schien perfekt, und der Kugelschreiber war zur Unterschrift bereits gezückt. Da ergab sich folgender Dialog:

Kunde: *Ja, gut, ok, und kämen da sonst noch irgendwelche Kosten auf mich zu?*
Bankberaterin: *Das Management beansprucht für sich natürlich auch eine Gebühr.*
Kunde: *Hmhm. Ja also am besten ich nehm das alles mit und bespreche das noch mal mit meiner Frau.*

Was hatte hier den erfolgreichen Abschluss des Verkaufsgesprächs verhindert? Den Grund dafür ergaben die im Anschluss daran unabhängig voneinander geführten Einzelgespräche. Die Erklärung lag in dem Phänomen des kommunikativen Paradoxons bei der unterschiedlichen Interpretation des Satzes der Beraterin: *„Das Management beansprucht für sich natürlich auch eine Gebühr."*
Der Kunde erläuterte seine Reaktion folgendermaßen: *„‚Das Management beansprucht', wissen Sie, ich hab mich immer gefragt, warum die im Management alle einen besseren Wagen fahren als ich ... von meinem Geld. Vorher hörte ich immer, ‚über alles können wir reden', aber zum Abschluss hieß es dann knallhart: ‚beansprucht für sich', da war nichts mehr verhandelbar. Und ‚natürlich' finde ich das überhaupt nicht. Und wenn ich das Wort ‚Gebühr' höre, dann weiß ich schon, jetzt muss ich was zahlen ohne Gegenwert. Wissen Sie, ich habe mir kürzlich so eine Abgasplakette für die Windschutzscheibe besorgt. Ein Stück Papier noch nicht einmal so groß wie ein Bierdeckel, gegen ‚eine Gebühr' von fünf Euro! Was für ein Schnäppchen, hab ich da gedacht."*
Die Bankberaterin hingegen erklärte die Bedeutung ihres Satzes wie folgt: *„Mit ‚das Management' meinte ich nicht ‚die Manager', sondern ‚das Managen', also im Sinne von ‚das gute Verwalten Ihres Anlagepaketes'. Diese Anlagepakete zu verwalten erfordert große Sorgfalt und ist aufwendig, weshalb wir eine Gebühr dafür nehmen müssen. Mit ‚beansprucht' wollte ich ausdrücken, dass das eben nicht umsonst von uns geleistet werden kann, und mit ‚natürlich' wollte ich an seinen gesunden Menschenverstand appellieren. Der Kunde sollte sich mal überlegen, wie viel Zeit er damit verbringen würde, wenn er das alles selber managen müsste."*
Der entscheidende Satz, nämlich *„Das Management beansprucht für sich natürlich auch eine Gebühr"*, wurde vom Kunden für sich umformuliert in die Botschaft:

„Wenn ich mich für diesen Fond entscheide, werden die Manager, die dann ja ohnehin schon mit meinem Geld arbeiten und Gewinne machen, auch noch eine nicht verhandelbare Gebühr von mir verlangen."

Die Kundenberaterin hatte ihren Satz wie folgt gemeint:

„*Kundenberatung und das Verwalten eines Fonds bedeuten viel Arbeit für uns, weshalb wir uns natürlich gezwungen sehen, eine Gebühr dafür zu erheben.*"

Bereits bei der Doppeldeutigkeit von „*Management*" wurden die Weichen in verschiedene Richtungen gestellt: Während die Beraterin damit „*das Managen*" (also eine Handlung) meinte, sah der Kunde darin „*die Manager*" (also die Handelnden). **Ein weiteres Beispiel:** Die Redewendungen „*Das ist ja blöd/dumm*" und „*Ach wie dumm!*" können zum Ausdruck des Bedauerns im Sinne von „*Wie ärgerlich!*" verwendet werden:

A: *Ausgerechnet als ich das Hotelfoyer betrat, löste sich der Boden der Einkaufstasche, und alle Gläser und Früchte kullerten durch die Gegend.*
B: *Ach wie dumm./Das ist ja blöd.*

Da Sprecher A nicht für diesen misslichen Umstand verantwortlich war, fasste er B's Kommentar als wohlwollende Anteilnahme auf. In der folgenden Variante jedoch ist A durchaus verantwortlich für das Missgeschick, und daher interpretierte er die von B wiederum als wohlwollende Anteilnahme gemeinte Äußerung als Kritik an seinem „blöden" Verhalten:

A: *In meinem Powerpoint-Vortrag über „Sicherheit am Arbeitsplatz" trat ich zur Seite, damit die Azubis besser sehen können, und riss dabei mit dem Kabelsalat Beamer und Laptop vom Tisch.*
B: *Oh wie blöd.*
A: *Das wäre jetzt nicht nötig gewesen.*

Wenn man die Opfer des kommunikativen Paradoxons nach dem Aneinander-Vorbeireden darauf aufmerksam macht, kommentieren sie das in der Regel mit: „*Ja, im Nachhinein kann ich das jetzt auch erkennen, aber ich kann doch nicht jeden meiner Sätze sprachwissenschaftlich auf mögliche Missverständnisse untersuchen, ehe ich ihn äußere.*" Es gibt allerdings Strategien, sich davor zu schützen, immer wieder in solche kommunikativen Fallen zu gehen.

Frage zum Kommunikativen Paradoxon
„Wie kann ich mich als Sprecher davor schützen, missverstanden zu werden, da ich selber doch immer genau weiß, was ich meine und wie ich es meine, und nur diese eine Botschaft sehe?"

Antwort 1
Für immer wiederkehrende kommunikative Standardsituationen können wir Sprechmuster so einüben, dass sie Formulierungen nicht mehr missverstanden werden.

Eine von vielen solchen kommunikativen Standardkonstellationen ergibt sich aus einem Informationsdefizit. Jemand fragt:

„Ihren ersten Vorschlag habe ich noch nicht ganz verstanden",

und der Sprecher antwortet:

„Ich will versuchen, es Ihnen noch einmal zu erklären."

Eine solche Antwort wird bei wohlwollendem Auditorium verstanden als nettes und hilfreiches Eingehen auf die Frage. Hat der Fragende hingegen schon seinen ganzen Mut zum Stellen der Frage zusammennehmen müssen, weil er fürchtete, wahrscheinlich der Einzige zu sein, der es noch nicht verstanden hatte, dann wird die Antwort als *„Du Depp"*-Formulierung verstanden, so als hätte der Redner gesagt:

„Also einen Versuch mach ich noch, und wenn Sie's dann immer noch nicht begriffen haben, na ja, doof bleibt doof."

Wenn ein Computerfachmann seinem Freund, einem absoluten Laien, erklärt hat, wie der PC funktioniert, und der Laie mit glasigem Blick sagt, er hätte nichts verstanden, dann kann der IT-Experte durchaus erwidern:

„Also noch mal ganz simpel: Du drückst diese Tastenkombination",

und der Freund wird es dankbar zu schätzen wissen, dass die Erklärung jetzt auf seiner Ebene des Verständnisses vorgenommen wurde. In formelleren Gesprächssituationen ist es immer besser, sich statt möglicher *„Du Depp"*-Formulierungen andere Redewendungen zum Repertoire zu machen. Man nimmt bei Unverständnis der Zuhörer aus Takt die Schuld auf sich und sagt:

„Also das, was ich eben etwas umständlich formuliert habe, könnte ich auch besser so ausdrücken:..."

Eine weitere Standardsituation ergibt sich, wenn A schon etliche Male versucht hat, telefonisch mit B Kontakt aufzunehmen, aber nie durchgekommen ist. Er möchte B versichern, dass das Nichtzustandekommen eines Gesprächs nicht an Desinteresse gelegen hat, teilt dies aber so mit, dass es als Verärgerung aufgefasst werden könnte. Typische Eröffnungsgambite dieser Art am Telefon sind dann:

a) A: *Guten Tag Herr Bronsen. Ich habe schon etliche Male versucht, Sie telefonisch zu erreichen...*
B (mit angespannter Stimme): *Ja, wir hatten jetzt sehr viel Kundenbesuche, und ich konnte da natürlich nicht immer am Arbeitsplatz sein.*
A: *Ist ja auch kein Vorwurf.*

Ein solches Gespräch beginnt unnötigerweise mit einer leichten Dissonanz. Diese ist vermeidbar, wenn man sagt:

b) A: *Guten Tag Herr Bronsen. Wie schön, dass ich Sie gleich am Apparat habe.*
B: *Sie hatten es sicher schon ein paarmal versucht, aber wir haben momentan sehr viel Kundenbesuche.*
A: *Wie schön, das klingt nach gutem Geschäft; das freut mich für Sie.*

Es gibt Leute, die ihr ganzes Leben in kommunikative Fettnäpfe treten und deren Bild von Gesprächspartnern geprägt wird durch Gereiztheit. Sie sagen lieber hundertmal: *„Ich habe ihm ganz freundlich gesagt, dass ich mich schon um ein Gespräch bemüht habe, und anstatt dankbar zu sein, höre ich diese gereizte Stimme"*, anstatt einmal über ihre Sprechmuster nachzudenken. Solche Gesprächsmuster haben persönlichkeitsformende Wirkung. Der Übergang von Sprechmuster a) zu b) verändert das Menschenbild.

Antwort 2
Der große Vorteil der Face-to-face-Kommunikation liegt in genau dem, was sie bezeichnet: Von Angesicht zu Angesicht. Beobachten Sie Ihre Gesprächspartner. Reden Sie nicht zu den Akten, den Protokollen, den Monitoren bei der Kundenberatung, sondern sprechen Sie zu den Menschen. In deren Mimik, Gesten und Körperverhalten können Sie lesen. Achten Sie immer wieder darauf, wann Gespräche entgleisen, wann Aggression oder Kälte hervorgerufen werden, und reagieren Sie sofort darauf.

Achten Sie auf Berichte über aus dem Ruder gelaufene Verhandlungen. *„Ich hab ganz konziliant gesagt: ‚Sie können ja nicht mit einer Gruppe von zehn Teilnehmern arbeiten‘, und Meier wird aggressiv."* Gemeint war *„Zehn Teilnehmer wären unzumutbar für Sie"*, aber in Gegenwart des Chefs hatte Meier die Äußerung seines Kollegen nach dem Prinzip des kommunikativen Paradoxons gedeutet als *„Meier ist schon mit einer kleinen Gruppe überfordert."*

....

Ich hatte in einem Hotel, in dem ich oft abstieg, ausgecheckt, ging dann aber noch einmal zurück und sagte zu der Dame an der Rezeption, die ich schon von vielen Aufenthalten her kannte: *„Entschuldigen Sie, ich hatte vergessen, den Schlüssel abzugeben."* Darauf erwiderte Sie: *„Das kommt ja oft vor ... äh, also nicht bei Ihnen, ich mein, überhaupt, ist ja kein Problem, ich hätte Sie darum bitten sollen."*
Was war hier geschehen? Nach der Äußerung: *„Das kommt ja oft vor"* muss die Sprecherin mit Blickkontakt mein kurzes Zögern bemerkt haben und mein frostiges Lächeln. Und in der Tat, da ich ohnehin ein leicht schlechtes Gewissen hatte, überlegte ich gerade, ob ich den Schlüssel die letzten Male vielleicht mitgenommen hätte und ob sie mir zu verstehen geben wollte: *„Also die Nummer dauernd mit dem zerstreuten Professor, die läuft bei mir nicht."* Da sie aber, im Gegensatz zu vielen anderen Rezeptionisten, zu mir sprach und nicht zum Bildschirm, hatte

sie die Störung bemerkt, die Ursache erkannt und die Botschaft „entschärft". Wir schieden in aller Freundschaft: *„Bis zum nächsten Mal."*

> *Infobox*
> Wenn Äußerungen mehrere Deutungen zulassen, so kann das unterschiedliche Gründe haben. In unserem Beispiel *„Das Management beansprucht für sich natürlich auch eine Gebühr"* beruhte die Mehrdeutigkeit auf der unterschiedlichen Bedeutung von *„Management"*. Dafür gibt es im Wörterbuch zwei verschiedene Eintragungen. Diese Unterscheidung fällt in das Gebiet der **Semantik**. Semantik ist die Lehre von der Bedeutung in der Sprache (s. Kap. 2)
> Die Äußerung *„Ich habe schon etliche Male versucht, Sie telefonisch zu erreichen"* wurde von Sprecher und Angeredetem auf zwei verschiedene Weisen interpretiert, d. h. auch diese Äußerung ist mehrdeutig, obwohl hier alle Einzelwörter eindeutig sind. Während der Sprecher sich damit entschuldigen wollte, dass es nicht früher zu diesem Gespräch gekommen war, fasste es der Hörer als Beschwerde darüber auf, dass er nicht am Arbeitsplatz zu erreichen gewesen war. Über diesen Unterschied gibt mir aber das Wörterbuch keinen Aufschluss, denn es handelt sich hier nicht um die Analyse der Wörter, sondern um die verschiedenen Funktionen einer Äußerung. Eine mögliche Funktion dieses Satzes ist „Beschwerde", eine andere ist „Entschuldigung".
> Die Analyse einer Äußerung in einer ganz bestimmten Situation fällt in das Gebiet der **Pragmalinguistik**. Es ist nützlich, sich anzugewöhnen, die pragmalinguistische Zuordnung der eigenen Aussage in kritischen Situationen selber vorzunehmen. Zum Beispiel: *„Ihr Bericht ist wesentlich kürzer als der von Herrn X. Das ist jetzt keine Kritik, ich berechne nur gerade die Kosten für die Vervielfältigung."*

Umgang mit dem kommunikativen Paradoxon
I. Erkennen Sie bei jedem Satz die Doppeldeutigkeit seiner Funktion. Benennen Sie bitte beide möglichen Botschaften.
II. Schlagen Sie eine Lösung vor, wie der Sprecher die unter Spannung wahrscheinliche negative Deutung seitens des Zuhörers durch Umformulierung hätte vermeiden können.

Beispiel: In einer Geschäftssitzung sagte der Vorsitzende: *„Herr Schrader war zu dem Zeitpunkt noch nicht anwesend."*

I. Die möglichen pragmalinguistischen Funktionen: Es könnte sich um eine Feststellung handeln. Es könnte sogar ein Hilfsangebot sein mit der Aufforderung,

Herrn Schrader auf den Informationsstand der anderen Teilnehmer zu bringen. Es könnte aber auch ein Vorwurf sein.

II. Damit nun Herr Schrader gar nicht erst die Verpflichtung sieht, sich verteidigen zu müssen, könnte der Vorsitzende sagen: *"Herr Schrader war zu dem Zeitpunkt noch nicht anwesend...konnte noch nicht anwesend sein, tschuldigung, das sollte jetzt kein Vorwurf sein."*

"...das sollte jetzt kein Vorwurf sein" ist eine pragmalinguistische Zuordnung der eigenen Äußerung zur Bestimmung ihrer Funktion.

1. A: *Wenn das hier so weitergeht, überleg ich mir, ob es nicht besser ist, wenn ich mich woandershin versetzen lasse.*
   B: *Die Aussicht finde ich auch immer verlockender.*

2. *"Ich sage das hier noch einmal für alle, die nicht Profis sind wie ich selber."*

3. *"Bis wann ich das brauche? Na ja, deine Angelegenheiten haben natürlich immer Vorrang."*

4. *"Damit wäre alles klar, wenn Sie meiner Argumentation folgen konnten."*

5. A: *"Also das mit der Umschichtung von Finanzen hab ich noch nicht verstanden."*
   B: *Ich will versuchen, es Ihnen noch einmal zu erklären.*

6. *"Meine Mitarbeiter warten schon mit Ungeduld auf Ihre Resultate."*

7. *"Das muss man jetzt mal sachlich sehen."*

8. A: *Die Gerüchte und Vorwürfe, unsere Firma hätte Liquiditätsprobleme, sind absurd und leicht zu widerlegen. Ich hab mir aber Gedanken gemacht, ob es nicht ratsamer wäre, so sehr es mich auch reizt, unseren Gegnern eins richtig auszuwischen, also ob es nicht doch ratsamer wäre, auf diese Gerüchte überhaupt nicht einzugehen.*
   B: *Ja klar!*

9. A: *Haben Sie schon mein neues Buch gesehen? Na ja, der Umschlagentwurf ist im Grunde das Beste daran.*
   B: *Absolut!*

10. Eine Frau sagt zu dem Gastgeber, sie müsse jetzt los, um noch die S-Bahn zu bekommen. Er bittet sie noch zu bleiben, denn er könne sie nach Hause fahren, wann immer sie wolle. Sie willigt ein und sagt nach einer Stunde: *"Könnten Sie mich dann bitte gleich nach Hause fahren?"* Der Gastgeber: *"Ja sehr gerne."*

Und für diejenigen, die vor Englisch nicht zurückschrecken, noch eine Bonusaufgabe:

11. Ein englischer Professor unterhält sich mit einem deutschen Doktoranden (PhD candidate), nachdem er dessen erstes Manuskript der Doktorarbeit gelesen hat.
Professor: *Thank you for sending me the first draft of your doctoral dissertation. It is very interesting.*
PhD candidate: *Well, when people from the island say 'interesting' that doesn't mean too much.*

Lösungen

1. A: *Wenn das hier so weitergeht, überleg ich mir, ob es nicht besser ist, wenn ich mich woandershin versetzen lasse.*
   B: *Die Aussicht finde ich auch immer verlockender.*

I. Die möglichen Funktionen des Satzes von B sind: Empathie und Sympathie. Übereinstimmung in dem Punkt, ich überlege mir auch, ob ich mich versetzen lassen sollte. Ist hingegen bekannt, dass B den Kollegen A nie gemocht hatte, dann könnten A und die anderen Anwesenden die Äußerung verstehen als Antipathie: „*Ich finde die Aussicht, dass Sie, Herr A, unsere Abteilung verlassen, auch immer verlockender.*"
II. B: „*Das geht mir genau wie Ihnen, da stimme ich Ihnen zu: ich finde die Aussicht auch immer verlockender.*"

2. „*Ich sage das hier noch einmal für alle, die nicht Profis sind wie ich selber.*"
   An genau diesem Punkt stellte der Redner eine deutliche Abkühlung des Publikums fest. Die Zuhörer hatten den Satz verstanden als: „*Ich bin der einzige Profi hier.*" Der Redner hatte aber gemeint: „*Ich wiederhole das am besten noch einmal, denn auf diesem schwierigen Gebiet sind ja die wenigsten von uns Profis, und ich ja auch nicht.*"

3. „*Bis wann ich das brauche? Na ja, deine Angelegenheiten haben natürlich immer Vorrang.*"

I. Mit der wohlmeinenden Funktion dieser Äußerung würde der Sprecher aus Höflichkeit zu verstehen geben, dass er Verständnis für den Gesprächspartner hat und nicht erwartet, dass der alles stehen und liegen lässt, um die Bitten anderer zu erfüllen. Bei dem anderen kam aber die Botschaft als Vorwurf und Kritik am Charakter an, so als hätte der Sprecher gesagt: „*Ich kenne dich, du bist ein absoluter Egoist, der immer seinen eigenen Angelegenheiten den Vorrang gibt, egal wie dringend andere deine Hilfe benötigen!*"
II. „*Ich benötige es zwar kurzfristig, aber bitte stoße jetzt nicht deinen Zeitplan um. Wenn du uns irgendwann einschieben könntest, wären wir natürlich sehr dankbar.*"

4. „*Damit wäre alles klar, wenn Sie meiner Argumentation folgen konnten.*"

I. Die erste Interpretation ist: *„Ich kann mir gut vorstellen, dass diese Materie für die meisten von Ihnen zu schwierig ist."* Die tatsächlich gemeinte war: *„War es möglich, meinen Ausführungen zu folgen?"*
II. *„Ich hoffe, es ist mir einigermaßen gelungen, das verständlich auszudrücken. Ich bin sicher, dass jetzt noch Informationsbedarf besteht, und ich würde mich freuen, wenn Sie mir sagten, an welchen Stellen ich noch Information nachholen darf."* Diese Aufforderung ermöglicht den Fragenden, das Gesicht zu wahren, indem sie nämlich nicht sagen müssen: *„An dieser Stelle konnte ich Ihnen nicht mehr folgen"*, sondern man kann zumindest so tun, als würde man lediglich mehr Information wünschen: *„Ich wäre Ihnen dankbar, wenn Sie den Aspekt der Umsatzsteuer im Gegensatz zur Erwerbssteuer ein wenig vertiefen könnten."*

5. A: *Also das mit der Umschichtung von Finanzen hab ich noch nicht verstanden.*
   B: *Ich will versuchen, es Ihnen noch einmal zu erklären.*

I. Die erste Interpretation lautet: *„Ok, einen Versuch mach ich noch, und wenn Sie's dann immer noch nicht begriffen haben, dann geb ich auf: Doof bleibt doof."* Nach der zweiten Interpretation wollte B ein freundliches Angebot machen und mit dem Wort *„versuchen"* seine eigene Unzulänglichkeit zum Ausdruck bringen.
II. *„Also das, was ich eben etwas umständlich formuliert habe, könnte man vielleicht besser und verständlicher folgendermaßen ausdrücken."* Es handelt sich hier um eine von den oben erwähnten Standardsituationen, für die es sich lohnt, Redewendungen wie Vokabeln auswendig zu lernen und immer parat zu haben.

6. *„Meine Mitarbeiter warten schon mit Ungeduld auf Ihre Resultate."*

I. Erste Interpretation: *„Ihre Resultate sind für uns wichtig, und wir freuen uns darauf, Sie zu empfangen."* Nach der zweiten Interpretation ist die Botschaft Ungeduld und Vorwurf: *„Ihre Resultate hätten schon längst hier sein müssen!"*
II. *„Wir freuen uns auf Ihre Resultate. Meine Mitarbeiter sind schon ganz gespannt darauf, was Sie herausgefunden haben."*

7. *„Das muss man jetzt mal sachlich sehen."*

I. Erste Interpretation: *„Ich würde das gerne akzeptieren, denn auch ich freue mich über den Abschluss. Aber ehe wir die Sektkorken knallen lassen, sollten wir uns vergegenwärtigen, dass es nur ein Anfang ist."* Zweite Interpretation: Andauernd Anweisungen an uns, wie wir die Dinge zu sehen haben."
II. *„Ich freue mich natürlich auch über den Abschluss. Aber wenn ich mich jetzt bemühe, das einmal ganz sachlich zu sehen, dann komme ich zu dem Schluss…"* (Sehen Sie dazu bitte die Ausführungen über „man" und „ich" in Kap. 3.2.2.)

8. A: *…Ich hab mir aber Gedanken gemacht, ob es nicht doch ratsamer wäre …auf diese Gerüchte überhaupt nicht einzugehen.*
   B: *Ja klar!*

I. Erste Interpretation: A ist erfreut darüber, dass B ihm so spontan und ohne Einschränkung zustimmt. Zweite Interpretation: A war sehr stolz auf seine Überlegungen, die er für sehr differenziert und keineswegs offensichtlich hält, wie aus seinen Formulierungen deutlich hervorgeht. Das spontane „Ja klar!" wertet den Beitrag von A ab, so als wollte B sagen: „Mein Gott, das sieht doch jeder Depp. Das hab ich als Azubi in der ersten Woche gelernt."
II. B: „Ich schließe mich Ihren Überlegungen an. Ich sehe das genauso."

9. A: *Haben Sie schon mein neues Buch gesehen? Na ja, der Umschlagentwurf ist im Grunde das Beste daran.*
   B: *Absolut!*

I. Erste Interpretation: A ist erfreut darüber, dass B den Umschlagentwurf auch sehr gelungen findet. Zweite Interpretation: A ist stolz auf sein Buch, möchte aber bescheiden wirken und tut daher so, als sei das Äußere des Buches besser als sein Inhalt. Er deutet das „Absolut" von B als Zustimmung zu „der Umschlagentwurf ist im Grunde das Beste daran."
II. B: „Ein wirklich gut gestalteter Umschlagentwurf. Der macht richtig neugierig auf den Inhalt."

10. Sie…: „Könnten Sie mich dann bitte gleich nach Hause fahren?" Der Gastgeber: „Ja sehr gerne."

I. Erste Interpretation: Sie: „Wie schön, dass ich jetzt kein schlechtes Gewissen haben muss. Er tut's gerne." Zweite Interpretation: Sie: „Hmmm. Er ist ja wohl doch ganz froh, mich schon so früh loszuwerden."
II. Ein Gastgeber sollte nie den Eindruck erwecken, als fände auch er, es wäre jetzt Zeit für die Gäste, nach Hause zu gehen. Die könnten nämlich bei zu spontanem Einverständnis die Befürchtung haben, sie seien sogar zu lange geblieben.
Gastgeber: „Wenn Sie das wünschen, selbstverständlich, das mache ich gerne, aber Sie sind sicher, dass Sie nicht noch ein wenig bleiben könnten?"

11. Professor: *Thank you for sending me the first draft of your doctoral dissertation. It is very interesting.*
    PhD candidate: *Well, when people from the island say 'interesting' that doesn't mean too much.*

I. Erste Interpretation: Der englische Professor deutet die Antwort als Bescheidenheit des deutschen Doktoranden, der meint, wenn Sie nur „interesting" sagen (statt z. B. „highly original"), dann ist das wohl die vornehme britische Art, mir anzudeuten, dass ich noch viel nachbessern muss. Zweite Interpretation: Der englische Professor hält den jungen Deutschen für maßlos arrogant (wir Deutsche genießen ohnehin nicht den Ruf großer Bescheidenheit in der angelsächsischen Welt), und der Doktorand wolle damit zum Ausdruck bringen, das Forschungsniveau auf der Insel sei ja ziemlich niedrig, und deshalb bedeute ihm das Lob eines Briten nicht sehr viel.

II. „Oh thank you very much. It's very kind of you to say so. But I am sure you also have critical comments to make, and I would be very happy if you could spare me some of your time ..."

4.3 Indirekte Kommunikation

In direkter Kommunikation wird ein Befehl als Befehl formuliert. Direkte Kommunikation liegt also vor, wenn die grammatische Form des Imperativs wie in *„Geh!"*; *„Halt den Mund!"*; *„Bring mir bitte den Aktenordner"* mit der kommunikativen Absicht des Befehls (oder seiner schwächeren Schwester der Bitte) übereinstimmen. Kleiden wir unsere kommunikative Absicht hingegen in eine grammatische Form, die damit nicht übereinstimmt, dann nennt man das indirekte Form. *„Der Mülleimer ist voll"* und *„Einer von uns muss den Mülleimer leeren"* sind grammatisch gesehen Aussagesätze. Wenn sie aber als Handlungsanweisung beabsichtigt wurden, dann sind sie Beispiele für indirekte Kommunikation.

Weitere Beispiele für indirekte Kommunikation

- *„Wer hat den Stecker wieder rausgezogen!"* (Der soll ihn gefälligst wieder reinstecken.)
- *„Meinen Mantel können wir nachher in die Garderobe hängen."*
- *„Du siehst müde aus."* (Komm, lass uns nach Hause gehen.)
- *„Ich muss mir nachher noch meine Brille aus dem Auto holen, nicht wahr, mein Schatz?"*

In diesem Abschnitt werden indirekte Kommunikationsformen in ihrem Zusammenhang mit Persönlichkeitsentwicklung behandelt. Doch zuvor ist es notwendig, dass wir uns von einem Mythos der Kommunikation trennen.

4.3.1 Der Sender-Empfänger-Mythos

Der Sender-Empfänger-Mythos besagt Folgendes: „Sprecher A hat die Botschaft ‚X' im Kopf. Er enkodiert sie in Laute, die er spricht. Diese bewegen sich in Schallwellen an das Ohr des Empfängers. Der dekodiert sie, und ‚X' ist nun im Kopf des Empfängers." Nur leider funktioniert menschliche Kommunikation von Gehirn zu Gehirn nicht so wie das Übertragen einer Datei per E-Mail von Computer zu Computer, die dafür sorgt, dass der empfangende Computer die Datei nun hat. Denn das empfangende Gehirn bearbeitet immer die eingehenden Signale. Daher ist das Sender-Empfänger-Modell in der vereinfachten Form nicht zutreffend, weil es den prozesshaften, aktiv deutenden und bearbeitenden Charakter des empfangenden Gehirns nicht genügend würdigt.

Wir hatten beim kommunikativen Paradoxon (Kap. 4.2) darauf hingewiesen, dass intendierte Botschaft und verarbeitete Botschaft unter bestimmten entscheidenden

Abb. 4.6: *Oliver Kahn – „Ich fürchte, er tritt zurück": Welche der beiden Bedeutungen kommt beim Empfänger an? (SportBild 13.10.04, S. 1)*

Gegebenheiten systematisch voneinander abweichen. Ein Sprecher, dem dies bewusst ist, wird es als seine Bringschuld ansehen, seine Sprechmuster so zu gestalten, dass die beabsichtigte Botschaft mit der ankommenden zur Deckung gebracht wird. Bei mehrdeutigen Botschaften ist derjenige Hörer im Vorteil, der sprachbewusst ist, beide Möglichkeiten sieht und nach der tatsächlich gemeinten sucht. Testen Sie sich. Welche der beiden möglichen Botschaften der Bildinschrift in Abbildung 4.6 kommt bei Ihnen an?

Kinder müssen Sarkasmus und Ironie erst lernen. Sätze wie *„Haben Sie außer Bier noch andre warme Getränke?"* und *„Entschuldigen Sie, dass ich unter Ihrem Fuß stehe"* haben für sie eine andere Bedeutung als für Erwachsene. Lassen Sie uns daher in diesem Abschnitt Abschied von dem Sender-Empfänger-Modell nehmen, und widmen wir uns weiter den interessanteren Spielarten der mündlichen Kommunikation.

4.3.2 Laterale Botschaften oder „Der Dialog zu dritt"

Ein Bankberater verhandelt freundlich und konziliant mit einem Kunden. Während dieser Verhandlung gibt er knallharte Anweisungen an einen Untergebenen, und als der nicht die Unterlagen bringt, die sein Vorgesetzter gemeint hatte, sagt der barsch: *„Sie müssten doch nun wirklich langsam wissen, was wir in diesem Fall brauchen."* Dieser Dialog zwischen den beiden bleibt nie ohne Wirkung auf den Dritten, in diesem Fall den Kunden. Es gibt zwei Möglichkeiten:

1. Der Kunde denkt: „*Aufgesetzte Höflichkeit mir gegenüber, aber im Umgang mit Abhängigen lässt er die Maske fallen. Sollte ich* **nach** *dem Vertrag einmal in Schwierigkeiten kommen, werde ich ihn wahrscheinlich genauso hart erleben, wie er es eben im Dialog mit seinem Untergebenen war.*"
2. Der Kunde ist positiv beeindruckt, denn ihm wird vorgeführt: Dieser Laden funktioniert, weil der Chef die Zügel straff in der Hand hat. „*Da wird Schlamperei nicht geduldet, und deshalb ist mein Geld hier gut aufgehoben.*"

Im Fall der ersten dieser beiden Wirkungsmöglichkeiten hat der Berater ein kommunikatives Eigentor geschossen. Er war sich der seitwärts (lateral) gerichteten Wirkung seiner Botschaft nicht bewusst. Nehmen wir aber an, der Berater hätte den Kunden so eingeschätzt, dass der die zweite Möglichkeit für sich realisiert, also positiv beeindruckt ist, und nehmen wir ferner an, er hätte dies bewusst eingesetzt, dann übte er das, was ich **laterale Kommunikation** nenne, bewusst aus. Er spricht den Mitarbeiter an, aber die eigentliche Botschaft richtet sich seitwärts an den Kunden.

....

Wir könnten dies auch die Hundebesitzer-Sprache nennen, denn diese Art der lateralen Kommunikation ist hier Standard: „*Phylax, du weißt doch, dass du mit dreckigen Pfoten nicht an den Leuten hochspringen darfst.*" Der Besitzer tut so, als richte er sich an den Hund, der das weder versteht noch befolgt. Die Botschaft richtet sich natürlich an den Betroffenen: „*Tut mir Leid. Ich finde das auch nicht richtig. Und wie Sie aus meinem Gespräch mit dem Hund entnehmen können, habe ich auch schon versucht, ihm das abzugewöhnen.*"

Der Chef und einer seiner Angestellten verhandeln mit einem Kunden, der sich über angeblich zu spät und noch dazu falsch gelieferte Ware beschwert. Der Angestellte wird erst aggressiv, dann defensiv und macht dem Kunden sehr deutlich klar, dass der erstens nicht von der einfachen und mit großer Investition an Zeit und IT-Know-how entwickelten On-Line-Bestellung Gebrauch gemacht hat und zweitens von *„wieder vier Kartons"* gesprochen hätte, obwohl er manchmal die Hunderter-Packungen und manchmal die Zweihunderter-Packungen bestellt habe. „*Woher soll ich denn wissen, welche Sie meinen.*"

Der Mitarbeiter glaubt, sich vor seinem strengen Chef rechtfertigen zu müssen. Seine Äußerungen sind oberflächlich an den Kunden gerichtet, die Botschaft hingegen an den Chef. So etwas ist äußerst kontraproduktiv, weil der Kunde das (zu Recht) für schlechte Kundenorientierung hält und weil der Chef verärgert ist, wenn die Verhandlung nicht nutzenorientiert geführt wird, sondern der Rechtfertigung seines Angestellten dient. Da der Angestellte aber unter doppeltem Druck steht und sich in einer No-win-Situation sieht, ist es Aufgabe des Chefs, ihn daraus zu befreien. Er darf den Mitarbeiter nicht in der Zwickmühle lassen, in der der Chef zu verstehen gibt: „*Wenn du dich vor dem Kunden nicht rechtfertigen kannst, verdirbst du es mit mir. Wenn du dich vor dem Kunden rechtfertigst, ist das schlechtes Verhandlungsgebaren, und dann verdirbst du es mit ihm und mir.*"

Eine gute Führungspersönlichkeit hört das Dilemma aus der Argumentation des Angestellten heraus und sagt nach dem Kundengespräch: *„Ich verstehe, warum Sie so argumentiert haben. Sie haben im Argumentieren gewonnen und unseren gemeinsamen Kunden verloren. Kann es sein, dass Ihre Rechtfertigung mehr an meine Adresse gerichtet war? Wir sitzen dem Kunden gegenüber im selben Boot. Sollten Sie sich mir gegenüber rechtfertigen wollen für vermeintliche Pannen oder für etwas, was der Kunde offensichtlich falsch sieht, dann können wir beide das hinterher besprechen, und ich werde offene Ohren für Ihre Erklärungen, Notlagen oder die Machbarkeit bei der Erfüllung von Kundenwünschen haben. Aber vor allen Dingen werde ich offene Ohren dafür haben, wie Sie sicherstellen, dass die Kommunikation zwischen Ihnen und unseren Kunden in Zukunft klappt.*

Sie werden aus diesem Fall lernen, wie Sie durch Zuhören und Nachfragen herausfinden, was der Kunde wirklich will. Ich möchte in Zukunft nicht gute Erklärungen von Ihnen bekommen, warum der Kunde sich falsch ausgedrückt hat, sondern ich will richtig und prompt gelieferte Ware und zufriedene Kunden."

Laterale Kommunikation gibt es auf allen Ebenen:

- Auf der politischen Ebene: Regierungschefs, die sich auf Auslandsreise befinden, schlagen mitunter einen sehr harten und autoritären Ton an als Signal an die heimischen Politiker, wenn sie eine Palastrevolution oder eine Revolte aus den eigenen Reihen zu Hause befürchten.
  Öffentliche Reden im Bundestag richten sich nicht an die Abgeordneten, denn die Entscheidungen sind längst gefallen und werden nicht im Parlament nach Anhörung der Argumente der Redner und Rednerinnen gefällt. Zwar wird jedes gute Argument mit *„meine Damen und Herren"* interpunktiert, aber gemeint sind nicht die Abgeordneten, sondern die Wähler.
- Auf der betrieblichen Ebene: Der Chef zu seinem Gegenüber von der anderen Firma im Beisein der eigenen Angestellten: *„Wasss? Zwei Mal in einem Monat ist dein Mitarbeiter zu spät gekommen? Kaum zu fassen!"*
- Auf der privaten Ebene: Eine Ehefrau unterhält sich in Gegenwart ihres Mannes mit einer Freundin über deren eheliche Treue. *„Na ja, wenn dein Mann so langweilig ist, dann darf er dir einen kleinen Seitensprung wirklich nicht verübeln."*
  Die Anwesenheit Dritter in der Kommunikation aus dem Blick zu verlieren führt zu peinlicher unbeabsichtigter lateraler Botschaft. Ein Ehepaar/Zwei Kollegen frotzeln und machen sich lustig übereinander, z.B. A über Bs Alter und B über As leichtes Übergewicht. Und sie vergessen dabei, dass einer der Anwesenden älter und dicker ist als sie beide.

4.3.3 Machtspiele

„,Er ist ein Oggsford-Mann.'
,Ach ja?'
,Er besuchte das Oggsford College in England. Sie kennen das Oggsford College?'
,Ich hab davon gehört.'
,Es ist eins der berühmtesten Colleges der Welt.'"

•••• Unverschämte Freundlichkeiten als Machtspiel ••••

Diese Unterhaltung zwischen Nick und Wolfhiem aus dem Roman „The Great Gatsby" lässt F. Scott Fitzgerald unkommentiert, weil er zu Recht annehmen darf, dass wir alle mit solchen Machtspielen vertraut sind. Es wäre in der Tat naiv anzunehmen, dass Wolfshiem nach dem Sender-Empfänger-Modell Information aus seinem Kopf in den von Nick übertragen wolle, und somit hätten wir einen gelungenen Gesprächsakt. Wolfshiem belehrt Nick wie einen Schüler. Aber Wolfshiem findet seinen Meister in Gatsby:

„,Ich hab ihn mit einem einzigen Blick abgeschätzt', sagte Wolfhiem und schüttelte dabei mit ernster Miene meine Hand. ‚Und wissen Sie, was er gesagt hat?'
‚Was denn?' fragte ich aus Höflichkeit.
Aber offensichtlich redete er gar nicht mit mir, denn er ließ meine Hand fallen und zielte mit seiner ausdrucksvollen Nase auf Gatsby.
‚Ich überreichte Katspaugh das Geld und sagte: ‚Ok, du zahlst ihm keinen Penny, ehe er nicht seinen Mund hält.' Und er hat auf der Stelle von da an seinen Mund gehalten.'
Gatsby nahm jeden von uns an einen Arm und steuerte uns ins Restaurant...
‚Highballs?' fragte der Kellner.
‚Das ist ein nettes Restaurant hier', sagte Mr. Wolfhiem...‚Aber das da drüben auf der anderen Straßenseite gefällt mir besser.'
‚Ja, Highballs,' sagte Gatsby, und dann zu Wolfshiem: ‚In dem da drüben ist es zu heiß."'

Kaum hat Wolfshiem die Geschichte beendet, in der er selber als der Held dasteht und in der er anderen sagt, wo's langgeht, da lenkt Gatsby die beiden körperlich in die Richtung, in die er will. Er bestellt ohne Rücksprache Highballs für alle und speist Wolfshiem, der woandershin will, mit irgendeinem Argument ab. Das Raffinierte an Gatsbys kleinem Machtspiel ist, dass er sich notfalls hinter seiner Freundlichkeit verstecken kann: Ich mein es doch nur gut mit euch.

Gegen Unverschämtheiten kann man sich gut wehren, aber bei unverschämten Freundlichkeiten muss man sich vorher Strategien zurechtlegen, weil wir so erzogen sind, zuerst auf die Freundlichkeiten zu reagieren, und schon sind wir in der Falle:

Ein Makler empfängt uns in seinem beeindruckend pompös ausgestatteten Büro. Er weist uns mit einladender Geste einen Stuhl an und begibt sich dann in seinen Sessel. *„Frau Eder"*, sagt er dann zu seiner Sekretärin, *„Sie bringen Frau/Herrn X jetzt einen Kaffee."* Eine doppelte Unverschämtheit. Kein *„bitte"* an die Sekretärin und keine Frage an den Gast, ob und was er möchte. Wenn wir jetzt den Kaffee akzeptieren und uns artig bedanken, sind die Weichen gestellt, denn er weiß: *„Ich sage von nun an, wie's gemacht wird"*, und die nächste Äußerung ist: *„Ich habe genau die richtige Immobilie für Sie. Die ist Ihnen auf den Leib geschnitten. Wir fahren* da jetzt hin. Es ist schon alles geregelt; die Besitzer erwarten uns. Ich garantiere Ihnen, Sie werden begeistert sein." Damit die Sprechmuster des Machtspiels, die sich mit der unverschämt freundlichen Kaffee-Anordnung eingeschlichen haben, sich nicht wie Schimmel in das geschäftliche Gespräch ausweiten, muss man hier ablehnen, und zwar höflich. „Nein, vielen Dank. Im Augenblick bitte keinen Kaffee."

Warum ist die Höflichkeit hier wichtig? In Freundlichkeit verkleidete Frechheiten lassen dem Initiator immer den Rückzug offen. Stellen Sie sich vor, Sie machen ihn auf seinen rhetorischen Umgang mit Menschen aufmerksam, und er berichtet anderen darüber. Was würde er sagen? „Ich biete dieser Kundin einen Stuhl an, einen Kaffee noch dazu, und da wird die zickig und hält mir eine Vorlesung über Manieren! Ich sag Ihnen, in meinem Beruf können Sie was erleben!"

In der Antike gab es den Spruch: „Ich fürchte die Danaer, auch wenn sie Geschenke bringen." Das bezieht sich auf die List des Odysseus, ein großes Pferd mit seinen darin versteckten Mannen vor der Stadt zu lassen, das die Trojaner als Geschenk ansahen, es deshalb in die Stadtmauern holten und damit ihren Untergang besiegelten. Dieses Pferd ist als das **Trojanische Pferd** oder auch als **Danaergeschenk** sprichwörtlich geworden. Es ist nützlich, sich solche Wörter als Aufhänger für Gedanken zu merken, damit man die Strategien der unverschämten Freundlichkeiten frühzeitig bemerkt, ehe man sich das kommunikative „Trojanische Pferd" in die eigenen Mauern geholt hat.

Diejenigen, die eine Strategie der unverschämten Freundlichkeiten in ihrem rhetorischen Repertoire haben, sollten sich dessen bewusst sein und abwägen, bei welchen Adressaten sie damit durchkommen und bei welchen nicht. Viele Kunden und Geschäftspartner, denen es psychisches Unbehagen bereitet, gerade vor den Freundlichkeiten auf der Hut zu sein, werden sich zurückziehen und andere Geschäftsbeziehungen suchen.

··· Positionen als „nicht verhandelbar" formulieren ···

Einige Sprecher formulieren ihre Positionen gerne als unverhandelbar, und zwar tun sie dies ganz offen und empfinden das als eine ihrer Stärken: *„Mit mir ist das nicht zu machen."* – *„Solange ich hier was zu sagen habe…"* – *„Solange du die Beine unter meinen Tisch streckst…"* Wir hatten in Kapitel 2 folgende Formulierung erörtert: *„Da kann man mir sagen, was man will…"* mit der Implikation: *„Ich werde mich jedem Argument verschließen, falls ich überhaupt noch zuhöre. Und außerdem habe ich mir gerade selber alle Optionen genommen, denn wenn ich jetzt etwas einräume, ist das ein Gesichtsverlust."*

Der Nachteil solcher Formulierungen ist die Präferenz des Statischen gegenüber dem Dynamischen. Der Vorteil ist Zuverlässigkeit und Zeitersparnis, wenn alles gesagt und bereits noch mal gesagt worden ist. Viele Menschen formulieren das „nicht verhandelbar" in externalisierter Form. Das beginnt mit Formulierungen wie:

a) *„Meine Religion verbietet mir…"*
b) *„Das wäre schön, aber das verstößt gegen unsere Satzung."*

Auch hier ist es nicht eine Frage von richtig oder falsch, sondern es kommt vielmehr darauf an, die Muster zu erkennen. Handelt es sich um Menschen, denen Glaubensbekenntnisse, Prinzipien und Normen aus Überzeugung wichtig sind, oder werden diese Redewendungen von ihnen gerne und gewohnheitsmäßig benutzt, wenn es ihnen zum Vorteil gereicht? Man kann Letzteres an zwei Dingen erkennen und dann zur Sprache bringen.

1. Sind diese Sprecher bereit, pragmatische Ausnahmen zu machen, wenn die Normen ideologischer, religiöser und gesetzlicher Natur ihnen selber nicht passen?
2. Ein Test kann darin bestehen, ihnen gegenüber auch einmal diese Formulierungen zu verwenden: *„Das brauchen wir nicht zu diskutieren, denn das läuft meiner innersten Überzeugung zuwider/denn dadurch würde ich bestehende Versprechen brechen."*

Sollten die so Angesprochenen jetzt weiter diskutieren, kann man sie fragen, warum sie es für Charakterfestigkeit halten, wenn sie selber zu ihren ethischen Richtlinien stehen, uns aber dazu anhalten wollen, die unsrigen nicht ernst zu nehmen und als jederzeit verhandelbar anzusehen. Neben den ehrbaren Appellen an Religion, Recht und Gesetz gibt es Grauzonen. Die allgemeinste Form der Grauzone solcher nicht verhandelbaren Gesprächsgegenstände lautet:

„Ich kann das nicht vertragen."

Nehmen wir als Beispiel zwei Kollegen, die auf einer Dienstreise in einem Hotel einchecken und erfahren, das nur noch zwei Zimmer frei sind, eins zur Straße raus und eins nach hinten. Kollege A sagt sofort:

„Ich kann Straßenlärm nicht vertragen."

Solche Formulierungen haben enorme Vergünstigungen, denn sie setzen den anderen dermaßen unter Druck, dass eine Verhandlung kaum möglich erscheint. Bei den Steigerungsformen dieses Musters gibt der Sprecher noch Gründe an, die sich seiner Kontrolle entziehen:

„Ich kann Straßenlärm nicht vertragen. Ich bekomme dann immer Migräne."

Es wird hier nicht behauptet, es gäbe keine realen Gründe für „nicht verhandelbar". Dies ist ein Buch über Kommunikation, und deshalb sprechen wir über Formulierungen und die Art der Verhandlungen. Sprechen wir zuerst von den tatsächlich Betroffenen, den Migräneanfälligen, den Allergikern, Legasthenikern, Bandscheibengeschädigten etc. Sie alle haben Verhandlungsalternativen. Die Betroffene könnte auch sagen:

„Ich schlage vor, Sie nehmen das ruhige Zimmer, und ich suche mir ein anderes Hotel. Ich bekomme nämlich von nächtlichem Lärm leicht Migräne, aber das ist ja schließlich mein Problem und nicht Ihrs."

Durch Erweiterung der Optionen, durch Bereitschaft zu einem Opfer ergibt sich aus dem „nicht verhandelbar" ein „verhandelbar", und Kollege B könnte jetzt sagen: *„Um Gottes Willen, nein, nehmen Sie das ruhigere Zimmer, ich wusste ja nichts von Ihrer Migräne."* Oder er könnte sagen: *„Dann lassen Sie uns doch gemeinsam in ein anderes Hotel gehen, dann haben wir beide ein ruhiges Zimmer und können morgen beim Frühstück noch die Agenda durchgehen."*

Wir haben immer wieder auf den Zusammenhang zwischen kommunikativer Verhaltensänderung und Persönlichkeitsentwicklung hingewiesen. Sprecher und Sprecherinnen, die ihr kommunikatives Verhalten geändert haben und von der Bevorzugung der Formulierungen des „nicht verhandelbar" zu der Bevorzugung des „das Meiste ist verhandelbar" übergangen sind, haben berichtet, wie sich das Spektrum ihrer Sichtweisen und Möglichkeiten geändert hat, wie stark sich die Reaktion der Gesprächspartner veränderte und wie viel besser sie in der Fähigkeit zum Perspektivenwechsel wurden. Und *notabene*: Das alles im Sog der neuen Sprechmuster.

Dabei sollte freilich nicht der Preis für diese Persönlichkeitsentwicklung unerwähnt bleiben. Perspektivenwechsel und Verhandlungsbereitschaft bereichern das Leben, eröffnen neue Möglichkeiten, die der Sprecher aus sich selbst heraus nicht hätte hervorbringen können. Aber er lädt auch zu ständigem Aushandeln ein und muss sehr viele Ansprüche rechtfertigen. Das erfordert Zeit und bringt Kompromisse mit sich. Diejenigen, die sich die Sprechmuster des „nicht verhandelbar" zu eigen gemacht haben, ersparen sich Zeit und Kompromisse. Wenn man z. B. sagt:

„Könnten wir jetzt vielleicht das Fenster schließen?",

beginnt u. U. eine Diskussion über Frischluft. Sagt man hingegen:

„Wir müssen das Fenster zumachen, ich bekomme sonst eine Bindehautentzündung",

so werden die meisten Gesprächspartner auf eine Diskussion verzichten. Um es noch einmal zu betonen: Es wird hier nicht behauptet, Bindehautentzündungen, Migräneanfälle, Unterzuckerung, Gefahr des Bandscheibenvorfalls etc. gäbe es nicht oder sollten nie erwähnt werden. Es geht um das kommunikative Phänomen der Sprecher, die ihrer eigenen Persönlichkeitsentwicklung im Wege stehen, dadurch dass sie statische Formen, wie z. B. „nicht verhandelbar", vorziehen und zu einem Teil ihrer Persönlichkeit machen.

Ein Beispiel: Unser gesamtes Büro muss umziehen in den nächsten Stock. Also alles in Kartons packen und los geht's. Ein Mitarbeiter mit Neigung zum Bandscheibenvorfall kann nun sagen:

a) *„Kann ich nicht. Ich hab's mit dem Rücken."*

Oder er kann Folgendes anbieten:

b) „Ich bekomme vom Bücken und Heben einen Bandscheibenvorfall. Wie kann ich euch unterstützen? Ich kann den Telefondienst übernehmen und euch immer mit Getränken versorgen."

Der Übergang von gewohnheitsmäßig angenommenen Sprechmustern des Typs a) zu b) verändert die Persönlichkeit.

....

Einem Menschen, der zurzeit Sozialhilfe empfängt, wird erklärt, unter welchen Umständen er ein Anrecht auf diese finanzielle Unterstützung hat und bei welchem eigenen Einkommen diese entfällt. Er kann das formulieren als:

a) „Wenn ich mehr als X Euro verdiene, bekomme ich keine Unterstützung mehr."

Man stellt bei einigen Sprechern eine allmähliche Transformation und Verkürzung dieses Umstandes in der Formulierung ihrer Lage fest, die über b) zu c) läuft:

b) „Ich darf nicht mehr als X Euro verdienen, sonst bekomme ich keine Sozialhilfe mehr, und von dem Einkommen kann ich ja nicht leben."
c) „Ich bin Sozialhilfeempfänger. Ich darf ja nicht arbeiten."

Zu beachten sind erstens der Unterschied zwischen „Ich empfange zurzeit Sozialhilfe" und „Ich bin Sozialhilfeempfänger", wobei letztere Formulierung das statische Element betont, und zweitens die Verkürzung zu „Ich darf ja nicht arbeiten", bei der die Bedingungen ausgelassen werden. Durch den Übergang von a) zu c) definiert man sich selber, betont das Statische und steht somit seiner eigenen Persönlichkeitsentwicklung im Wege.

... Der Verzicht auf Macht (aber eigentlich im Grunde doch nicht so ganz, sag ich mal) oder: Die Macht der Schwachen •

Wir hatten in Kapitel 1.1.1 die teilweise Zurücknahme der wörtlichen Botschaft durch stimmliche Signale behandelt. Wir hatten diese Art von Modifizierung der eigenen Aussage „die vokale Defusion (Entschärfung) verbaler Sprengsätze" genannt. Wir nehmen das Thema der teilweisen Zurücknahme von Botschaften hier wieder auf unter dem Aspekt des Aushandelns von Macht und Verantwortung und somit auch dem Aushandeln eines Teils der eigenen Identität im Kommunikationsprozess.

Beginnen wir mit dem Zitat einer Äußerung, die eine Frau in einem Rundfunkinterview (Februar 2009) machte, und zwar als Kommentar dazu, wie sie als Katholikin dazu steht, dass Bischof Richard Williamson, der Holocaust-Leugner, wieder in die katholische Kirche aufgenommen wurde.

a) *„Man fühlt sich so 'n bisschen mitschuldig in Anführungsstrichen he he he (Sprechlacher)."*

Ist das ein Schuldbekenntnis in einer wichtigen und hochbrisanten Angelegenheit? Lassen Sie uns a) jetzt in diesem Kontext analysieren: Auf wen bezieht sich *„Man"*? Auf alle Katholiken? Soll damit eine allgemeine Aussage getroffen werden und wenn ja, für welche Gruppe? *„Man fühlt sich"* ist jedenfalls kein persönliches Bekenntnis, *„so 'n bisschen mitschuldig"* ist ein Weichmacher. Und als ob das noch nicht genüge, wird noch *„in Anführungsstrichen"* nachgeschoben, gefolgt von einem Sprechlacher. Um sich über die Bedeutung dieser modifizierenden Elemente klar zu werden, kann man mögliche Alternativen heranziehen:

„Ich bin Mitglied dieser Kirche und bekenne mich auch weiterhin zu ihr. Deshalb trage ich auch mit an der Schuld, dass ein Holocaust-Leugner als Bischof wieder in unsere Reihen aufgenommen worden ist, und ich werde dazu beitragen, dass ..."

Vor englischen Gerichten wird der Angeklagte zu Beginn der Verhandlungen vom Richter gefragt: *„What do you plead? Guilty or not guilty?"* („Worauf plädieren Sie: Schuldig oder nicht schuldig?") Und es gibt nur zwei mögliche Antworten darauf, nämlich entweder *„guilty"* oder *„not guilty"*, aber nicht:

„Well, in a way one feels that perhaps part of the blame sort of falls on me, in inverted commas, if you see what I mean, my Lord, hee hee hee."

Zugegeben, ein Rundfunkinterview ist nicht derselbe Sprechakt wie diese Standardform vor Gericht, dennoch ist es aus didaktischen Gründen nützlich, sich in wichtigen Angelegenheiten zu fragen: Fühle ich mich schuldig oder nicht? Warum ist diese Frage für die Sprecherin der Äußerung *„Man fühlt sich so 'n bisschen mitschuldig in Anführungsstrichen"* wichtig? Mit dieser Formulierung stellt sie sich als jemand dar, der hohe moralische Ansprüche an sich stellt. Die Formulierung bietet ihr aber gleichzeitig die Vorteile, keine Konsequenzen ziehen zu müssen. Das ist mit **die Macht der Schwachen** gemeint. *„Ich klage euch da oben an, denn ihr habt ja einen mitschuldig gemacht* (wobei *„einen"* der Akkusativ von *„man"* ist, denn das Pronomen *„ich"* geht mir hier zu nah; ich möchte meine Betroffenheit auf mehrere Schultern verteilen), *aber nur in Anführungsstrichen und nur so 'n bisschen, und deshalb brauche ich nicht verantwortungsbewusst zu handeln, in dem Sinn, dass ich jetzt tätig werden müsste."*

Man kann den Satz *„Man fühlt sich so 'n bisschen mitschuldig in Anführungsstrichen"* durchaus wohlwollend als Ausdruck der Bescheidenheit interpretieren: Die Sprecherin erhebt nicht den Anspruch, sich mit jeder Äußerung des Papstes unmittelbar angesprochen zu fühlen. Sie würde nie sagen: *„Der Papst und ich sind sehr betroffen von Williamsons Leugnung."* Es kommt also nicht darauf an, Noten zu verteilen, sondern es dreht sich um die Erhöhung des Sprachbewusstseins. Wenn Sprecher und Sprecherinnen vokale (stimmliche) und verbale (sprachliche) Weichmacher gewohnheitsmäßig angenommen haben, dann verändert das die Disziplin des Denkens, das Engagement, das Verantwortungsbewusstsein (mit Handlungskonsequenzen) und das Verpflichtungsgefühl, zu dem stehen zu müssen, was man sagt. Im Englischen gibt es die Redewendung *„I have half a mind to tell him what I think about him"*, die den Nagel, sag ich mal, so ‚n Stück weit auch irgendwo auf den Kopf trifft. Übersetzt heißt das: *„Ich habe die halbe Absicht, ihm zu sagen, was ich von ihm halte."* Die Implikation dieser Formulierung ist stets: *„Ich werde es nicht tun."* Betrachten wir weitere prototypische Beispiele von verbalen Weichmachern bzw. Sprechmustern des Herunterspielens.

••• Weichmacher •••••••••••••••••••••

a) *„…dass es quasi sozusagen im Grunde auch 'n Stück weit 'ne prinzipielle Frage ist."*
b) *„Das ist ja doch auch irgendwo sach ich mal so 'n gewisser Widerspruch, denk ich."*
c) *„Unsere These ist auch so 'n bisschen, dass es zum Mindestlohn eigentlich keine Alternative gibt."*
d) *„Ich würde vielleicht ein bisschen dagegenreden wollen."*
e) *„…ich hab das ja so 'n bisschen in Anführungsstriche gesetzt."*
f) *„Was mir da ein bissel zu viel gefehlt hat …"*
g) *„Es gibt da quasi ein Referenzsystem sozusagen."*
h) *„Die haben sich dann zum Zölibat mehr oder weniger verpflichtet."*
i) *„Haben Sie ein Umsatzziel formuliert?"* – *„Also, in dem Sinn noch nicht."*
j) *„Also ich sag mal zu 90 % zu."*

Betrachten wir j) etwas genauer. Der Sprecher hat damit den Fuß in der Tür, behält sich aber alle Optionen offen. Wenn diese Formulierung des Sich-nicht-Festlegens zum bevorzugten Sprechmuster wird (und nur in diesem Fall), dann ist das nicht, wie der Sender-Empfänger-Mythos suggeriert, die Information über eine 90 %ige Zusage. Dann formuliert sich ein solcher Sprecher auch als jemand, der nie Herr über seine eigene Zeit ist, weil seine Terminplanung immer von anderen Menschen bestimmt wird, oder aber er formuliert sich als jemand, der keine Lust hat, eine verlässliche Aussage zu machen. Wie geht man damit um? *„Tut mir Leid, ich brauche wegen meiner Planung eine feste Zusage. Wenn Sie es noch nicht absehen können, dann lassen Sie es uns jetzt absagen und wieder darauf zurückkommen. Ich würde mich freuen, wenn ein Treffen zu einem für Sie passenden Termin zustande käme."* Die 90 %-Zusager spielen mit ihrem Weichmacher das Machtspiel der Schwachen: *„Du musst dich festlegen, aber ich behalte mir alle Optionen offen."*

Zu den Weichmachern ist Folgendes zu sagen: Jede natürliche Sprache ist sehr ökonomisch aufgebaut, d. h. jeder Ausdruck hat seine eigene und durchaus nützliche Funktion. Mit anderen Worten, nichts kann ersatzlos ohne Verlust des Ausdrucksreichtums aus einer Sprache gestrichen werden. Es ist daher nicht sinnvoll, den monosystemischen Rat zu geben: *„Streiche alle Weichmacher aus deinem gesamten Repertoire, und das Problem ist in allen Lebenslagen gelöst"*, sondern es ist gewinnbringender, polysystemisch vorzugehen und sich zu fragen: Wann sind Weichmacher angemessen? Wann sind sie meiner Sprechabsicht abträglich? Handelt es sich bei mir um kritiklos angenommene Sprechgewohnheiten, die mir selber gar nicht mehr bewusst sind, die aber sehr wohl eine Sprechwirkung auf andere haben? Und wann drohen diese Sprechmuster, negative Spuren in meiner Persönlichkeit zu hinterlassen?

Angemessen sind Signale des Herunterspielens, wenn der Sprecher damit zu verstehen geben will, dass er den Gegenstand für verhandelbar hält und zu Konzessionen bereit ist. Fragt ein Kunde: *„Hmm, 16.580 Euro ist 'ne Menge Geld. Können Sie mir da noch entgegenkommen?"*, dann ist die Antwort des Verkäufers

k_1) *„Eigentlich nicht, wir haben ja schon alle Rabatte Garantien ausgeschöpft"*

unangemessen, wenn er „Nein" meint. Dann läuft das *„eigentlich"* seiner eigenen Sprechabsicht zuwider, denn es lädt den Kunden zum Nachverhandeln ein. Will er hingegen eine Konzession machen, sie aber als eine ganz individuelle Art des Entgegenkommens deklarieren, so könnte er durchaus sagen:

k_2) *„Eigentlich nicht, Herr Kirchner, aber Sie sind ja nun mein ältester Kunde, und ich mache Ihnen daher einen Vorschlag ..."*

Weichmacher sind unter dem Aspekt der Frage *„Als wer spreche ich zu wem aus welchem Anlass mit welchem Ziel?"* für Führungskräfte kontraproduktiv, wenn sie dadurch verschiedene Interpretationen zulassen.

l) *„Da müsste mal eine detaillierte Aufstellung gemacht werden."*
m) *„Ich würde da mal anrufen."*

Denn hier besteht die Gefahr, dass die gewissenhaften Mitarbeiter sich daraufhin an die Arbeit begeben, während die anderen denken: *„Ja, müsste man mal machen"* bzw. nach m): *„Gute Idee, machen Sie das."* Unter dem Aspekt *„mit welchem Ziel"* sind Weichmacher auch unangemessen bei Feedback mit der Absicht der Verhaltensänderung:

n_1) *„Ihren Umgang mit unseren Kunden fand ich eigentlich ganz gut* (progrediente Intonation) ..."

- und sofort duckt sich der Mitarbeiter mental. Er hört nur noch antizipierend zu und wartet auf den Tadel, denn das *„eigentlich"* und das *„ganz gut"* interpretiert er als *„im Grunde doch nicht gut"*. Ein Lob ist ein Lob, wir hören es alle gerne, und es soll verhaltensverstärkend wirken. Daher ist n2) die bessere Alternative:

n_2) *„Ihren Umgang mit unseren Kunden finde ich gut.* (fallende Intonation, kleine Pause) *Ich empfehle Ihnen, auf diesem guten Weg fortzuschreiten."*

Wie viele Weichmacher zählen Sie in o)?

o) *„In Ihrem Verhalten dem Kunden gegenüber, da würd ich sagen, rechtfertigen Sie sich vielleicht manchmal noch 'n bisschen viel, aber dazu neigt man ja auch gerne, passiert mir auch selber noch."*

Es sind sechs Weichmacher : *„würd ich"* (im Konjunktiv), *„vielleicht"*, *„manchmal"*, *„'n bisschen viel"*, *„aber dazu neigt man ja"* und *„passiert mir auch"*. Damit macht der Feedback-Geber es gerade denjenigen leicht, die sich ohnehin mit Verhaltensänderung schwertun, das Ganze zu deuten als *„Ist ja auch nicht so wichtig, ich bin mit meinem Verhalten in bester Gesellschaft, und im Großen und Ganzen – das wusste ich schon immer – bin ich ein feiner Kerl. Und Perfektionismus, hab ich kürzlich gelesen in na wer hat das noch geschrieben? Keine Ahnung, jedenfalls kann der auch schädlich sein, und man soll ja auch authentisch bleiben. Und wenn ich was kann, dann ist es au-then-tisch bleiben, da macht mir keiner was vor."*

Im deutschen Sprachgebrauch ist eine neue Modeerscheinung zu beobachten, nämlich die Modifizierung von Wörtern, die für sich genommen große stilistische Wirkung haben, wie *„leidenschaftlich"*, *„idiotisch"* und *„entschieden"*:

p) *„Das find ich ziemlich idiotisch."*
q) *„Die doch etwas fundamentalere Frage."*
r) *„Meine Entscheidung steht eigentlich schon felsenfest."*

Dies sind rhetorische Formen des gleichzeitigen Gasgebens und auf die Bremsetretens, womit wir zu dem nächsten Abschnitt überleiten können.

"Sting like a bee, float like a butterfly" („Stich zu wie eine Biene, schweb davon wie ein Schmetterling")

Dieser Ausspruch stammt von Muhammad Ali (alias Cassius Clay), der mit dieser Technik Weltmeister wurde. Rhetorische Beispiele dafür sind:

„Das ist so nicht richtig, dazu könnte ich viel sagen, aber das würde jetzt zu weit führen."

„Ihr Vortrag lässt viele Fragen unbeantwortet, und ich bin mit vielen Punkten nicht einverstanden, insbesondere damit, wie Sie die begründet haben. Aber lassen wir das einmal dahingestellt sein. Der wesentliche Punkt ist doch der: …"

In Sabine Christiansens Talkshow kam es einmal zu folgendem Wortwechsel, den Sie in Hörbeispiel 31 nachhören können:

Engelen-Kefer: *...und dahin gehört auch die Lohnpolitik.*
Christiansen: *Na ja, wer bezahlt die Zeche, darüber wern wir sicher noch einiges zu reden ham, Herr Teufel, warum eh verurteilen Sie die Pläne so früh?*

Bis *„zu reden ham"* wurde äußerst schnell gesprochen mit minimaler Artikulation, aber ab *„Herr Teufel"* sprach Christiansen deutlich und langsam. Durch die Wortwahl wird große Skepsis am Beitrag der Vorrednerin angedeutet, denn *„wer die Zeche zahlt"* hat einen negativen Beigeschmack und ist in der Stilebene umgangssprachlicher als *„Lohnpolitik"*. Durch den enormen Wechsel der Sprechgeschwindigkeit und Artikulation wird der Vorrednerin stimmlich signalisiert, dass ihr Beitrag jetzt nicht thematisiert wird. Der erste Teil ist **sting like a bee**, der zweite **float like a butterfly**. Das ist für eine Moderatorin, die sich weder auf einen zu langen Dialog mit nur einem Gast noch auf das Festbeißen an nur einem Aspekt einlassen darf, eine geschickte Verbindung vokaler und verbaler Botschaften, die zeitsparend ist und mit der sie die Kontrolle behält. In Gesprächen unter Gleichgestellten ist es für das Opfer dieser Technik ratsam, dies anzusprechen. Im Anschluss an z. B. *„Das ist so nicht richtig, dazu könnte ich viel sagen, aber das würde jetzt zu weit führen."* könnte man sagen: *„Sie hielten es für wichtig zu betonen, dass ich das falsch sehe. Ich finde diesen Aspekt auch wichtig und bin an Ihrer Meinung interessiert."*

Eine spezielle Form der Machtspiele der Schwachen mit echtem oder vermeintlichem Verzicht auf Machtanspruch ist die Umkehrung des Muhammad-Ali-Mottos: Float like a butterfly, sting like a bee.

a) *„Ich bin ja nicht Experte auf diesem Gebiet, aber..."*
b) *„Also ich weiß nicht:..."*
c) *„Vielleicht spielt das hier keine Rolle, und ich wollt's auch nur mal so als Punkt in den Raum stellen, aber mich wundert schon ein bisschen, dass der Kostenfaktor hier noch von keinem erwähnt worden ist."*

Man kann diese Äußerungen ganz wörtlich nehmen, und auf der rein sprachlichen Ebene ist ihre Bedeutung offensichtlich. Der Fachausdruck für das Abwerten der Wichtigkeit der eigenen Aussage ist **Disclaimer** (aus dem englischen „disclaim" = keinen Anspruch auf etwas erheben, also das, was wir als vokales und verbales Herunterspielen behandelt haben). Es ist nichts dagegen einzuwenden, wenn Sprecherinnen und Sprecher ihre Aussagen gleich zu Beginn relativieren. Werden diese Redewendungen jedoch gewohnheitsmäßig angenommen, so können sie zu einem Persönlichkeitsmerkmal werden. Die Frage ist wiederum nicht, ob die Aussagen zutreffen, sondern warum sie von diesen Sprechern so häufig als Eröffnungsgambit verwendet werden. Warum sagt die Sprecherin von c) nicht

d) *„Lassen Sie uns jetzt über den Kostenfaktor sprechen"?*

Die Gesprächsbeiträge vom Typ a) bis c) kommen in Gestalt eines Schmetterlings dahergeschwebt, so als würden die Sprecher um behutsame Behandlung bitten. Nachdem sie ihren Beitrag in seiner Bedeutung reduziert haben, fahren sie dann oft doch den Stachel der Biene aus. Werden sie nun heftig angegriffen, können sich diese Sprecher zurückziehen auf: *„Ich hab doch gesagt, ich bin nicht Expertin"* oder *„Ich wollt's ja auch nur mal erwähnt haben."*

Das folgende Beispiel ist die Transkription einer Dienstbesprechung:

„Also ich sag das mal ganz subjektiv und unreflektiert, ja, und auch ganz ungeschützt: Vier bis fünf Leute halten den Laden auf. Warum muss dann eigentlich immer ich einspringen? Ich hab auch nicht immer Zeit, ich muss auch umdisponieren." (Und etwas später:) *„Also jetzt kommt bei euch so eine Verteidigungshaltung auf."*

Mit den Adverbien *„subjektiv"*, *„unreflektiert"*, *„ungeschützt"* gibt der Sprecher zu verstehen, dass er sich in spontaner Offenheit an die Kollegen wende, und sich dadurch auch verletzbar macht: Float like a butterfly. Aber dann geht es zur Sache: Sting like a bee. Und als die Angegriffenen sich nach der Schuldzuweisung wehren, wozu Schuldzuweisungen in der Regel einladen, da klappt ein verwunderter Schmetterling seine Flügel auf. *„Also jetzt kommt bei euch so eine Verteidigungshaltung auf"* bedeutet so viel wie: *„Kann man sich mit euch nicht ein Mal sachlich und lösungsorientiert unterhalten?"*

Nehmen wir an, ein Kollege würde dem Sprecher in diesem Beispiel sein Verhalten folgendermaßen spiegeln: *„Sie haben erstens in der Suppe von gestern herumgerührt, das bringt uns wenig weiter, zweitens haben Sie mit einem sogenannten „Disclaimer" angefangen, d.h. sie schwenkten eine rhetorische weiße Fahne, schossen dann aber sogleich aus der Hüfte und äußerten sich anschließend empört darüber, dass wir anderen offensichtlich die Botschaft Ihrer weißen Fahne nicht verstanden hätten."* Selbstverständlich würde das nicht über ein Aha-Erlebnis zur Läuterung führen – denn ähnlich wie man mit Alkoholikern nicht über ihr Verhalten diskutieren soll, wenn sie gerade volltrunken sind, so ist es ratsamer, nicht gerade mit erhitzten Gemütern über rhetorische Eigenarten zu verhandeln. In solchen Fällen kann man eine Auszeit vom Alltagsgeschäft nehmen und zu einem anderen Zeitpunkt allgemein über eine Gesprächskultur im Betrieb bzw. im Team sprechen. Hier kann sich das Team z. B. darauf einigen, dass jeder nach einem Eröffnungsgambit das Recht hat zu unterbrechen mit der Frage: *„Zu unserer Information: Ist das jetzt ein echter Disclaimer? Kommt jetzt eine Frage oder kommt jetzt eine Kritik? Soll nach Lösungen gesucht werden oder sollen wir uns rechtfertigen?"* Wie soll der Angeredete mit folgender Verzichtserklärung (dem Disclaimer) und anschließendem Anspruch auf Rechthaben umgehen?

a) *„Du kannst das alles besser ausdrücken als ich, und dann sieht das immer so aus, als hättest du recht, aber in der Sache selber bin ich mir ganz sicher, das lasse ich mir auch nicht durch geschickte Rhetorik ausreden."*

Je besser der Angeredete jetzt argumentiert, desto mehr verifiziert er scheinbar die Hypothese des Gegners. Wenn Letzterer a) bewusst gebraucht oder besser ausgedrückt missbraucht, dann ist es eine absichtliche Trennung der formalen und der inhaltlichen Ebene mit dem Anspruch, *„Ich bin besser auf der inhaltlichen, und das ist die entscheidende"*. Damit kommen wir zu dem zentralen Thema der Rhetorik.

Der Stil ist die Physiognomie des Geistes. Es handelt sich nicht darum, wer besser umgräbt oder ein größeres Gewicht heben kann, sondern es geht um Denken und Kommunizieren. Auf diesem Gebiet sind logische Argumentationsmuster und ein differenziertes Begriffssystem die notwendigen Werkzeuge des Geistes. Darauf werden wir in Kapitel 4.4 eingehen.

Dem Gesprächspartner das Erlernen gedanklicher Disziplin und Klarheit im Ausdruck vorzuwerfen ist eine von den in diesem Buch immer wieder behandelten Kommunikationsformen, die das Statische in uns stärken, also Stagnation und Fossilierung. Sie stehen der Persönlichkeitsentwicklung entgegen, und man sollte sie daher nicht kultivieren. Zum Glück gibt es kommunikative Keep-fit-Übungen, welche helfen, die gedankliche und sprachliche Verkrustung aufzubrechen.

Die Debating Society

Der englische Ausdruck „Debating Society" für die folgende Übung wird hier beibehalten, weil er in der angelsächsischen Welt einen positiveren Klang hat als „Debattierclub". Wir nehmen jetzt an, der in a) Angesprochene würde folgendermaßen antworten:

b) A: *Ich freue mich natürlich über dein Lob. Ich mache dir einen Vorschlag: Wir tauschen die Seiten. Ich vertrete deine Ansicht in dieser Sache, und du meine. Ich werde versuchen, deine Sache rhetorisch so gut zu vertreten, wie das in meiner Kraft steht. Du bringst deinen Sachverstand ein, stellst ihn jetzt aber in den Dienst meiner Ansicht zu dem Thema.*
B: *Und was soll das bringen?*
A: *Wir lernen uns gegenseitig besser verstehen. Wie werde ich auf meine eigene Meinung reagieren, wenn sie in deinem Gewand daherkommt? Und solltest du sagen: „Hmm, deine Rhetorik steht meinem Anliegen gut zu Gesicht", dann haben wir beide etwas gelernt. Allerdings nur dann, wenn wir beide unser Bestes geben.*

Die folgende Übung können Sie zu zweit, zu dritt oder in einer größeren Gruppe durchführen. Wenn Sie sie zu zweit durchführen, liest einer von Ihnen die Anmoderation vor, bis zu der Stelle, an der Sie aufgefordert werden, mit der ersten Phase zu beginnen. Erst danach lesen Sie bitte weiter. Wenn Sie zu dritt oder in einer größeren Gruppe arbeiten, übernimmt einer die Rolle des Moderators. Auch hier wird immer nur eine Phase anmoderiert, dann durchgeführt, ehe die nächste Phase wiederum anmoderiert wird. Die Anmoderation für **die erste Phase** lautet wie folgt:

„In einem Bundesland sollte eine neue Universität gegründet werden. Zwei Städte kamen dafür in Frage. Die Lokalpolitiker der Stadt A argumentierten, ihre Stadt wäre geeigneter, die aus B argumentierten dagegen. Beide führten ‚objektive' Gründe ins Feld. Zufällig verhielt es sich so, dass diejenigen, die aus rein sachlichen Argumenten heraus für A als neue Universitätsstadt waren, auch in dieser Stadt wohnten und arbeiteten und umgekehrt. Es könnte natürlich auch so sein, dass Menschen sich zuerst eine Meinung bilden und dann Gründe dafür sammeln. Ein Gedankenexperiment: Die Ratsherren und -damen der Stadt A und B werden ausgetauscht und dürfen die Debatte noch einmal führen, so als wäre nichts gewesen. Natürlich würden sie nicht abwinken, weil ihre Argumente doch alle schon hinlänglich bekannt seien, sondern sie würden die Angelegenheit noch einmal aus der anderen Perspektive in neuem Licht diskutieren wollen. Ein solches rhetorisches Experiment führen wir jetzt durch.

Ich werde ein möglichst brisantes Thema nennen und einen Antrag stellen, und **ich** werde entscheiden, wer dafür plädiert und wer dagegen. Danach gibt es Feedback, und die beste Bewertung gibt es für Überzeugungskraft. Sollte jetzt einer der Teilnehmer gegen seine eigene Überzeugung diskutieren müssen, dann ist es Bestandteil der Übung, dass niemand im Raum dies durchschaut. Soll er z.B. gegen seine eigene Überzeugung für Abtreibung argumentieren müssen und dabei sagen: ‚Wir haben eh' zu viele Gören!', dann nimmt er die Übung nicht ernst, profitiert auch nicht von ihr und bringt keine Überzeugungskraft ein. Der Sinn der Übung besteht darin, sich gegebenenfalls auch in den Standpunkt der anders Gesinnten versetzen zu können. Natürlich kommt es in Grundsatzfragen kaum vor, dass nach einer Debatte der Katholik zum Protestanten sagt bzw. umgekehrt: ‚Das überzeugt mich total. Morgen konvertiere ich.' Was man hingegen dabei gewinnt, wenn man sich redlich um gute Argumente gegen die eigenen Überzeugungen oder auch Interessen bemüht, ist die Einsicht, dass die Gegenpartei gar nicht sooo dumm oder böse zu sein braucht, wie sie erscheint, wenn man lediglich immer nur Argumente gegen sie sammelt. Eine rein nach innen gekehrte Denkübung hat nicht dieselbe Wirkung. Denn erstens entwickeln sich in der Face-to-face-Kommunikation durch Interaktion mit anderen mehr neue Aspekte als nur durch Introspektion (das ist die im Denken nach innen gekehrte Sichtweise), und zweitens entsteht oft – fast gegen den eigenen Willen – ein neues Engagement, denn wir möchten nun einmal gerne im Argumentieren gewinnen.

Das Thema unserer heutigen Debating Society ist: ‚Der finale Rettungsschuss'. Am 7. Juli 2005 wurden in London durch vier Bombenanschläge im öffentlichen Verkehr 56 Menschen getötet, darunter die vier Selbstmordattentäter. Ein Sonderkommando der Londoner Polizei erhielt zur Abwendung drohender Gefahr durch weitere solche Anschläge die Anweisung zum finalen Rettungsschuss, der ‚shoot-to-kill strategy'. Das bedeutet bei Selbstmordattentätern: Kopfschuss. Am 22. Juli 2005 wurde der völlig unschuldige Brasilianer de Menezes irrtümlich von der Sondertruppe durch ‚shoot to kill' getötet. Dennoch stelle ich den Antrag, diese ‚shoot-to-kill strategy' auch in Deutschland einzuführen. Ich teile Sie jetzt in zwei Gruppen auf. Sie nehmen bitte hier links von mir Platz und Sie bitte rechts. Die zu meiner Rechten sind für den Antrag, die zu meiner Linken sind dagegen. Nehmen Sie sich bitte eine

Minute Zeit, den von mir oktroyierten Standpunkt zu Ihrem eigenen zu machen. Ok? Dann fangen Sie bitte an."
In dieser Variante der Debating Society wird nichts reglementiert, denn dadurch kann die Gruppe aus ihrem improvisierten Verhalten am meisten lernen. Und nun diskutieren Sie bitte zehn Minuten, ehe Sie weiterlesen. Nach zehn Minuten klatscht der Moderator laut in die Hände und verkündet: *„Das war die erste Runde der Debating Society. Es schließt sich sofort die zweite an. Das Thema bleibt dasselbe, aber Sie wechseln das Pro und Kontra: Sie hier links argumentieren jetzt für den Antrag, die hier rechts dagegen. Und auf geht's zur* **zweiten Phase!***"*
Es ist völlig in Ordnung, wenn die Gruppe jetzt befreiend lacht. Es muss dann aber wieder ernsthaftes Engagement zurückkehren. Da ja tatsächlich viele Argumente schon in der ersten Runde vorgetragen wurden, wird die zweite Runde bereits nach fünf Minuten Diskussion beendet. Diskutieren Sie bitte jetzt sofort fünf Minuten lang mit vertauschten Rollen.
Der Moderator leitet nun **die dritte Phase** ein: *„Das Thema bleibt dasselbe, und Sie bleiben auch bei der jeweils zuletzt von Ihnen vertretenen Ansicht. Aber Sie haben alle eine neue Rolle. Sie sind Mitglieder einer Kommission von Experten, die jeder für ein Honorar von 15.000 Euro von der Regierung den Auftrag erhalten hat, die Regierungschefin in dieser Frage zu beraten. In genau zehn Minuten wird die Bundeskanzlerin vor den Europäischen Gipfel treten und die Ansicht der Bundesregierung zum britischen ‚shoot-to-kill' vortragen. Sie wird sich dabei an Ihren Experten-Rat halten. In genau neun Minuten kommt ihr Sekretär und verlangt das Ergebnis Ihrer Beratungen. Fangen Sie an. Die Zeit läuft."* Bitte debattieren Sie jetzt weitere neun Minuten, ehe Sie weiterlesen.
Vierte Phase: Jetzt bittet der Moderator die Teilnehmer, auf verteilte Karten oben zu schreiben: *„Die tatsächlich eigene, ‚echte' Meinung der anderen Teilnehmer ist: Für Frau X = kontra, für Herrn Y = pro, etc."* Und unten auf der Karte notiert jeder Teilnehmer seine eigene wahre Überzeugung mit „pro" oder „kontra". Tun Sie das bitte.
An diese vier Phasen der Übung schließt sich nun die Nachbetrachtung und Auswertung an. Die Teilnehmer sind natürlich neugierig darauf, ob sie mit der Einschätzung der anderen richtig lagen und wie sie selber von den anderen eingeschätzt wurden. Wenn die Ergebnisse ausgetauscht worden sind, können folgende Fragen dazu gestellt werden:

- War der Teilnehmer erfolgreich im Sinne der Übung, wenn alle anderen seine wahre Meinung richtig eingeschätzt haben? Es kam ja darauf an, sich in dieser rhetorischen Laborsituation einmal selber zu testen: Inwieweit gelingt es mir, mich in die Lage anderer hineinzuversetzen?
- Woran haben die Teilnehmer die „echte" Überzeugung erkannt? Waren es verbale oder vokale Signale? War es die Spontanität? Die Geschwindigkeit? Das Engagement, manifestiert durch Lautstärke, Stimmhöhe und Intonationsbreite (Tonhöhenschwankung)?
- Wie haben Sie sich in der Phase gefühlt, in der Sie sich gegen Ihre Überzeugung in die Denkweise und die Interessen anderer hineinversetzen mussten? Was haben Sie für sich daraus gelernt?

- Welche Gründe kann es dafür geben, dass sich keiner der Teilnehmer geweigert hat, sich und die anderen auf den Karten einzustufen in „pro" und „kontra"? War es das Akzeptieren der von außen gestellten Alternativen? Hätte jemand vielleicht lieber gesagt: *„Ich möchte das jetzt nicht mehr so schwarz-weiß sehen. Ich bin nach den drei Phasen der Übung nicht mehr so dezidiert dafür/dagegen wie vor der Debatte."*
- Wer hat in der ersten Phase die Diskussion eröffnet? Warum die/der und nicht die anderen? Zufall oder persönlichkeitsabhängig?
Dies war der Grund dafür, den beiden Gruppen zu Beginn der ersten Phase kein Reglement vorzuschreiben, sondern die Teilnehmer das aushandeln zu lassen. Dadurch lernt man einiges über sich selber. Ergreife ich in Gesprächen die Initiative? Brauche ich eine Geschäftsordnung?
- Wer hat am häufigsten/längsten gesprochen? Wer am wenigsten? Hatten die mit der geringsten Beteiligung am wenigsten zu sagen? Oder kamen sie nur nicht zu Wort? Wurden sie unterbrochen?
- Wie gut hat sich die jeweilige vom Moderator zusammengewürfelte Seite als Team präsentiert?
Zu der letzten Frage gibt es klare Kriterien. Wenn jemand aus dem eigenen Team ein gutes Argument anführt, dann geschieht es häufig, dass die Gegenseite es sich damit zu einfach macht oder aber ablenkt. Wenn jetzt der erste Redner eine Antwort einklagt, sieht das schnell nach Vorwurf aus und bildet Fronten. In einem Verhandlungsteam ist es daher empfehlenswert, wenn ein anderes Teammitglied das übernimmt, etwa mit der Frage: *„Mich interessiert jetzt doch noch, wie Ihre Einstellung zu dem Punkt meiner Kollegin ist..."*
Bei Diskussionen ohne Moderator ist häufig zu beobachten, dass ein Teilnehmer schon dreimal versucht hat, zu Wort zu kommen, und dann die Gelegenheit einfach ergreift, weil er meint, nun lange genug gewartet zu haben. Nehmen wir an, sein Teamkollege hat gerade gefragt: *„Haben Sie Kinder? Ja? Eine Tochter, ok. Nehmen wir an, ein Terrorist droht, sich und Ihre Tochter in die Luft zu sprengen, das Sonderkommando könnte sie aber mit einem finalen Rettungsschuss befreien. Würden Sie dann immer noch dagegen sein? Würden Sie das Ihrer Frau gegenüber in dem Augenblick auch vertreten?"* Und in der jetzt entstehenden Pause sieht Ihr Teamkollege seine Chance, nach drei vergeblichen Versuchen endlich zu Wort zu kommen: *„Ja und dann interessiert mich natürlich auch, ob jeder Polizist das Recht auf den finalen Rettungsschuss hat und ob das nicht eine psychische und moralische Überforderung für den normalen sag ich mal so Polizisten ist."* Die Gegenseite kann sich jetzt aussuchen, auf welches Argument sie eingeht. Der erste Fragesteller hatte sie schon in die Enge gedrängt, aber ausgerechnet sein eigener Teamkollege öffnete der Gegenseite ein Hintertürchen. In Geschäftsverhandlungen und Verkaufsgesprächen darf nicht ein Sprecher das gute Argument des eigenen Teammitgliedes zuschütten, weil er jetzt auch einmal dran ist oder weil sein Argument ja auch nicht schlecht ist.
- Welche prinzipielle Unterscheidung sahen Sie zwischen den ersten beiden Phasen und der dritten?
Die ersten beiden haben gemeinsam, dass sie im Grunde Talkshow-Charakter haben: Es muss keine Einigung erzielt werden. In der dritten Phase müssen die

Interessen der Gruppe geklärt werden. Ein Teilnehmer könnte Folgendes sagen: *„Wir haben einen Auftrag von der Regierung bekommen. Wenn wir in neun Minuten sagen, einige von uns seien dafür, einige dagegen, dann werden wir nie wieder gefragt und bekommen nie wieder einen Auftrag. Dann entscheiden die Politiker selber. Mein Vorschlag ist, einen gemeinsamen Nenner zu finden. Die ganze bisherige Debatte hat gezeigt, dass uns alle eins vereint: Wir wollen mit gesetzlichen Mitteln Menschenleben und Demokratie retten. Sie wissen, dass ich und meine Kollegen auf dieser Seite für den finalen Rettungsschuss gesprochen haben. Wäre es akzeptabel, wenn wir uns jetzt sofort darauf einigten, dass zum jetzigen Zeitpunkt auf den finalen Rettungsschuss verzichtet wird und unsere Empfehlung dahin geht, alle finanziellen und wissenschaftlichen Ressourcen in den Dienst der Entwicklung einer Waffe zu stellen, die den Terroristen ohne geringste zeitliche Verzögerung nicht tötet, aber handlungsunfähig macht?"*
Hier werden Positionen gegen Interessen getauscht. Es werden nicht die Gegensätze betont, sondern es wird nach Gemeinsamkeiten gesucht. Die Optionen werden erweitert. Es wird eine Lösung vorgeschlagen, bei der beide Parteien das Gesicht wahren. Und es wird schon die Möglichkeit zu einem weiteren Projekt mit Honorarvertrag ins Visier genommen.

Der Ausgangspunkt für diese Variante der Debating Society – auch Englische oder Amerikanische Debatte genannt – war der Disclaimer in a): nämlich das Eingeständnis, über kein rhetorisches Geschick zu verfügen, mit dem gerade daraus erwachsenden Anspruch, recht zu haben, denn der andere sähe ja nur oberflächlich betrachtet besser aus. Das ist die Argumentation der Schwachen und derjenigen, die zwar den ganzen Tag kommunizieren und mitreden wollen, aber meinen, aus kommunikativer Inkompetenz auch noch Vorteile für sich ableiten zu dürfen. Dann – mit Ironie ausgedrückt – viel Erfolg damit bei Geschäftsverhandlungen nach dieser Strategie: *„Unsere Produkte sind die besten. Ich kann Ihnen das leider nicht so gut erklären wie die Mitbewerber, aber gerade aus der Tatsache, dass die uns rhetorisch so überlegen sind, können Sie schließen, dass die es nötig haben und wir nicht."*

••• Die Mächtigen und die Meckerer oder: Meckern ist ein Spiel für Verlierer •••••••••••••••••••••

„Die anderen meckern. Ich übe Kritik." Das mag zutreffen, aber wenn alle Menschen das so sehen, dann haben wir ein logisches Problem. Lassen Sie uns daher unsere Standardfrage für mündliche Kommunikation in der für diesen Abschnitt relevanten Form stellen: *„Als wer meckere ich zu wem aus welchem Anlass mit welchem Ziel?"*
Meckern ist eine Bezeichnung für nicht sachorientierte und nicht objektiv formulierte negative Bewertung. Wenn der Anlass sich aus einer informellen Situation heraus ergibt, dann hat Meckern das Ziel – ähnlich wie Fluchen –, einmal richtig Dampf ablassen zu können. Das ist eine nützliche psychologische Funktion analog zum Räuspern und Naseputzen. Werd's los und damit genug. Da das Thema dieses

Buches mündliche Kommunikation und Persönlichkeitsentwicklung ist, sollen uns hier auch andere Motive des Meckerns interessieren.

Ich kann jederzeit verkünden, dass der Finanzminister keine Ahnung hat, dass die Steuern viel zu hoch sind und die Politiker bei jeder Entscheidung ja nur nach Wählerstimmen schielen und keine vernünftige Entscheidung treffen, die über eine Legislaturperiode hinausgeht. Ich brauche dabei nur sorgfältig darauf zu achten, zu **wem** ich das sage. Es sollten Ansprechpartner sein, die so unzufrieden sind wie ich und ebenfalls keine politische Verantwortung tragen. Denn diese Art von Meckern schöpft ihre Kraft aus der Konsequenzenlosigkeit. Als Meckerer dieses Typus bin ich mir meiner kuscheligen Nische bewusst, denn in meiner Eckkneipe sitzt nie die Bundeskanzlerin am Nachbartisch und wendet sich an mich mit den Worten: *„Herr Eckert, was für ein Glücksfall! Nach solchen Menschen wie Ihnen suchen wir. Wann haben Sie Zeit, im Kabinett das Ressort ‚Lösungen für alle Probleme' zu übernehmen?"*

„Es ist ein Jammer, dass die einzigen Leute, die wissen, wie man ein Land regiert, zu sehr damit beschäftigt sind, Taxi zu fahren und anderen die Haare zu schneiden." (George Burns)
(Sorry: Diese beiden Berufsgruppen müssen für dieses Zitat herhalten, weil wir uns während ihrer Berufstätigkeit mit ihnen unterhalten können, ohne sie bei der Arbeit zu stören, und weil wir daher mehr von ihren Meinungen erfahren als von anderen.)

Wenn jemand hingegen als Direktor eines Institutes lauthals verkündet: *„Ich begreife das nicht, warum ist in diesem blöden Betrieb noch niemand auf die Idee gekommen, die Arbeitsprozesse durch Vernetzung und Wissenstransfer zu optimieren?!"*, dann werden einige fragen und alle denken: *„Ich dachte, Sie tragen hier die Verantwortung."* Mit anderen Worten, Regierungschefs, Direktoren, Geschäftsführer und Vorstandsvorsitzende sollten nicht fortwährend über den Bereich meckern, für den sie selber die Verantwortung tragen. Sie dürfen anregen, motivieren, kritisieren, wenn ihre Anweisungen nicht umgesetzt werden, aber sie dürfen nicht meckern, so als wären sie in einer Beobachterrolle.

Warum meckern Menschen? Welchen Vorteil ziehen sie daraus? Wir hatten in dem Abschnitt über phatische Kommunikation (Kap. 3.2.3) erläutert, dass eine der Funktionen dieser Form der mündlichen Kommunikation darin besteht, Gemeinsamkeiten zu betonen. Wenn also im Altersheim ein 90-Jähriger sagt: *„Es wird alles teurer, auch die Medikamente; jetzt müssen wir sogar noch zehn Euro beim Arzt zahlen, dabei hab ich jahrelang in die Kassen gezahlt"*, dann ist die erwartete Reaktion darauf Zustimmung: *„Ja, mit uns können sie's ja machen."* Wenn jemand aus der Gruppe jetzt hinterfragt, auf welche Preisentwicklung sich der Kritiker stützt, inwieweit er die Forschungsinvestitionen der Pharmazie und der Medizin dabei berücksichtigt hätte und ob er die Preisentwicklung in Relation zu seiner Rente berechnet hätte, dann bricht er damit die kommunikativen Spielregeln. Denn der Grund zum Meckern lag u. U. lediglich darin, Gemeinsamkeiten einer Gruppe zu betonen, die einmal Verdienste gehabt hat, aber jetzt nicht mehr die Kraft besitzt, die Dinge selber zu lenken.

Viele Menschen sehen den Gewinn des Meckerns darin, sich selber aufzuwerten. Wenn jemand ständig über Kollegen, Dienstleister und Vereinskameraden meckert, dann erhebt er Anspruch auf eine Metaebene, eine höhere Warte der Erkenntnis als die anderen. Wenn man darauf antwortet: *„Das tut mir richtig Leid, dass Sie nur von Idioten umgeben sind. Wissen Sie, ich habe beruflich und privat mit hochinteressanten und anregenden Leuten zu tun"*, dann bricht man damit wieder die Regeln dieses Sprachspiels. Sprüche wie *„Eine gute Firma muss auch funktionieren, wenn der Chef mal da ist"* leben von der Unterstellung *„Wir Mitarbeiter wissen besser, was zu tun ist, als die Führungskräfte"*. Aber umgekehrt sollten sich auch Führungskräfte, die ständig über ihre Mitarbeiter klagen, Folgendes fragen: erstens, wer die eingestellt hat (das ist die Sachebene), und zweitens, warum sie gerade davon so viel reden (das ist die kommunikative Ebene).

Nun kann sich jeder Meckerer darauf zurückziehen, dass er sagt: *„Ich bin eben ein Mensch, der sagt, wie es ist."* Die nächsten Fragen, die sich jeder stellen muss, der Meckern zu seinem Sprachstil gemacht hat, sind: *„Aber warum sage ich jeden Tag ein Dutzend Mal, wie schlimm es ist? Und gibt es wirklich so wenig Positives zu berichten? Und warum erzähle ich nicht lieber von Lösungswegen? Und warum trage ich nicht selber mehr zu diesen Lösungen bei?"* Elmar Bartsch (1982) hat immer wieder darauf hingewiesen, dass es bei eigener Geringschätzung leichter ist, Schuldzuweisungen vorzunehmen.

Wir nehmen hier in die Kommunikationsspiele der Macht Aspekte auf, die wir in Kapitel 3 über Sprache und Persönlichkeitsentwicklung besprochen hatten. Auch da war unsere Frage nicht primär, ob die Gesprächspartner krank oder gesund sind, ob sie frieren oder ob es ihnen zu heiß oder regnerisch ist und ob sie darüber reden dürften bzw. nicht. Wir vertraten die Thesen, dass es (a) für die meisten Zuhörer interessantere Themen gibt als die Befindlichkeiten des Sprechers und dass (b) ständiges Klagen über nicht veränderbare Dinge persönlichkeitsprägend wirkt. Und mit Meckern als der bevorzugten Kommunikationsform über Staat, Betrieb, Verkehr und Dienstleistungen formuliert sich der Sprecher zu einem Beobachter seines bedauerlichen Lebens. Ständiges Reden über die eigenen Krankheiten muss nicht Ausdruck von Egozentrik sein, es macht egozentrisch. Ständiges Klagen macht klein, und ständiges Meckern über die Mächtigen macht machtlos, weil es den Zustand des leidend Beobachtenden konserviert. Drei Zitate aus der Literatur können helfen, sich dies zu vergegenwärtigen:

1. "Leonard Bilsiter was one of those people who have failed to find this world attractive or interesting." Saki (H. H. Munroe: "Leonard Bilsiter")
(„Leonard Bilsiter war einer von jenen Menschen, die darin versagt haben, diese Welt attraktiv oder interessant zu finden.")

2. «N' ayant jamais pu réussir dans le monde, il se vengeait par en médire.» (Zadig)

(„Da er nie Erfolg gehabt hatte in der Welt, rächte er sich an ihr, indem er schlecht von ihr sprach.")

Die Lehre, die man für Kommunikation daraus ziehen kann, ist, in dieser Welt zu leben – und sie nicht interessant zu finden und vor Ideen überzusprudeln, ist ein Versagen. Dieses Versagen durch Meckern zum bevorzugten Sprechmuster zu machen ist zur Solidarisierung unter Versagern verzeihlich, aber es verfestigt diese Rolle im Leben.

3. "Whether I shall turn out to be the hero of my own life, or whether that station will be held by anybody else, these pages must show." (Charles Dickens: „David Copperfield")
(„Ob ich letztendlich der Held meines eigenen Lebens sein werde, oder ob jemand anderes diese Stelle einnehmen wird, das muss sich auf diesen Seiten herausstellen.")

Aus dieser Sichtweise des David Copperfield betrachtet ist der Meckerer nicht der Held (im Sinne von „die Hauptperson") in seinem eigenen Leben, sondern nur der Zuschauer in einem jämmerlichen Theaterstück.

Es ist schwer, die Welt zu verändern oder die eigene Persönlichkeit nur über den Verstand zu entwickeln. Ein gangbarer Weg besteht aber darin, die Gesprächskultur in der eigenen Firma zu verändern. Wenn die Prinzipien verdeutlicht werden, dass Meckern ein Spiel für Verlierer ist und für Leute, die keine Verantwortung übernehmen wollen, dann ist Meckern diskreditiert. Und zwar auch in seiner Funktion, in der es das Gemeinschaftsgefühl der „Leonard Bilsiters dieser Welt" fördert.

4.4 Argumentieren macht klüger

„Du betrügst mich!" schreit der Ehemann. „Aber Schatz, das stimmt doch nicht." – „Doch, mit einem großen Blonden." – „Also das stimmt schon mal gar nicht." (Wären Sie als Ehemann jetzt beruhigt oder eher beunruhigt?)

Der Studienrat erklärt im Physikunterricht, wie das räumliche Sehen durch unsere zwei Augen zustande kommt, da unser Gehirn so den spitzeren Winkel der Blickrichtung unserer beiden Augen zu entfernteren Objekten berechnen kann. Aus didaktischen Gründen erzählt er die Geschichte von Odysseus und dem Zyklopen. *„Der Zyklop warf von der hohen Klippe Felsbrocken auf das Boot von Odysseus und seinen Mannen. Ein Zyklop ist ein Wesen, das nur ein Auge hat, also nicht sterisch sehen kann, und daher warf er immer zu weit oder zu kurz."* Da meldet sich ein Schüler und fragt: *„Aber sagen Sie, hatten Odysseus und seine Leute dem Zyklopen nicht vorher dieses eine Auge ausgestochen?"* – *„Oh ja"*, erwidert der Studienrat, *„das kommt freilich noch hinzu."*

Beide Witze beruhen auf Brüchen in der logischen Argumentation. Wenn Sie als Leserin bzw. Leser dadurch zumindest leicht amüsiert waren, können Sie logisch denken und brauchen keinen Kurs in Logik. In diesem Abschnitt geht es um Argumentationsmuster unter dem Aspekt der zwischenmenschlichen Beziehungen und der Persönlichkeitsentwicklung.

... Äquivokation ....

a) „Schönheit ist Wahrheit, Wahrheit Schönheit." (John Keats, 1795–1821)
b) „Gott ist Liebe."
c) „Wer lügt, der stiehlt."
d) (Wort-wörtliche Transkription des Gesprochenen:)
Struck: *Na es geht schon darum, dass wir ja eine wahnsinnige Aufholjagd gewonnen haben*
Ostermann: *und trotzdem verloren, Herr Struck!*
Struck: *Jaa aber ganz knapp doch nur, Herr Ostermann, es geht doch darum, Herr Koch hat ist von den Wählern deutlich abgestraft worden, er hat über 12 % verloren, wir haben über 8 % gewonnen, die Menschen wollten wollen Herrn Koch nicht mehr ...*
(Struck in einem Interview mit dem Journalisten Ostermann im dradio zur Hessen-Wahl 2008)

Was haben die Beispiele a) bis d) gemeinsam? In allen Beispielen werden zwei sprachliche Formen unterschiedlicher Bedeutung gleichgesetzt. In mathematischen Gleichungen stehen auf beiden Seiten des Gleichheitszeichens identische Werte, und sie sind in beide Richtungen lesbar. Inwieweit trifft das für die Gleichsetzung von Wörtern zu? In literarischen Gattungen werden Gleichsetzungen als ein häufiges und wirkungsvolles Stilmittel eingesetzt. Keats in a) legt Wert darauf, dass seine Gleichung in beide Richtungen lesbar ist, aber uns ist natürlich bewusst, dass „Wahrheit" und „Schönheit" nicht dieselbe Bedeutung haben. Und bei b) bereitet es uns schon Schwierigkeiten, die Gleichsetzung auch in der umgekehrten Richtung zu akzeptieren: Wenn Gott Liebe ist, ist dann Liebe auch immer Gott? Bei c) handelt es sich um ein deutsches Sprichwort, das ausdrücken soll: „*Sei vor unehrlichen Leuten auf der Hut, denn wer weiß, wo sie die Grenze ziehen.*" Solche Gleichsetzungen wie in c) sind nie mathematischer Art, d. h. „*lügen*" und „*stehlen*" haben zwar die gemeinsame Bedeutungskomponente „unehrlich", aber sie sind nicht deckungsgleich. Wir könnten uns bei jedem weiteren Schritt ein ganz klein wenig steigern:

e) „*Wer schwindelt, der lügt auch, und wer lügt, der stiehlt auch, und wer stiehlt, der tötet auch, wer tötet, der mordet auch.*"

Verkürzt klingt das schon nicht mehr so plausibel:

f) „*Wer schwindelt, der mordet auch.*"

Strucks Interview (d) liefert uns gleich drei Beispiele für Gleichsetzungen. Stellen Sie sich vor, Sie hätten in der betreffenden Landtagswahl die CDU gewählt, die dort als Partei mit den meisten Stimmen abgeschnitten hat, und Ihnen wird nun mitgeteilt: *„Herr Koch ... ist von den Wählern deutlich abgestraft worden."* Fühlen Sie sich angesprochen? Werden Sie noch zu den Wählern gezählt? In einem semantischen Spiel werden diejenigen Wähler, die im ersten Durchgang Koch gewählt hatten, im zweiten Durchgang aber nicht mehr, gleichgesetzt mit „den Wählern im Allgemeinen", was natürlich einen völlig anderen und wesentlich weitreichenderen Anspruch erhebt. An anderer Stelle des Interviews wird von der Regierungsverantwortung für die SPD gesprochen, die abgeleitet wird aus der Aufholjagd. Das heißt, *„wir haben 8% gewonnen"* wird gleichgesetzt mit „wir haben gewonnen". Und da Struck nun schon einmal den semantischen Fuß in der Tür hat, setzt er noch einen drauf und behauptet ungeachtet der 36,8 % der Wähler, die für Koch gestimmt haben: *„...die Menschen wollen Koch nicht mehr".* Das heißt, „diejenigen Menschen, die Koch nicht gewählt haben" wird gleichgesetzt mit *„die Menschen"*.

Wenn man beim Argumentieren einen Begriff einmal in der einen Bedeutung, einmal in der anderen benutzt, dann nennt man das **Äquivokation** (Kahane 1995, 70). Wie wir in Kapitel 2 gesehen hatten, kann man „sparen" einmal im Sinne „von Geld zurücklegen" benutzen und einmal in der Bedeutung „Geld ausgeben, aber weniger als ursprünglich gefordert"; *„gewinnen"* verwendet man einmal im Sinne von „Stimmen gewinnen", was auch dann zutrifft, wenn man von 1 % auf nur 2 % zulegt, und zum anderen im Sinne von „siegen". In unserem Beispiel wird *„Wähler"* zuerst als „unsere Wähler", dann als „alle Wähler" benutzt, und analog dazu *„Menschen"* erst als „die Menschen, die zu unserer Partei übergegangen sind" und dann als „alle Menschen", und „Stimmen gewinnen" wird gleichgesetzt mit *„gewinnen"*.

Welche Bedeutung messen wir hier diesen logischen Taschenspielertricks unter dem Aspekt von Kommunikation und Persönlichkeitsentwicklung zu? Die Würde des Menschen ist unantastbar, und das sollte auch für die intellektuelle Würde gelten. Wir sollten uns nicht für dumm verkaufen lassen.

Stellen Sie sich vor, bei einer Powerpoint-Präsentation benutzt der Vortragende ein Tortendiagramm, um zu veranschaulichen, wie groß der prozentuale Anteil an der gesamten Energieerzeugung des Landes ist durch Windkraft, Atomkraftwerke, Kohlekraftwerke, Solarzellen etc. Während des Vortrages macht ihn jemand aus dem Auditorium darauf aufmerksam, dass sich die Prozentzahlen in dem Diagramm zu über 100 addieren. Der Vortragende zögert kurz und sagt dann ernst: *„Sie haben recht, das ist aber kein Problem, ich mache den Kreis des Diagramms etwas größer, dann passt das schon. Noch Fragen?"* Hätten Sie Lust, sich von diesem Experten weiter belehren zu lassen?

Ein anderes Beispiel: In Abbildung 4.8 ist die Überschrift eines Artikels aus einer österreichischen Tageszeitung, und zwar der Zeitung „Österreich" zu sehen. Immer wenn die Meinung der Zeitung in Leitartikeln und anderen Kolumnen

WOLFGANG FELLNER

Das sagt Österreich

Es ist gut, dass ein Minister die Dinge beim Namen nennt

Kein Mensch in diesem Land will Neuwahlen – und kaum einer glaubt, dass wir nach einer Neuwahl eine bessere Regierung hätten ...

Abb. 4.8: „Das sagt Österreich" (Österreich, 30.6.07, S. 3)

wiedergegeben wird, dann steht in dieser Zeitung „Das denkt Österreich" oder „Das denkt sich Österreich heute". Hier liegt ein Fall von Äquivokation vor. Das Wort „Österreich" wird einmal zur Bezeichnung für das Land und seine Bürger verwendet und zum anderen für die Tageszeitung. Dabei wird bewusst auf die übliche Konvention verzichtet, den Namen der Zeitung typografisch als solchen zu kennzeichnen, z.B. durch eine andere Schriftart oder durch Anführungsstriche. Ich muss also ständig gegen das andenken, was da geschrieben steht, denn das ist nicht die Meinung des österreichischen Volkes, sondern die der Redakteure der Zeitung „Österreich". Wenn eine Zeitung meint, mich so „kaufen" zu können, dann bin ich es meiner intellektuellen Würde schuldig, diese Zeitung nicht zu kaufen.

Um sich gegen die Versuche anderer zu wehren, unser Denken durch Sprache in die Irre zu führen, ist gedankliches Werkzeug nützlich. Wenn man die hier beschriebenen Phänomene wie in den Beispielen a) bis e) erkannt hat und sich die Bezeichnung „Äquivokation" als gedanklichen Aufhänger dafür gemerkt hat, dann kann man dieses Argumentationsmuster besser abspeichern und wird nicht mehr sein Opfer.

• • • Das Sichwidersprechen ist der Widerspruch in dir • • •

Testen Sie sich bitte an folgendem Text, der die Ankündigung zu einem der Kinofilme von „Star Trek" war und in dem uns erklärt wird, wer Data ist:

„Ein menschlicher Androide, der so hochentwickelt ist, dass er als vernunftbegabte Lebensform betrachtet wird. Data ist zu seinem eigenen Bedauern zu keinerlei Emotionen fähig, und er versteht die menschlichen Witze nicht."

Mir geht es hier ähnlich wie Data. Soll das jetzt ein menschlicher Witz sein? *„…zu seinem eigenen Bedauern"* bezieht sich auf eine von Datas Emotionen, zu denen er angeblich nicht fähig ist. Wenn man ihm das erklärt, müsste er glücklich sein über die Tatsache, dass er traurig sein kann. Alles klar? Wenn das der Witz ist, habe ich ihn verstanden, ansonsten ist die Filmankündigung einfach nur unlogisch, weil sie ein Widerspruch in sich selbst ist. Eine besondere Form des Widerspruchs in sich selbst ist der rhetorische Selbstwiderspruch, d. h. die Äußerung selber steht im Widerspruch zu dem, was sie aussagt:

....

Biolek in einem Zeitungsinterview: *„Ich sage grundsätzlich nie etwas über Kollegen. Ich finde es bescheuert, wie Rudi Carrell immer Noten auszuteilen."*

„Die Asylantenfrage ist ein zu ernstes Thema, als dass sie zu Wahlkampfzwecken missbraucht werden sollte. Und genau das werfe ich der Opposition vor, die hier auf Wählerstimmen schielt, anstatt wie wir eine verantwortungsbewusste Ausländerpolitik zu verfolgen."

A.O. Meyer in seinem Werk „Bismarck": „Er hat vielmehr denen, die ihre Ideale draußen suchen, eins zur Richtschnur empfohlen, was den Engländer und den Franzosen auszeichne: ‚das stolze Gefühl der Nationalehre, welches sich nicht so leicht und so häufig dazu hergiebt, nachahmenswerte Vorbilder im Auslande zu suchen, wie es hier bei uns geschieht!'"

„Was ist das für eine Schlamperei! Ich kann mir den Mund fusselig reden, aber die Bestände werden immer falsch eingeordnet. Aber ich reg mich darüber nicht mehr auf. **Ich nicht!***"*

....☺..

Paulus schrieb den Irokesen: *„Euch schreib ich nichts, lernt erst mal lesen."*

Zwei Freunde treffen sich, die sich seit der Schulzeit kennen und danach selbstständige Geschäftsmänner in ähnlichen Branchen geworden sind. Der eine immens erfolgreich, der andere immer kurz vor dem Bankerott. Dieser fragt nun seinen Freund: *„Wir kennen uns doch nun schon so lange. Verrate mir doch bitte dein Erfolgsrezept."* Der andere denkt lange nach und sagt dann: *„Letztlich kommt es nur auf eins an, was für die Kundenbindung entscheidend ist: Deine Aufrichtigkeit, deine absolute Lauterkeit und Authentizität. Wenn du das vortäuschen kannst, bist du ein gemachter Mann."*

Das dormitive Prinzip

Diese Bezeichnung geht auf die Szene einer Komödie von Molière zurück, in der ein Examenskandidat aufgefordert wird, Ursache und Begründung darzulegen, warum Opium eine einschläfernde Wirkung hat. Er begründet das wie folgt: *"Weil ihm ein dormitives Prinzip innewohnt."* Da „dormitiv" „einschläfernd" heißt, ist hier nichts begründet, sondern nur benannt. Wenn man aber mit „weil" oder „das liegt daran, dass" beginnt und anschließend einen Fachausdruck benutzt, dann ist es zwar immer noch lediglich eine Benennung, eine Etikettierung, aber es hat den Anschein einer Begründung. Seit Bateson (1972) wird dieses Argumentationsmuster das **dormitive Prinzip** genannt – eine geschickt ausgewählte Bezeichnung, da das mit ihm benannte Scheinargumentieren das Denken einschläfert.

a) Frage: *"Wie kommt es, dass ein Wassertropfen an der Fensterscheibe oben haften bleibt und nicht der Schwerkraft folgend herunterfällt?"*
Antwort: *"Das liegt an der Adhäsion."*

Adhäsion ist abgeleitet vom Lateinischen „adhaerere", was „haften an" bedeutet. Den Satz in a) kann man paraphrasieren als: *"Warum haftet der Wassertropfen an der Fensterscheibe?"* – *"Weil er an der Fensterscheibe haften bleibt/Weil ihm ein Anhaftungsprinzip innewohnt."*

b) Frage: *"Herr Minister, wie erklären Sie sich, dass Ihre Partei im Vergleich zur vorigen Wahl deutlich weniger Stimmen erzielt hat?"*
Antwort: *"Ja schaun Sie, das ist natürlich in der Wählerfluktuation begründet."*

c) Frage an den Trainer: *"Wie erklären Sie sich, dass nach Ihrer 2:0-Führung das Spiel noch 2:2 ausgehen konnte?"*
Antwort: *"Na gut, wir haben erst einmal zwei Tore vorgelegt, und dann konnte der Gegner nach dem Anschlusstreffer auch noch den Ausgleich erzielen."*

Die intellektuelle Würde sollte uns und jedem Journalisten verbieten, mit einem artigen *"Danke für das Gespräch"* zu enden. Es wäre schön, wenn unter dem Gelächter des ganzen Publikums gesagt werden könnte: *"Das ist ein wirklich lustiges Beispiel für das dormitive Prinzip, das wir ja alle aus unserem Rhetorikunterricht in der Schule kennen."*

Warum spielen die Argumentationsmuster der mündlichen Kommunikation eine so bedeutende Rolle für die Identität? Wir hatten in dem Kapitel „Sprache und Denken" sowie in „Sprache und Persönlichkeitsentwicklung" darauf hingewiesen, dass die Nominalisierungsfalle oft zuschlägt, weil man meint, wenn es ein Nomen (oder auch: Substantiv, also ein Hauptwort) für eine Handlung gibt, dann müsse es auch das entsprechende Symptom geben, also in den Fällen von Kapitel 3 den entsprechenden Charakterzug bzw. die Persönlichkeitseigenschaft. Wie eng Argumentationsmuster mit Persönlichkeitsentwicklung verbunden sind, mag folgendes Beispiel veranschaulichen:

„Fünf-vier hatte ich gesagt, nicht vier-fünf. Interessant, Sie sind also ein Zahlenverdreher."

Woraus schließt der Sprecher, dass es sich um einen Zahlenverdreher handelt? Aus der Tatsache, dass er die Zahlen verdreht hat. Dieses Beispiel ist eine grundsätzlich andere Aussage als

„Moment, Sie haben die beiden letzten Ziffern vertauscht: Fünf-vier ist richtig."

Es kommen hier etliche Aspekte des Argumentierens zusammen, die äußerst negative Folgen haben können, wenn man sich nicht über den Prozess der Folgerungen und Formulierungen klar ist.

1. **Induktion** bezeichnet die Schlussfolgerung von Einzelfällen auf das Allgemeine. Um eine solche Schlussfolgerung zu rechtfertigen, braucht man Evidenz, also viele Beispiele, die eine Hypothese bestätigen. Einmal zwei Ziffern verdrehen reicht nicht aus zu der Diagnose *„Zahlenverdreher"*. Außerdem muss ich prüfen, ob die betreffende Person keine Zahlen verdreht, wenn sie ausgeschlafen ist, wenn ihr die Telefonnummer wichtig ist etc.
2. Solche vorschnellen Zuschreibungen suggerieren dem Angesprochenen, er sei so – analog zu *„Sie sind deutscher Muttersprachler"*. Ein solcher Sprachgebrauch begünstigt Fossilierung bzw. Stagnation und hemmt Persönlichkeitsentwicklung.
3. Es kommt oft zu unheiligen Allianzen. Wenn an einer Schule 45 % der Kinder als Legastheniker diagnostiziert werden (statt der 5 % Landesdurchschnitt), dann können sich Lehrer, Eltern und die betroffenen Kinder es sehr zugute halten, wenn Ergebnisse herauskommen, die bei Nicht-Legasthenikern zu einer Vier Minus geführt hätten. Es wird nicht behauptet, es gibt keine Legastheniker, sondern es wird gesagt, dass ein großer Unterschied besteht zwischen *„Das schreibt man besser so"* und *„Du bist Legastheniker"*.

Nachdem wir uns mit gleichbedeutenden Sätzen beschäftigt haben, die in der Maske einer Begründung daherkommen, wollen wir uns nun den Gründen in Argumentationsmustern zuwenden.

••••• Gründe, Beweggründe, Vorwände, Ausreden •••••

"Stephen: What have you got against having children?
Simon: Well Steve, in the first place there isn't enough room. In the second place they seem to start by mucking up their parents' lives, and then go on in the third place to muck up their own. In the fourth place it doesn't seem right to bring them into a world like this in the fifth place and in the sixth place I don't like them very much in the first place. O.K.?" (Simon Gray: „Otherwise Engaged", Act II)
(„Stephen: Warum möchtest du denn keine Kinder bekommen?

Simon: Ja weißt du, Stephen, in allererster Linie, weil einfach nicht genug Platz da ist. Und zweitens, weil sie gleich von Anfang an das Leben ihrer Eltern völlig zu versauen scheinen, und drittens, weil sie anschließend ihr eigenes versauen. Und viertens scheint es mir nicht richtig zu sein, Kinder in diese Welt zu setzen, fünftens, in ihrem jetzigen Zustand, und sechstens, weil ich in allererster Linie Kinder im Grunde eigentlich gar nicht mag.")

Wann argumentieren und wann handeln angemessen ist, wird von vielen Menschen zu spät erkannt.

Wenn wir angefangen hätten, Simon seine ersten fünf Gründe auszureden (wobei der fünfte nur ein Trittbrettfahrer des vierten ist), indem wir angeführt hätten, in seiner Nachbarschaft würde gerade ein Haus mit wahnsinnig viel Platz und billiger als sein eigenes angeboten, dass er selber und seine Eltern doch ein wunderbares Gegenbeispiel für seinen Pessimismus seien, dass unsere Generation länger Frieden gehabt hätte als fast jede andere und vieles mehr, so wären wir doch an seinem sechsten Punkt gescheitert. Wir hätten u. U. einen ganzen Abend diskutiert, ehe wir begriffen hätten, dass zwischen den ersten fünf Punkten und dem sechsten ein prinzipieller Unterschied besteht: der zwischen **Gründen** und **Beweggründen**.

> *Definition*
> **Beweggründe** sind jene Begründungen, die Konsequenzen haben und einen Unterschied in Handlungsweisen und Überzeugungen machen. Der lateinische Fachausdruck ist **causa sine qua non**, d.h.: ein Grund, ohne den es nicht geht. Analog dazu ist die **conditio sine qua non** eine Bedingung, die unbedingt erfüllt sein muss.

Der Philosph Hume sagte: „Der Verstand ist der Sklave unserer Leidenschaften, und das soll er auch sein." Arthur Herman (2002, 169 f) erklärt dazu, dass alles, was wir wollen, von unseren Emotionen und Leidenschaften bestimmt wird, wie Wut, Begierde, Freude etc., und paradoxerweise auch von dem Wunsch bestimmt wird, unser Leben nach rationalen Prinzipien zu führen.

Das scheint eines unserer Motive für das Anführen von Argumenten, Gründen, Vorwänden und Ausreden zu sein. Mit anderen Worten, sehr oft wollen wir etwas und sammeln anschließend rationale Begründungen dafür, weswegen dieser psychologische Prozess **Rationalisieren** genannt wird. Wir zahlen für dieses Paradoxon der rationalen Begründung von Entscheidungen, die weit zuvor ohne diese Gründe getroffen wurden, einen hohen Preis an zeitlichem, geistigem und finanziellem Aufwand.

....

Nehmen wir als Beispiel eine Sitzung, an der zwölf hochqualifizierte und gut bezahlte Kräfte teilnehmen. Jemand stellt in dieser Sitzung einen Antrag, für den er sechs Gründe ins Feld führt. Fünf der Argumente, die er anführt, sind keine Beweggründe, d. h. nach einstündiger Diskussion, in der diese fünf Argumente entkräftet werden, zieht er seinen Antrag dennoch nicht zurück. Dann sind in dieser Sitzung zwölf Arbeitsstunden vergeudet. Zwölf Mitarbeiter sind eine Stunde lang aus dem Arbeitsprozess gezogen worden.

Diese Argumentationsmuster sind sehr häufig zu beobachten, ohne dass es den so Argumentierenden peinlich ist:

A: *Ich geh nicht mehr ins Stadttheater, weil die so eine Fekaliensprache haben und andauernd „Scheiße" sagen.*
B: *Ändern die denn auch die Texte der Klassiker?*
A: *Nee, das nun nicht, aber trotzdem, ich geh da nicht mehr hin.*

In der berühmten Hessen-Wahl von 2009, die Stoff für viele Forschungsprojekte in Rhetorik bot, behauptete ein Spitzenpolitiker in der Wahlnacht, seine Partei hätte vom Wähler den Auftrag, die Regierung zu bilden. Er begründete das damit, dass seine Partei die meisten Stimmen hätte. Als sich die Mehrheit im Laufe der Wahlnacht durch weitere, spät eingegangene Ergebnisse umkehrte, änderte er nicht seine Meinung, sondern nur seine Begründung: Es sei schließlich der größere prozentuale Stimmenzuwachs, der zur Regierungsbildung entscheidend sei.

Der Springer (auch „Rössel" genannt) im Schachspiel ist die einzige Figur, die beim Ziehen nicht auf dem Brett bleiben muss. Der Springer darf – wie sein Name sagt – springen. Er darf sich über andere hinwegsetzen. Daher ist „Rösselsprung-Argumentieren" eine angemessene Bezeichnung für die oben angeführte Argumentation, in der der Gesprächspartner sich über unsere Argumente hinwegsetzen und in jede Richtung springen darf, auch nach hinten, hinter seine erste Begründung zurück. Eine Variante der Rösselsprung-Argumentation sind endlose Gegenfragen:

A: *Hast du Lust, mit ins Kino zu kommen? Es gibt „Laternen in der Nacht" im Odeon.*
B: *Kann man da gut parken?*
A: *Ja, kein Problem.*

B: *Gibt's den Donnerstag auch noch?*
A: *Nein. Heute letzte Vorstellung.*
B: *Sind die Sitze da bequem?*

Spätestens jetzt muss geklärt werden, ob Bs Entschluss, nicht mit ins Kino zu kommen, schon längst feststeht und seine Gegengründe in Form von Fragen kommen. Diese Strategie beruht auf folgender Erkenntnis:

> „Wer will findet Wege. Wer nicht will, findet Gründe." (Andreas Kambach)

Es ist daher wichtig, die Gesprächskultur in Betrieben und Institutionen zu pflegen. Die Grundsätze dazu sollten nicht während der heftigen Diskussion über einen bestimmten Antrag erörtert werden, sondern außerhalb des täglichen Arbeitsablaufes besprochen und – das ist wichtig – vereinbart werden. Dazu gehört z. B., dass es legitim ist, folgende Fragen zu stellen:

- „Wenn wir dieses Problem lösen könnten, würde das dazu führen, dass Sie Ihre Meinung ändern?"
- „Wenn wir dieses Argument entkräften könnten, würden Sie dann Ihren Antrag zurückziehen?"

••• Glaubwürdigkeit durch Pessimierung der Motive •••

Dieses Buch beschäftigt sich nicht primär mit der Logik des Argumentierens, sondern mit den Figuren des logischen Argumentierens unter dem besonderen Aspekt der Persönlichkeit und ihrer Entwicklung. In dem vorigen Abschnitt beschäftigten wir uns mit der Technik des Anführens von Gründen, die keine Beweggründe sind. Um dies zu verstehen, darf man nicht allein von Argumentationsfiguren ausgehen (denn die unterscheiden nicht zwischen Gründen und Beweggründen), sondern man muss Techniken entwickeln, die die Motive hinter den Begründungen entdecken helfen, und zwar sowohl beim Gesprächspartner als auch bei sich selber.

In diesem Abschnitt werden Beispiele für die Interpretation von Begründungen unter Einbeziehung von Charaktereigenschaften gegeben. Lesen Sie unter diesem Aspekt bitte die folgende Geschichte:

Ein Angestellter erhält in einem Monat 100 Euro zu viel an Gehalt auf sein Konto überwiesen. Er meldet das nicht und gibt das Geld aus. Im nächsten Monat bekommt er 100 Euro zu wenig an Gehalt auf sein Konto überwiesen. Er meldet das mit einer Beschwerde an die Buchhaltung. Diese führt daraufhin ein große Revision durch und bemerkt neben dem Fehler vom Oktober auch den vom September.

Sie fordert den Angestellten nun auf, Stellung zu nehmen, warum er die Überzahlung nicht auch gemeldet habe. In seinem Antwortschreiben begründet er dies wie folgt: Wenn einmal ein Fehler passiere, dann wäre er der Letzte, der dafür nicht Verständnis hätte. Wenn sich das aber wiederhole, dann müsse man der einreißenden Schlamperei einen Riegel vorschieben.

Warum finden wir diese Geschichte belustigend? Natürlich weil der Eigennutz des Angestellten uns als Begründung viel plausibler und überzeugender erscheint als sein hehres Bemühen um die Verbesserung der Welt, in der wir leben. Diese Geschichte kann man als Witz erzählen, und sie wird immer beschmunzelt. Erzählt man dieselbe Geschichte, verdreht aber die Reihenfolge der Buchhaltungsfehler, d. h. der Angestellte bekommt im September zu wenig und im Oktober zu viel und meldet erst diesen zweiten Fehler, dann ist es kein Witz mehr, sondern eine Lehrgeschichte, in der das Verhalten des Angestellten und seine Begründung als kongruent angesehen werden.

Die Geschichte ist ein Beispiel für Unglaubwürdigkeit durch angemaßte Optimierung der Motive. Im Umkehrschluss gilt: Glaubwürdigkeit wird verstärkt durch Pessimierung der Motive.

Schreiben die Lehrer in einem Fragebogen des Ministeriums zur Erfassung der Lehrsituation, sie bilden sich regelmäßig privat fort und hätten im Jahr nie mehr als maximal zwei Wochen Urlaub, dann mag das stimmen oder auch nicht. Die meisten nicht im Lehrberuf Tätigen werden ihre Zweifel an dem Resultat dieser Fragebogenaktion deutlich zum Ausdruck bringen. Schreiben die Lehrer hingegen, zur Lehrerfortbildung kämen sie nicht und 12 Wochen Urlaub im Jahr hätten sie durchaus, so hält man das schon eher für glaubwürdig, und zwar auch dann, wenn man weder für das eine noch für das andere Resultat eine empirische Grundlage hat: Das ist Glaubwürdigkeit aufgrund Pessimierung von Begründungen durch den Begründer.

....

In jedem billigen Kriminalroman versucht der Verbrecher davon zu profitieren: *"Ich habe durch den Tod meines Chefs doch nur Nachteile, Herr Kommissar!"* Und in anspruchsvollen Detektivromanen sagt der Verdächtige: *"Ich will kein Hehl daraus machen, Herr Kommissar, ich habe die Ermordete nie gemocht"*, weil wir Leser daraus schließen sollen, dass er nicht der Mörder ist, denn *„das würde er doch nie zugeben, wenn er etwas zu verbergen hätte"*.

Ein Politiker: *Wir werden die Mehrwertsteuer senken, weil dann unsere Produkte in der Dritten Welt preiswerter werden und wir somit einen Beitrag gegen globale Armut und für den Weltfrieden leisten.*
Parteimitglied: *Senkung der Mehrwertsteuer, um die globalen Friedensaussichten zu erhöhen??*
Politiker: *Und übrigens, unsere demoskopischen Institute haben herausgefunden, dass uns das Wählerstimmen einbringt.*
Parteimitglied: *Ah, alles klar, jetzt hab ich's verstanden.*

Ein 64-Jähriger fordert, dass der Staat mehr zur Sicherung der Pensions- und Rentenansprüche unternimmt. Alle werden das für eine durch sein Alter und sein Eigeninteresse begründete Forderung halten. Sie werden meinen, er hätte zuerst die Forderung aufgestellt und anschließend Gründe dafür gesammelt. Sie werden das auch dann noch meinen, wenn er zum Wohle des Staates argumentiert und versichert, es ginge ihm nicht um seine eigene Pension, sondern vielmehr darum, durch solche Anreize die Arbeitsmoral über die gesamte Lebensarbeitszeit aufrechtzuerhalten.

Wir haben es hier (a) mit einem psychologischen und (b) einem argumentativen Phänomen zu tun:

(a) Vermutlich hat der 64-Jährige angesichts seiner eigenen, unmittelbar bevorstehenden Pensionierung tatsächlich zuerst den Wunsch auf Sicherheit gehabt und dann Gründe gesucht.
(b) Sein Eigeninteresse entkräftet aber nicht automatisch seine Gründe.

Für den Empfänger der Nachricht ist eine gewisse Skepsis gegenüber edlen Motiven angebracht; zumindest sollten diese Motive hinterfragt werden. Wie kann man das Prinzip der Glaubwürdigkeit durch Pessimierung der Motive nutzbringend anwenden? Für den Sprecher ergibt sich daraus Folgendes:

....

Einem Käufer stehen drei Ausführungen eines Gerätes in drei Preisklassen zur Auswahl. Der Verkäufer hat Grund zu der Annahme, dass der Kunde sich für den billigsten Rasenmäher entscheiden wird. Er sagt daher: „Ich rate Ihnen zu der mittleren Ausführung. Natürlich verkaufe ich Ihnen gerne auch den teureren, da verdiene ich mehr (der Kunde denkt: „Das glaube ich gerne. Ehrlich ist er." Von nun an geht der Verkäufer nach der Glaubwürdigkeit durch Pessimierung seiner Motive zur Perspektive des Kunden über), *aber für Ihre Zwecke ist das preiswertere besser geeignet. Ich hatte Sie ja nach der Größe Ihres Gartens gefragt. Bei dem Gerät da müssten Sie 22 Bahnen mehr mähen als bei diesem, d. h. der Verschleiß wäre größer. Sie tun sich, Ihrer Familie und den Nachbarn einen großen Gefallen, wenn Sie pro Schnitt eine Stunde Zeit sparen. Ich möchte ja, dass Sie an unseren Produkten lange Freude haben, denn* (und jetzt schließt er den Bogen zurück zur Glaubwürdigkeit) *denn wir legen großen Wert auf Kundenbindung."*

Das Harvard-Modell empfiehlt, die Sachebene von der Personenebene zu trennen. Das ist ein guter Grundsatz, aber er hat seine Grenzen, denn er ist monosystemisch gedacht. Nehmen wir folgendes Beispiel:

....

Ein Sohn begründet seinem Vater, warum er die weiter entfernt liegende Universität in einer Stadt mit höheren Mieten für sein Studium erwählt hätte: „Ich habe mich im Internet und auch an den Hochschulen selber informiert und bin zu dem Schluss gekommen, dass die XY-Universität von Lehre, Forschung und Ausstattung her den anderen in meinem Fach überlegen ist. Ach so ja, und übrigens, meine Freundin hat da einen Studienplatz bekommen." Um zu entscheiden, welcher der beiden Aspekte der eigentliche Beweggrund war, wird der Vater selbstverständlich auch die Enge der persönlichen Beziehung seines Sohnes zu dessen Freundin einbeziehen. Und er wird sich auch Gedanken darüber machen, ob sein Sohn ihn für einen Vater hält, der nur dann einen höheren monatlichen Betrag überweist, wenn es rein akademische Gründe gibt.

Welchen Nutzen der polysystemische Ansatz bringt, soll noch einmal am Thema der Terminvereinbarungen illustriert werden. Wir waren in Kapitel 3.1 auf die Kommunikation der Terminvereinbarung eingegangen unter dem Aspekt der Persönlichkeitsentwicklung. Lassen Sie uns das Phänomen wieder aufgreifen und hier ergänzen durch die Betrachtung verschiedener Ebenen.

1) Die sachlich-organisatorische Ebene: Sachlich betrachtet scheint das kein Problem zu sein. Alle Beteiligten holen ihre Kalender heraus, eliminieren alle Termine, an denen einer nicht kann, und einigen sich dann auf den Tag, an dem alle können.

2) Die argumentative Ebene: Nun sind aber nicht allen alle anderen Vorhaben gleich wichtig. Wenn jetzt einer der Verhandelnden den Grund seiner Verhinderung angibt, passiert es oft, dass sich alle anderen gegen ihn zusammenrotten. Gibt er z. B. an: *„Montags ist immer mein Sportabend"*, dann können die anderen sagen, das sei ja löblich, aber hier ginge es um eine dringende dienstliche Besprechung und da müsste er eben andere Prioritäten setzen. Der Betroffene erinnert nun daran, dass die anderen doch immer von der Wichtigkeit der Gesundheit und Schaffenskraft, von der Work-Life-Balance gesprochen hätten, aber die anderen parieren das, indem sie darauf hinweisen, wie sehr sie zu diesen Prinzipien stehen, aber es drehe sich ja nur um dieses eine Mal. Sie vereint nur eins: Sie möchten den Montag als Termin durchsetzen, weil er für sie kein Opfer ist, und aus diesem Grunde erklären sie den Sportabend, oder was immer es ist, für weniger wichtig. Daher haben sich viele Menschen angewöhnt, bei Terminabsprachen nie den Grund für die Verhinderung anzugeben. Am geeignetsten für die Strategie ist der Satz: *„Montag geht nicht"* mit fallender Intonation. Das klingt objektiv, fast wie Sachzwang und lädt nicht zum Verhandeln ein. Auf einen solchen Satz kann man eben nicht antworten: *„Können Sie das nicht verschieben?"*

3) Die Ebene der Manieren, der Etikette, des Anstandes: Wenn jemand sagt: *„Ich lade Sie am Montag zu unserer Vortragsveranstaltung ‚Alte Straßenpflaster in Ostpreußen' ein"*, so sagt man natürlich nicht: *„Also dafür habe ich nun wirklich keine Zeit"*. Man kaschiert seine Prioritäten durch die abgekürzte Form: *„Ich habe keine Zeit."*

4) Die Ebene der eigenen Sprech- und Denkmuster: Wir neigen dazu, standardisierte Kurzformen nicht mehr als Verkürzungen zu realisieren. Wenn ich mir das Sprechmuster *„Ich habe keine Zeit"* angewöhne, dann formuliere ich mich zu einem Menschen, der keine Alternativen hat, der nicht Herr über seine eigene Zeit ist. Dem Gesprächspartner aber immer die eigene Prioritätenliste aufzudrängen verbietet in der Regel der Anstand. Wie komme ich aus diesem Dilemma heraus? Indem ich polysystemisch vorgehe. Ich benutze in dem einen System *„Da habe ich keine Zeit"* als Kurzformulierung, welche die Gefühle des Gesprächspartners dadurch schont. Aber in dem System meiner inneren Sprache benutze ich stets: *„Ich will keine Zeit haben für XY, denn da langweile ich mich / denn das bringt mir keinen Nutzen etc."* Wenn ich mir dieses innere Sprechmuster zur Gewohnheit mache: *„Will ich mir Zeit nehmen für XY?"*, anstatt meinen Kalender zu befragen, dann formuliere ich mich als Herren über meine eigene Zeit.

Schlusswort

Der Kurzbericht eines meiner Forschungsprojekte soll mögliche Konsequenzen aus der Veränderung des kommunikativen Verhaltens veranschaulichen:

....

Es wurden Studentinnen für das Lehramt ausgewählt, die alle überdurchschnittlich viele Weichmacher verwendeten, und zwar besonders häufig in Stresssituationen. Alle benutzten im Unterricht verbale Weichmacher, wie *„jetzt bin ich aber schon eigentlich ‚n bisschen enttäuscht"*; Konjunktive: *„Ihr könntet jetzt vielleicht alle mal ein bisschen leiser sein."*; *„Ich würd mich freuen, wenn ihr jetzt mal alles vom Tisch nehmen würdet"*; und auch vokale (stimmliche) Weichmacher, wie z. B. das Sprechen über der mittleren Sprechstimmlage, häufige Lippenrundung: *„Nöö, also würklüch, Künder, nun nöhmt mal das Spülzeug runter"*, und viele Sprechlacher. Die Praktikantinnen wurden ohne ihr Wissen zur Beobachtung ausgewählt. Danach wurden sie befragt, ob sie bereit wären, an der Beseitigung dieser Weichmacher zu arbeiten.
Einundzwanzig von ihnen, die diese Sprechgewohnheiten erfolgreich verändert hatten, wurden in einem zweiten Praktikum wieder von mehreren Hospitanten beobachtet. Die Praktikantinnen erhielten außer der Anweisung, die vokalen und verbalen Weichmacher zu unterbinden, keine anderen Instruktionen. Eine Beobachtergruppe achtete nur darauf, ob auch wirklich keine Weichmacher mehr verwendet wurden. Beobachtet wurde u.a. die zeitliche Einhaltung des Stundenverlaufsplans. Es zeigte sich hier eine erhebliche Verbesserung. Die Praktikantinnen selber äußerten auf Befragung nach ihrem Unterricht, dass sie zwei Dinge beobachtet hätten: zum einen die Reaktion der Kinder, die den Anweisungen schneller folgten, und zum anderen die Veränderung der eigenen Einstellung. Zum Beispiel hätte ihnen die Benutzung der festeren Stimme in mittlerer Sprechstimmlage mehr Selbstvertrauen und Mut gegeben. Eine Praktikantin verglich das mit dem Singen im dunklen Wald. Die Einhaltung des geplanten Zeitablaufs wurde in diesem Fall erreicht, und zwar nicht durch Vorlesungen über Zeitmanagement und durch Einsicht in die Wichtigkeit von Phasen-, Methoden- und Medienwechsel: Die deutlich messbare Verbesserung ergab sich als Folge des neuen kommunikativen Verhaltens.

Die zentralen Themen dieses Buches waren mündliche Kommunikation und Persönlichkeitsentwicklung. Wir haben darzulegen versucht, dass die Veränderung der Stimmeigenschaften und der Sprechmuster unweigerlich eine neue Einstellung des Sprechers nach sich zieht. Diese Einstellung wird verstärkt durch die mit der kommunikativen Verhaltensänderung einhergehende neue und andersartige Reaktion der Gesprächspartner. Unsere Trainees berichteten uns Folgendes: Sie hätten festgestellt, kompetent zu sein alleine genüge nicht, sie hätten begriffen, dass sie Kompetenz auch ausstrahlen müssen. Sie hätten festgestellt, dass man ihrer neuen Stimmeigenschaft mehr Gehör schenkt und dass sie oft durch ihre eigenen Zuhörfähigkeiten eher als der Kunde erkannten, ob und für welches Produkt er sich entscheiden würde. Wir haben erleben dürfen, wie sich die Gesprächskultur in Betrieben oft durch Humor veränderte, wenn einer der Mitarbeiter plötzlich ganz fröhlich sagte: *„Moment. Was machen wir hier gerade? Wir spielen einmal wieder ‚Meckern: das beliebte Spiel für Verlierer'."* Sie berichteten auch, in welchem Maße die Bewusstmachung von Sprechen, vokalen Botschaften und Sprechmustern die Welt informationsreicher und bunter gemacht hätte. Den vokalen Palimpsest (die nicht explizit gemachten versteckten Botschaften) nannten einige Trainees *„mein neues Hörgerät, das niemand sieht"*.

Wir haben die kommunikativen Formen der Stagnation und Fossilierung denen der Dynamik und Entwicklung gegenübergestellt. Wenn Sie der durch kommunikatives Verhalten gesteuerten Persönlichkeitsentwicklung eine Chance einräumen wollen, dann können Sie Ihre Zuhörfähigkeiten zur Maximierung des Informationsgewinns, Ihre dynamischen Stimmeigenschaften und Ihre neuen Sprechmuster zu diesem Zweck einsetzen. Beginnen können Sie damit nach dem Lesen dieses letzten Absatzes. Denn kommuniziert wird immer und überall.

Literatur

Adolph, K. (2002): Das Buch der Argumentation. ATE, Münster
Allhoff, D.-W., Allhoff, W. (2010): Rhetorik und Kommunikation. Ein Lehr- und Übungsbuch. 15. Aufl. Ernst Reinhardt, München/Basel

Bartsch, E. (Hrsg.) (1982): Mündliche Kommunikation in der Schule. Sprache und Sprechen, Bd. 8. Königstein/Ts.
Bateson, G. (1979): Mind and Nature: A necessary unity. E. P. Dutton, New York
Beck, K. (2007): Kommunikationswissenschaft. UVK Verlagsgesellschaft UTB basics, Konstanz
Bibel (Die) von A–Z, Das aktuelle Lexikon zur Bibel, o. J.
Birker, K. (2004): Betriebliche Kommunikation. 3. Auflage. Cornelsen, Berlin
Brinker, K., Sager, S. F. (2001): Linguistische Gesprächsanalyse. Eine Einführung. 3. Aufl. Erich Schmidt, Berlin
Burkhart, R. (2002): Kommunikationswissenschaft. Grundlagen und Problemfelder. Umrisse einer interdisziplinären Sozialwissenschaft. 4. Aufl. UTB Böhlau, Wien

Cohn, R. C. (2004): Von der Psychoanalyse zur themenzentrierten Interaktion. 15. Aufl. Klett-Cotta, Stuttgart

Deppermann, A. (2001): Gespräche analysieren. 2. Aufl. Leske + Budrich, Opladen
Derber, C. (2000): The Pursuit of Attention. Power and Ego in Everyday Life. Kindle

Eckert, H., Laver, J. (1994): Menschen und ihre Stimmen. Aspekte der vokalen Kommunikation. Beltz, Weinheim
– (2011): Beim Sprechen die Persönlichkeit verändern. In: Psychologie Heute, Heft 12, 72–75
– (2008): Wie man sich die Aufmerksamkeit seiner Zuhörer sichert. In: Psychologie Heute, Heft 7, 74–77
– (2004): Atmung und Stimme. Kapitel 1.1 in Marita Pabst-Weinschenk (Hg.) (2011): Grundlagen der Sprechwissenschaft und Sprecherziehung. Ernst Reinhardt UTB (20–31)
Evers, H. (2010): Evers Box, 4 CDs. WortArt, Köln

Fisher, R., Ury, W. L., Patton, B. M. (2004): Das Harvard-Konzept. Der Klassiker der Verhandlungstechnik. 22. Aufl. Campus, Frankfurt a. M.
Frenzel, K., Müller, M., Sottong, H. (2004): Storytelling. Die Kraft des Erzählens fürs Unternehmen nutzen. Deutscher Taschenbuch Verlag, München

Gamble, T. K., Gamble, M. (2002): Communication Works. McGraw-Hill, Boston
Geissner, H. (1981): Sprechwissenschaft. Theorie der mündlichen Kommunikation. Königstein/Ts.
Gröne, M. (1997): Wie lasse ich meine Bulimie verhungern? Carl Auer, Heidelberg
Günther, U., Sperber, W. (2008): Handbuch für Kommunikations- und Verhaltenstrainer. Psychologische und organisatorische Durchführung von Trainingsseminaren. 4. Aufl. Ernst Reinhardt, München/Basel

Heilmann, C. (2002): Interventionen im Gespräch. Neue Ansätze der Sprechwissenschaft. Max Niemeyer, Tübingen
– (2011): Körpersprache richtig verstehen und einsetzen. 2. Aufl. Ernst Reinhardt, München / Basel
Herman, A. (2001): How the Scots Invented the Modern World. Crown Publishers, N. Y.

Imhof, M. (2003): Zuhören. Psychologische Aspekte auditiver Informationsverarbeitung. Vandenhoeck & Ruprecht, Göttingen

Kahane, H. (1995): Logic and Contemporary Rhetoric. The Use of Reason in Everyday Life. Wadsworth Publishing Company, Belmont
Keeney, B. P. (1987): Ästhetik des Wandels. ISKO Press, Hamburg
Kegan, R., Lahey, L. L. (2001): How the way we talk can change the way we work. Jossey-Bass, San Francisco
Knapp, K. et al. (Hrsg.) (2004): Angewandte Linguistik. Ein Lehrbuch. A. Francke UTB, Tübingen / Basel

Langmaack, B. (2004): Einführung in die Themenzentrierte Interaktion TZI. 3. Aufl. Beltz, Weinheim

Pabst-Weinschenk, M. (Hrsg.) (2011): Grundlagen der Sprechwissenschaft und Sprecherziehung. 2. Aufl. Ernst Reinhardt UTB, München
– (Hrsg.) (2009): Elmar Bartsch. Sprechkommunikation lehren. Gesammelte Aufsätze und Vorträge. Bd. I und II. pabstpress, Alpen

Roth, G. (2011): Persönlichkeit, Entscheidung und Verhalten. Warum es so schwierig ist, sich und andere zu verändern. 6. Aufl. Klett-Cotta, Stuttgart

Stewart, J., Logan, C. (1993): Together. Communicating Interpersonally. 4th ed. McGraw-Hill, New York
Strohner, H. (2006): Kommunikation. Kognitive Grundlagen und praktische Anwendung. Vandenhoeck & Ruprecht, Göttingen

Wachtel. S. (2003): Rhetorik und Public Relations. Gerling Akademie Verlag, München
Wagner, R. W. (2004): Grundlagen der mündlichen Kommunikation: Sprechpädagogische Informationsbausteine für alle, die viel und gut reden müssen. 9. erw. Aufl. BVS, Regensburg

Zillig, W. (2003): Natürliche Sprachen und kommunikative Normen. Gunter Narr, Tübingen

Sachregister

Abstraktion 53
Abstraktionsprozess 53 f
Adverb, das frei schwebende 14, 47
Akkommodation 108
Alternativen 12, 60–64, 108, 126, 128, 140, 156 ff, 164, 185, 196, 213, 221
alternativlos 64, 161
Alterozentrik, alterozentrisch 83, 143 f, 146, 148, 159, 164
Altruismus, altruistisch 140, 143 f
analytische Aussagen 72 f
Antonyme 56 f, 124 ff,
Äquivokation (Gleichsetzung) 201 ff
archaische Bilder 63
Argumentationsmuster 160, 193, 203, 204 f, 208
Argumentieren 143, 146, 159 f, 181, 194, 200–209
Artikulation 17, 25, 32, 46, 108, 132 f, Hörbeispiel 19
–, minimale, 191, Hörbeispiel 14
–, reduzierte 31 f
Atemphase / Atemzug / Atemeinheit 21, 23, Hörbeispiele 1, 2, 3, 4, 31
Aufzählintonation (s. a. progrediente Intonation) 30
Ausreden (im Sinne von Ausflüchten) 206, 208

Begriffsbildung 53
Begründungen 205 ff,
Beharrungsvermögen, sprachliches 96
Beweggründe 158, 163, 206–209
Big Assumption (s.a. Große Hypothese) 130 f, 135 ff
binäre Opposition 124 ff

Cäsar-Prinzip 98
causa sine qua non 207
conditio sine qua non 207
Customer-focused Selling 164 f

Debating Society 193 ff, 221
deskriptiv 45 ff, 50, 160, 221

direkte Botschaft (direkte Kommunikation) 61, 178
Disclaimer 191 f, 197
dormitives Prinzip 205
du (vs man / ich) 99–112
„Du Depp"-Formulierungen 134, 171
Dynamik, dynamisch 11, 139, 141, 146, 158, 164, 168, 215

Egoismus, egoistisch 140, 143 f, 148, 159, 164
Egozentrieren 99, 138
Egozentrik, egozentrisch, Egozentriker 138, 141, 143, 146, 149, 199
Einsummen 24
elaborierter Code 124
empathisch Zuhören 144
Entschärfungssignale (verbale und vokale) 27
erwartete Antwort 28, 114, Hörbeispiel 9
Externalisierung, externalisiert 113–116, 139, 183
extralinguistisch 41
Exzeptionalismus 133, Hörbeispiel 25

faktive Verben 98
Fossilierung (des Geistes und der Persönlichkeit) 11, 94, 102, 139, 141, 206, 215
frei schwebendes Adjektiv / Adverb 14, 47
Fremdbild 10, 90, 145
funktionales Hören 21, 23, Hörbeispiel 1
Funktionen einer Äußerung 173
funny money 74

gesprächspartnerbezogen 66, 139
Gesprächstypologie 166, 168
Glaubwürdigkeit durch Pessimierung der Motive 209 ff
Große Hypothese (s.a. Big Assumption) 130, 134, Hörbeispiele 24, 25, 26
Gründe 206–209

Harvard-Konzept 151 f, 211
Herunterspielen 31 f, 36 f, 188 f, Hörbeispiele 14, 15, 31

–, verbales 188 f
–, vokales 31 ff, 37
Hören,
–, antizipierendes 43
–, empathisches 43
–, funktionales 21, 23, Hörbeispiel 1
Hörerperspektive 29, 35, 89

ich (vs du – man) 99–112, Hörbeispiel 20
ichbezogen 66, 83, 100, 112, 139
indirekt, indirekte Kommunikation 60 f, 178 ff
Induktion 206
Information 149, 159
Informationsgehalt 14, Hörbeispiel 27
Informationsgewinn(ung) 6, 17 ff, 70, 83, 95, 159, 168
–, Maximierung des 19 ff (Kap. 1), 94, 164
Informationstheorie 61
inhaliertes „ja" 32
Inkompatibilität 125
innerer Nachvollzug 21 ff, Hörbeispiel 1
institutionalisiertes Stottern 32
intentionaler Bogen 133
interne Simulation 21
Intonation 30, 34, 195
–, progrediente / aufsteigende 30 f, 39, 130, 189, Hörbeispiele 10, 11, 12, 17, 23
–, terminale / fallende 31, 121, 189, 212

kanonische Form 48
Klicks 38 f, Hörbeispiel 16, 17
kommunikative Kompetenz 94
kommunikatives Paradoxon 81, 105, 166 ff
kommunikative Versatzstücke 123
konzediertes Territorium 160 ff
kreativ hören 50 f
kristalline Intelligenz 124

laterale Botschaft / Kommunikation 179 ff
linear 124 f
Lippenrundung 32, 36 f, 214, Hörbeispiel 15, 16
liquide Intelligenz 124
lösungsorientiert 95, 140
Lösungsprozess 140, 157, 162

Machtspiele 181 ff
man (vs ich / du) 99–112
Meaning implies choice 61
Meckern 162, 197–200

Merkmal (vs Nutzen) 43, 147 f, 160, 164 f
merkmalorientiertes Verkaufen 147
Metaebene 199
mittlere Sprechstimmlage 24 f, 37, 129 f, 132, 136, 159, 214, Hörbeispiele 5, 6, 7, 16
Modifizierung / modifizieren 31 f, 186 f
monosystemisch 15 f, 27, 36, 47 f, 76, 103, 108, 130, 137, 147, 188, 211
Motive 43 f, 143, 150 f, 158 ff, 164, 209 ff
Muskeltonus 23 f, 136, Hörbeispiele 5, 26

narzisstisch, Narzissmus, Narzissten 144 ff, 148, 159, 164
Nominalisierungsfalle 119, 205
nonverbal 11, 26, 28, 42, 150
Nutzen (vs Merkmal) 43, 143, 147 ff, 151 ff, 160, 164 f
Nutzenargumentation 149, 153
nutzenorientiertes Verkaufen 148, 180

Operationalisierbarkeit 70
Optionen 140, 164, 183, 185, 188, 197

Palimpsest, der vokale 33 f, 36, 215, Hörbeispiel 14
paralinguistisch 41 f
Personifikation 113–116
persönlichkeitsprägend 100, 199
Persönlichkeitsentwicklung Kap. 3 (89–137), 6, 11, 14, 18, 29, 66, 139, 146, 152, 163, 185 f, 193, 198 f, 202, 205 f, 215
Perspektive (Sichtweise) 67, 142 f, 211
–, gesprächspartnerbezogene 66 f
Perspektivenwechsel 86, 138–161, 164, 185
–, Übungen zum 141
phatische Kommunikation 106, 120–124, 166 ff, 198
polysemantisch 74
polysystemischer Ansatz / polysystemisch 15 ff, 27, 29, 67, 108, 189, 212
Positionen 140, 150 ff, 160, 164, 183, 197
präskriptiv 45–50, 100, 108, 160, Übung zum präskriptiven Ansatz 46 f
Pragmalinguistik 173
progrediente Intonation (s. u. Intonation)
Proposition 64–67, Übung zu Proposition 67
prototypisch 26, 99, 160

Rationalisieren 208
Recheneinheiten, Semantik der 69–75

Red Queen / Rote Königin 96
Registerwechsel / Codeswitching 162, Hörbeispiele 14, 19, 23
Relevant Talk 166 ff
restringierter Code 122 ff
rhetorischer Selbstwiderspruch 204
Rösselsprung-Argumentieren 208

Sachzwang 61, 64, 94, 212
schichtenspezifische Sprache 106, 122
Selbstbild 10 f, 90, 135, 146
Selbstreflektion 25, Hörbeispiel 8
self-monitoring 25
Semantik 52–56, 69 f, 72, 128, 160, 173
Sender-Empfänger-Mythos / Modell 178 f, 182, 188
Small Talk 102 f, 121, 166 ff
Solipsismus 112
soziales Lausen (social grooming) 120
Soziolinguistik 106
Sprachbewusstheit / Sprachbewusstsein 101, 106, 109, 187
Sprecherperspektive 21, 29, 90
Sprechlacher 21 f, 26–32, 115, 187, Hörbeispiele 1, 8, 9
Sprechmuster 38, 89–94, 95, 100, 102, 108, 122, 124, 137, 160, 172, 179, 183, 185 f, 188 f, 200, 213 ff
Sprechstimmlage (s.a. mittlere Sprechstimmlage) 24, 130, Hörbeispiel 6
Sprechtempo Hörbeispiele 4, 31, 37, 41
Sprechwirkung 10, 13, 20 f, 37, 66 f, 108, 111, 136 ff, 189
Sprengsätze, verbale 27–33, 186, Hörbeispiel 9
Stagnation, Sprache der 11, 76, 81, 109, 139, 161, 164, 193, 206, 215
Statik, statisch 61, 94, 138–165, 168
Stimme / Stimmeigenschaft 19 ff, 23 ff, 30 f, 33–45, 90, 92 f, 108, 128–137, Hörbeispiel 13
Stimmregister 35, 133
Störungen in der Kommunikation 23
synthetische Aussagen 73

Team (Verhandlungs-) 196
Technical Selling 147, 164 f
Teilidentitäten 9
terminale Intonation (fallende Intonation) 31, 121, 189, 212
Themenzentrierte Interaktion (TZI) / themenzentriert 23, 107
Tina-Prinzip 62 ff, 104, 139
Tonhöhe / Tonhöhenschwankung 11, 24, 35, 37, 195, Hörbeispiel 5
Transkription 19, 22, 27, 36, 38–42, 46, 131 f, 201

überreden 151 ff
unmarkierte Form 57
unverschämte Freundlichkeiten 182 f

verbal 17, 19 ff, 23, 27 ff, 35 f, 38 f, 41, 67, 122, 136, 187 f, 191, 214 Hörbeispiele 9, 15
verbales Lausen 120
Verbale Strategien 80
verbal-vokale Muster 29, Hörbeispiel 9
Verdinglichung 113
Verhaltensänderung 6, 11, 141, 146, 185, 190, 214
verhandelbar, nicht verhandelbar 169, 183 ff, 189
Verhandeln 151, 161, 164
Vermenschlichung 114
Vokal, vokale (stimmliche) Botschaft 12, 17, 19 ff, 23, 26, 27–33, 34–42, 44, 99, 130, 133, 159, 186 f, 191, 214 f, Hörbeispiele 8, 9, 14, 15, 17, 18
vokale Grammatik 17, 38
Vokaltrakt 21
Vorwände 206, 208

Wahrheitsgehalt 64 f, 72 f
Weichmacher 11, 27, 187–190, 214, Hörbeispiele 8, 9
Widerspruch in sich selbst 62, 79, 117, 204

Zuhören 11, 17, 19, 21, 41, 43 f, 46, 83, 108, 135, 137, 146 f, 159, 164, 181

Verzeichnis der Übungen

Übung zur Anwendung des deskriptiven bzw. des präskriptiven Ansatzes	S. 46
Einladung zum Sprachdenken	S. 55
Verbale Strategien: Negativ – positiv. Eine Proposition, mehrere Formulierungsalternativen	S. 67
„Unter der Laterne suchen." (Übungen zu: Ihre Sprache und Ihr Denken)	S. 77
„Sie haben ein Problem …" (Übungen zu: Ihre Sprache und Ihr Denken)	S. 77
„Never give up" (Übung zum Perspektivenwechsel)	S. 141
Mit einer Geschichte kommunizieren	S. 153
Übungen zum Umgang mit dem kommunikativen Paradoxon	S. 173
Die Debating Society	S. 193

Inhaltsübersicht Audio-CD

Hörbeispiele	Laufzeit
Hörbeispiel 1: Erster Eindruck. Impressionistisch oder analytisch vorgehen? Lange Atemphase, Sprechlacher. Innerer Nachvollzug. Funktionales Hören.	00:36
Hörbeispiel 2: Redeeinheit und Atemphasen.	00:46
Hörbeispiel 3: Lange Redeeinheit. Atemökonomie am Ende einer langen Atemphase. Reaktion des Gesprächspartners darauf. („Fernsehduell Schröder-Stoiber", ARD Das Erste, 08.09.2002)	00:25
Hörbeispiel 4: Passagen in einem Atemzug. Sprechtempo.	00:48
Hörbeispiel 5: Hoher Muskeltonus (= große Anspannung). Tonhöhe über der mittleren Sprechstimmlage. („Echo des Tages"; NDR 4; 25.05.1996)	00:19
Hörbeispiel 6: Sprechstimmlage: a) zu hoch; b) zu tief c) mittlere Sprechstimmlage.	00:31
Hörbeispiel 7: Von der hohen Lage in die mittlere Sprechstimmlage.	01:49
Hörbeispiel 8: Vokales (stimmliches) Aushandeln der Kommunikationsregeln. Sprechlacher. Selbstreflektion.	00:47
Hörbeispiel 9: Vokale Entschärfung verbaler Sprengsätze. Weichmacher. Ist ein Muster der Sprechlacher zu erkennen? Verbal-vokale Muster. Erwartete Antwort.	00:56
Hörbeispiel 10: Progrediente Intonation.	00:21
Hörbeispiel 11: Progrediente Intonation.	00:13
Hörbeispiel 12: Progrediente Intonation.	00:46
Hörbeispiel 13: Die Botschaft der Worte gegenüber der Botschaft der Stimme. („Auf Wiedersehen woanders"; NDR4; 03.09.2000)	00:30
Hörbeispiel 14: Der vokale Palimpsest: Die verdeckte Botschaft unterhalb der Worte. Registerwechsel. Etwas durch minimale Artikulation herunterspielen. („Last Night of the Proms"; BBC Radio 3, 29.09.2000)	00:23
Hörbeispiel 15: Etwas durch Lippenrundung herunterspielen. Wechselwirkung verbaler und vokaler Signale. Flüsterstimme. Bewusste Pausen. („Boulevard Bio"; ARD Das Erste, 03.07.2002)	00:24
Hörbeispiel 16: Schnellsprecher. Mittlere Sprechstimmlage. Lippenrundung. Klicks. Der Wechsel von „ich" und „man".	02:24

Hörbeispiel 17: Wie vokale Signale die Botschaft der Worte modifizieren: Pausen, Atem anhalten, „äh", Aufsteigende Intonation, Schlucken, Klicks. („Tagesschau"; ARD Das Erste, 04.03.2008)	00:22
Hörbeispiel 18: Wie vokale Signale die Botschaft der Worte modifizieren: Pause, hörbares Einatmen, Lächeln, Geräusche mit der Zunge zwischen den Wörtern. („heute journal"; ZDF, 06.03.2008)	00:12
Hörbeispiel 19: Registerwechsel/Codeswitching: Tonhöhe und Artikulation.	00:53
Hörbeispiel 20: „ich" oder „man"? („Der Talk"; NDR Info, 20.04.2008)	00:59
Hörbeispiel 21: Stimmeigenschaft und Persönlichkeit.	00:45
Hörbeispiel 22: Stimmeigenschaft als Ausdruck der Persönlichkeit?	00:10
Hörbeispiel 23: Registerwechsel. Stimmeigenschaften in Einklang zu der Frage „Als wer spreche ich zu wem aus welchem Anlass mit welchem Ziel?" – Progrediente Intonation. („Sprechstunde. Neurodermitis"; DLF, 08.01.2008)	02:19
Hörbeispiel 24: Die große Hypothese von eigenen Ich. 1. Teil. – Registerwechsel in der Stimmeigenschaft. Turn Taking: Wer redet wann? Wer unterbricht wen? („Anne Will: Tatort Arbeitsplatz"; ARD Das Erste, 01.02.2009)	01:09
Hörbeispiel 25: Die große Hypothese vom eigenen Ich: 2. Teil. Exzeptionalismus: Die Regeln, die für andere gelten, müssen nicht für mich gelten. („Anne Will: Tatort Arbeitsplatz"; ARD Das Erste, 01.02.2009)	00:48
Hörbeispiel 26: Die große Hypothese vom eigenen Ich: 3. Teil. – Mittlere Sprechstimmlage. Geringer Muskeltonus (geringe Anspannung). („Anne Will: Tatort Arbeitsplatz"; ARD Das Erste, 01.02.2009)	01:11
Hörbeispiel 27: Wie viel oder wie wenig Informationsgehalt pro Sprecheinheit? („Echo des Tages"; NDR Info, 05.04.2007)	00:34
Hörbeispiel 28: „Die Geschichte von Anselm und Friedrich" oder „Intellekt und Moral".	03:44
Hörbeispiel 29: Anselm und Friedrich (Fortsetzung).	04:24
Hörbeispiel 30: Antworten auf die Frage: „Wer von uns beiden hat Recht?"	01:47
Hörbeispiel 31: Sting like a bee, float like a butterfly. – Atemeinheit. („Sabine Christiansen"; ARD Das Erste, 18.10.1998)	00:24
Gesamtdauer	31:65

Was wir eigentlich sagen

Christa M. Heilmann
Körpersprache richtig verstehen und einsetzen
2., durchges. Aufl. 2011. 137 S.
Mit Cartoons von J. Heilmann
(978-3-497-02231-1) kt

Gesagt ist nicht immer gemeint. Was ein Gesprächspartner wirklich meint und wie er sich gerade fühlt, schließen wir oft aus seiner Körpersprache und seinem Körperausdruck. Heftiges Kopfnicken und strahlendes Lächeln – hier stimmt uns jemand begeistert zu. Ein Lachen ohne Beteiligung der Augen wird hingegen sofort als „falsch" entlarvt. Woher wissen wir das eigentlich? Liegen wir mit unseren Deutungen immer richtig?
Dieses Buch lädt zu einer Entdeckungsreise in die Welt des Körperausdrucks ein: Mit zahlreichen Anregungen zum Beobachten und Ausprobieren können die Leserinnen und Leser ihre Wahrnehmung schärfen und neues Ausdrucksverhalten selbst testen.

ℝ⁄ reinhardt
www.reinhardt-verlag.de